中1·2 5科の完全復習

ポイント1
10日でできる 1・2年の復習

本書は，数学・社会・理科・英語・国語の５教科の学習ポイントを短期間につかむことができるようにまとめました。**10日間の短期間で５教科の１・２年で学ぶ範囲を完全に復**習 基礎固めを効率よく進められるようにしてあります。

ポイント2
見開きで 完結する問題集

各単元は，学習内容がひと目 試問題を中心とした「**確認問題**」を，学習し めてあります。また，各教科に見開き２ページの「**仕上げテスト**」が いるので，各教科の総仕上げ用として実力を確かめることができます。

ポイント3
計画を立て 記録しましょう

この本は，**２年の後半，３年になる前の春休み，３年の夏休み**を利用して復習を完成させるものです。学習計画を立てて，その結果を「学習記録表」に記入し，弱点の発見とその克服のために役立ててください。

学習のはじめに「POINT」を読んで，おさらいをしてから「確認問題」に取り組みましょう。
第3日
社会
地域調査，日本の地域的特色と地域区分
POINT
確認問題
ライバルと差がつく少しむずかしい問題です。解けるようになって，レベルアップしましょう。
記述式の問題です。しっかりとした文章で書けるように慣れておきましょう。
入試頻出の問題です。確実に解けるようになりましょう。

●**仕上げテスト**…このページで実力を確かめ，しっかり解けるまでくり返しトライしましょう。

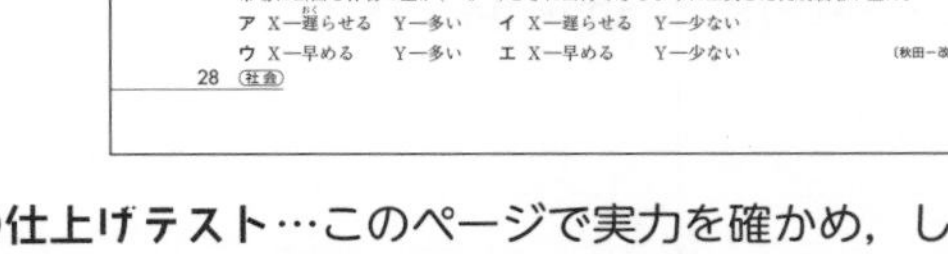

第10日
社会
仕上げテスト

●**解答編**…解答編には解答と解説に加え，「**解き方のコツ**」と「**弱点チェック**」を入れています。

解き方のコツ…解くときに，必ず知っておきたいコツを示しています。

弱点チェック…解くときに間違えやすいポイントを示しています。

本書に関する最新情報は，小社ホームページにある**本書の「サポート情報」**をご覧ください。（開設していない場合もございます。）
なお，この本の内容についての責任は小社にあり，内容に関するご質問は直接小社におよせください。

目次と学習計画表

数と式の計算

POINT

1 正の数・負の数と絶対値

①0より大きい数を正の数，0より小さい数を負の数という。

②数直線上で，ある数を表す点から原点までの距離《きょり》をその数の絶対値という。
↳0の絶対値は0

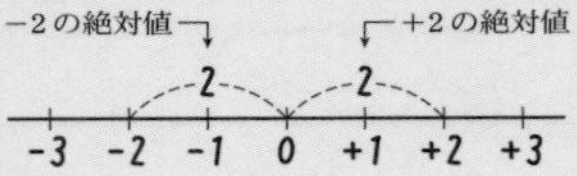

2 四則計算

①累乗《るいじょう》・かっこの中→乗除→加減 の順に計算する。

②減法は加法になおし，除法は乗法になおして計算する。
↳符号を変えてたす　↳逆数をかける

3 多項式《たこうしき》の計算

①かっこがあればはずし，同類項をまとめる。
↳文字の部分が同じ項

$a(b+c)=ab+ac$ （分配法則）

②分数式の加減… 2通りの考え方がある。

$$\frac{3x-y}{2}-\frac{7x-y}{5} \nearrow \frac{5(3x-y)-2(7x-y)}{10}=\frac{15x-5y-14x+2y}{10}=\frac{x-3y}{10}$$

$$\frac{3x-y}{2}-\frac{7x-y}{5} \searrow \frac{1}{2}(3x-y)-\frac{1}{5}(7x-y)=\frac{3x}{2}-\frac{y}{2}-\frac{7x}{5}+\frac{y}{5}=\frac{x}{10}-\frac{3y}{10}$$

4 単項式の乗除

①乗 法…係数の積に文字の積をかける。同じ文字の積は累乗の形で書く。

②乗除の混じった式…除法を乗法になおす→計算の結果の符号《ふごう》を決める→分数の形にしてまとめて約分する

$$\frac{2}{3}xy\div(-2y)\times 4x=-\frac{2xy\times 4x}{3\times 2y}=-\frac{4x^2}{3}$$

5 代入と式の値

式の値は，式をなるべく簡単な形にしてから数を代入して求める。
↳文字に数をあてはめる

6 不等式

「aはb以上」 ⟶ $a \geqq b$　「aはb未満」 ⟶ $a < b$
↳bと等しいかbより大きい　↳bより小さい

確認問題

時間30分　合格点75点　得点 ／100点

解答▶ 別冊 p.1

1 正の数・負の数の計算　次の計算をしなさい。（4点×8）　よく出る

(1) $-5+2-(-7)$ 〔山形〕

(2) $35\div(-7)-2\times(-2)$ 〔福井〕

(3) $-3+5\times(-1)^3$ 〔青森〕

(4) $1+\left(-\frac{3}{4}\right)\times 2$ 〔和歌山〕

(5) $\frac{1}{2}+\frac{3}{8}\div\left(-\frac{3}{7}\right)$ 〔山形〕

(6) $\left(\frac{2}{5}-3\right)\times 10+19$ 〔京都〕

(7) $\frac{4}{5}\div\left(-\frac{1}{10}\right)-\frac{5}{4}\times(-8)$

(8) $-2^3-\{5+4\times(-2)^2\}$ 〔広島大附高〕

2 絶対値　絶対値が2.5より小さい整数はいくつあるか求めなさい。（4点）　よく出る 〔和歌山〕

よく出る

3 式の計算 次の計算をしなさい。(6点×4)

(1) $8x+14-7(1-x)$

(2) $4(x+2y)-(6x+9y)$ 〔滋賀〕

(3) $15xy^2 \div 6x^2y \times (-2xy)^2$ 〔大分〕

(4) $\dfrac{5a-b}{2}-\dfrac{2a-4b}{3}$ 〔島根〕

4 式の値，不等式 次の問いに答えなさい。(6点×2)

(1) $a=4$，$b=-2$ のとき，$2a^2 \div \left(-\dfrac{1}{3}ab^2\right) \times \dfrac{1}{6}ab$ の値を求めなさい。 〔茨城〕

(2) 1本 a 円の鉛筆《えんぴつ》3本と b 円の筆箱1個を買ったとき，代金の合計が700円より高くなった。この数量の関係を不等式で表しなさい。 〔秋田〕

5 文字式の利用 2けたの自然数 P，Q がある。P は Q より大きな数であり，Q は P の十の位の数と一の位の数を入れかえた数である。$P+Q$ が165となる P をすべて求めなさい。

(7点) 〔愛知〕

差がつく

6 文字式の利用 赤色と白色の紙で，同じ大きさの正六角形をたくさん用意した。右の図のように，赤色の正六角形を1個，2個，3個，……と横一列に1個ずつ順に増やして並べ，それらを取り囲んで白色の正六角形をすき間なく並べた。このときできた図形を，1番目，2番目，3番目，……とし，正六角形の数と正六角形のたがいに重なった辺の数を，上の表にまとめた。正六角形の数を N，正六角形のたがいに重なった辺の数を S とするとき，次の問いに答えなさい。(7点×3) 〔新潟〕

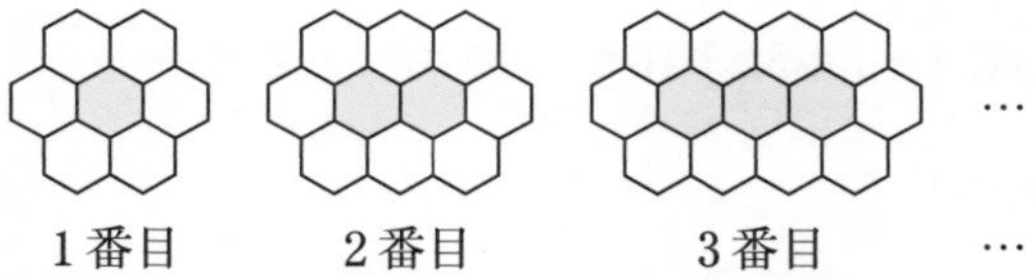

	1番目	2番目	3番目	……
正六角形の数(N)	7	10	13	……
正六角形のたがいに重なった辺の数(S)	12	19	26	……

(1) 6番目の図形で，N と S の値をそれぞれ求めなさい。

(2) k 番目の図形で，N の値を k を用いて表しなさい。

(3) $N=61$ のとき，S の値を求めなさい。

第2日

数学

月　日

1次方程式，連立方程式

POINT

1 1次方程式の解き方	かっこははずし，係数は整数にする→xをふくむ項《こう》を左辺に，数の項を右辺に移項する（符号を変えて他方の辺へ移す）→$ax=b$ の形にする→両辺を x の係数 a でわる
2 比例式の性質	$a:b=c:d$ ならば $ad=bc$
3 連立方程式の解き方	どちらか一方の文字を消去して，他方の文字についての1次方程式にして解く。 ①加減法…どちらかの文字の係数の絶対値をそろえ，左辺どうし，右辺どうしを加えたりひいたりしてその文字を消去する方法。 ②代入法…一方の式を他方の式に代入して文字を消去する方法。 ③$A=B=C$ の形の方程式は，いちばん簡単な式を2回使って連立方程式をつくる。
4 方程式の利用	どの数量を文字でおくか決める→等しい数量の関係を見つけて方程式をつくる→方程式を解く→方程式の解から答えを決める
5 よく使う公式	道のり＝速さ×時間，食塩の重さ＝食塩水の重さ×$\dfrac{\text{食塩水の濃度}《のうど》(\%)}{100}$

確認問題

時間30分　合格点75点　得点　／100点

解答▶ 別冊 p.2

よく出る

1 **1次方程式** 次の1次方程式，比例式を解きなさい。(6点×3)

(1) $4-x=2x+16$ 〔熊本〕　(2) $2x-\dfrac{1-x}{3}=-5$　(3) $(x-4):3=x:5$ 〔青森〕

2 **1次方程式の利用** 次の問いに答えなさい。(10点×2)

(1) 長さ 400 m の鉄橋を毎時 90 km の速さで列車が渡《わた》るとき，渡り始めてから渡り終わるまでに 20 秒かかった。この列車が鉄橋を渡ったときと同じ速さで，長さ 1200 m のトンネルを通り抜《ぬ》けるとき，入り始めてから出てしまうまで何秒かかりますか。〔愛知〕

(2) ある町で全住宅の太陽光発電システムの設置状況《じょうきょう》について調査をしたところ，設置している住宅戸数は設置していない住宅戸数より，2160 戸少なかった。また，設置している住宅戸数は全住宅戸数の 5 % であった。設置している住宅戸数を求めなさい。〔茨城〕

よく出る
3 連立方程式　次の連立方程式を解きなさい。(7点×3)

(1) $\begin{cases} x+3y=-3 \\ 2x-y=8 \end{cases}$　〔福島〕

(2) $\begin{cases} \dfrac{5}{3}x-1.25y=10 \\ 3x-5y=-4 \end{cases}$

(3) $3x+y=5x+2y=2$

4 連立方程式の利用　次の問いに答えなさい。(8点×2)

(1) 連立方程式 $\begin{cases} ax-by=14 \\ ax+by=-2 \end{cases}$ の解が $x=1$，$y=-2$ であるとき，a，b の値を求めなさい。

〔北海道〕

(2) x 人の生徒がいて，全部で y 冊のノートがある。すべての生徒にそのノートを 5 冊ずつ配ると 7 冊足りず，3 冊ずつ配ると 21 冊余る。このとき，x，y の値を求めなさい。〔新潟〕

よく出る
5 連立方程式の利用　**太郎《たろう》さんの中学校では，毎月，アルミ缶《かん》とスチール缶の回収を行っている。6 月に回収したアルミ缶とスチール缶は両方合わせて 60 kg であった。7 月は 6 月に比べ，アルミ缶は 30% 増え，スチール缶は 20% 減り，全体で 68 kg であった。このとき，次の問いに答えなさい。**(8点×2)　〔富山〕

(1) 6 月に回収したアルミ缶を x kg，スチール缶を y kg として連立方程式をつくりなさい。

(2) 6 月に回収したアルミ缶とスチール缶の重さをそれぞれ求めなさい。また，7 月に回収したアルミ缶とスチール缶の重さをそれぞれ求めなさい。

差がつく
6 連立方程式の利用　**容器 A には濃度 9% の食塩水，容器 B には濃度 3% の食塩水が入っている。容器 A に入っている食塩水の $\dfrac{2}{3}$ を取り出し，容器 B に入れて混ぜたら，5% の食塩水が 600 g できた。容器 A，B には，はじめ食塩水がそれぞれ何 g ありましたか。**(9点)　〔愛知〕

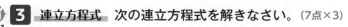

比例と反比例

POINT

1 変数と変域

①変　数…いろいろな値をとる文字。

②変　域…変数のとりうる値の範囲《はんい》。

2 関　数

ともなって変わる2つの変数 x，y があり，x の値を決めると，それに対応する y の値がただ1つに決まるとき，y は x の関数であるという。

3 比　例

①y が x の関数で，$y=ax$（a は定数）で表されるとき，y は x に比例するといい，a を比例定数という。

②グラフ…原点を通る直線。

（$a>0$）

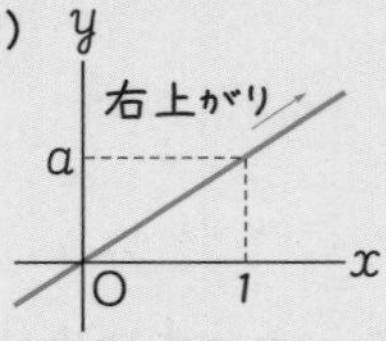

（$a<0$）

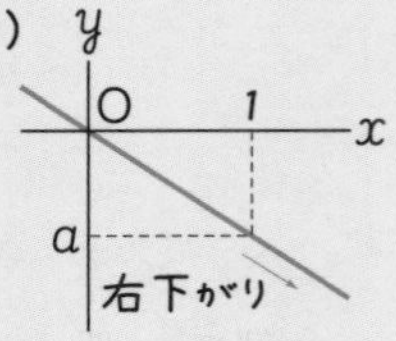

4 反比例

①y が x の関数で，$y=\dfrac{a}{x}$（a は定数）で表されるとき，y は x に反比例するという。

②グラフ…原点について対称《たいしょう》な双曲線《そうきょくせん》。
↳なめらかな２つの曲線

（$a>0$）

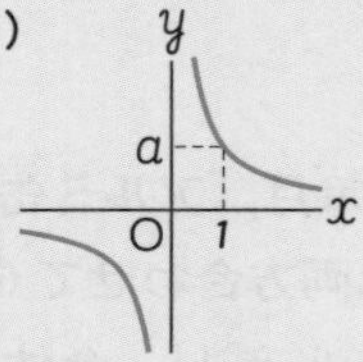

（$a<0$）

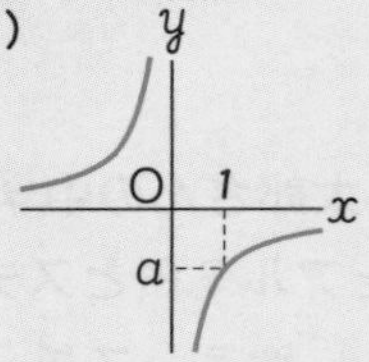

確認問題

時間30分　合格点70点　得点　　/100点

解答▶ 別冊 p.3

1 比例・反比例と表　次の問いに答えなさい。（8点×2）

(1) 右の表で，y が x に比例するとき，□にあてはまる数を求めなさい。〔宮城〕

x	…	-4	…	1	2	3	…
y	…	□	…	3	6	9	…

(2) y は x に反比例し，対応する x，y の値が右の表のようになっているとき，p の値を答えなさい。〔新潟〕

x	…	1	2	3	…
y	…	12	6	p	…

よく出る

2 比例・反比例の式　次の問いに答えなさい。（9点×2）

(1) y は x に比例し，$x=-2$ のとき $y=6$ である。y を x の式で表しなさい。〔栃木〕

(2) y は x に反比例し，$x=4$ のとき $y=-4$ である。$x=2$ のときの y の値を求めなさい。〔兵庫〕

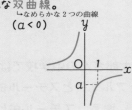

3 **関数と変域**　関数 $y=\dfrac{12}{x}$ について，x の変域が $3\leqq x\leqq 9$ のときの y の変域は $a\leqq y\leqq 4$ である。このとき，a の値を求めなさい。（10点）　〔鹿児島〕

よく出る

4 **反比例のグラフ**　右の図のような，面積が $8\ \mathrm{cm}^2$ の長方形がある。この長方形の縦の長さを x cm，横の長さを y cm としたとき，y を x の式で表しなさい。また，この関数のグラフを右の図にかきなさい。

（18点）〔和歌山〕

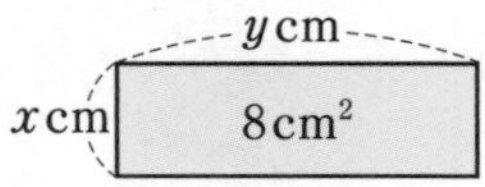

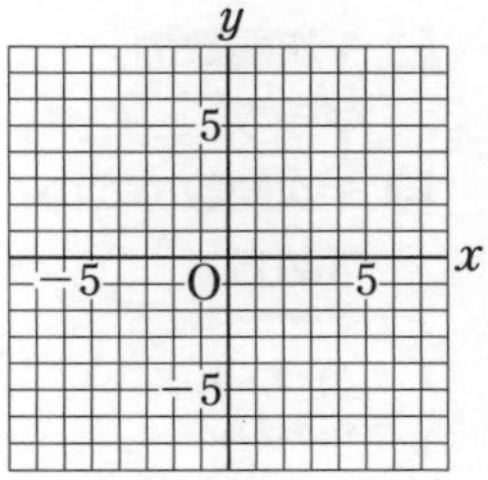

5 **反比例のグラフと図形**　右の図のように，y が x に比例する関数㋐のグラフと，y が x に反比例する関数㋑のグラフが，点 P で交わっている。点 P の座標が (2，4) であるとき，次の問いに答えなさい。

（9点×2）〔三重－改〕

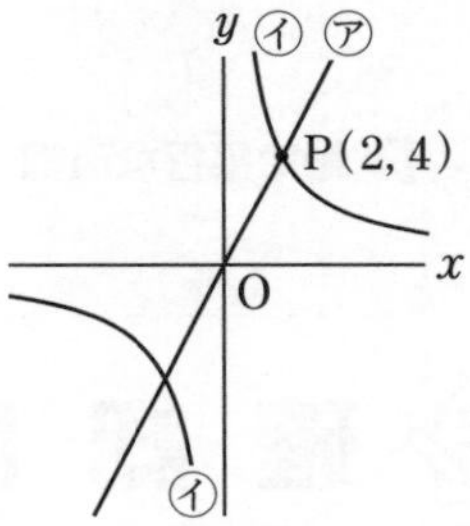

(1) 関数㋐，㋑のそれぞれについて，y を x の式で表しなさい。

(2) 関数㋐，㋑のグラフ上に，それぞれ y 座標が 2 である点 Q，R をとるとき，△PQR の面積を求めなさい。ただし，座標の 1 目もりを 1 cm とする。

差がつく

6 **比例のグラフと図形**　右の図のような平行四辺形 OABC がある。頂点 B，C の座標は，それぞれ (8，3)，(2，3) で，O は原点である。次の問いに答えなさい。（10点×2）　〔山口〕

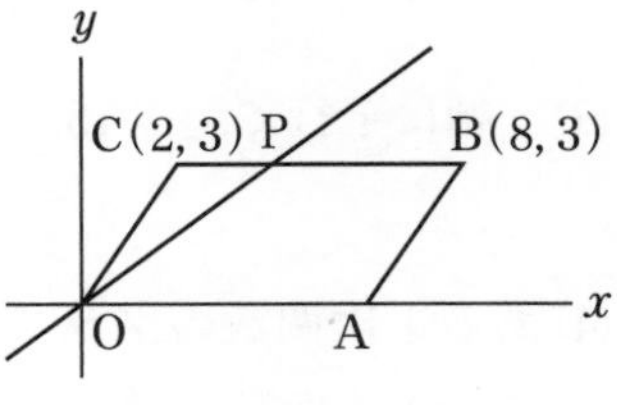

(1) 頂点 A の座標を求めなさい。

(2) 原点を通る直線と辺 CB との交点を P とする。△OPC の面積と四角形 OABP の面積の比が 1：5 になるとき，直線 OP の式を求めなさい。

第4日　数学　　月　日

1次関数

POINT

1 1次関数と変化の割合

①yがxの関数で，$y=ax+b$（aとbは定数，$a \fallingdotseq 0$）で表されるとき，yはxの1次関数であるという。
比例 $y=ax$ は，$b=0$ の1次関数である。

②変化の割合$=\dfrac{y\text{の増加量}}{x\text{の増加量}}=a$（一定）

(a>0)

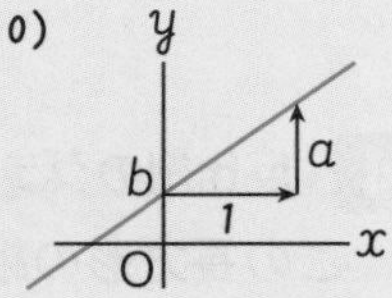

2 1次関数のグラフ

1次関数 $y=ax+b$ のグラフは，
傾《かたむ》きa，切片bの直線。
└→y軸との交点のy座標

(a<0)

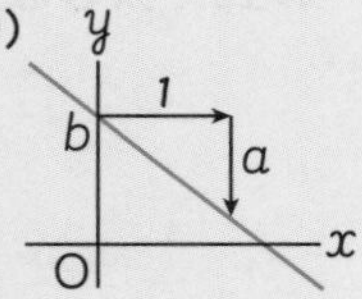

3 1次関数の式の求め方

①傾きcで点$(p,\ q)$を通るとき
→$y=cx+b$ に $x=p$，$y=q$ を代入してbを求める。
②2点$(p,\ q)$，$(r,\ s)$を通るとき
→傾き$a\left(=\text{変化の割合}=\dfrac{s-q}{r-p}\right)$を求めてから①と同様に$b$を求める。
または，連立方程式$\begin{cases} q=ap+b \\ s=ar+b \end{cases}$を解いて$a$，$b$を求める。

4 軸《じく》に平行な直線

①$y=k$…x軸に平行で，点$(0,\ k)$を通る直線。
②$x=h$…y軸に平行で，点$(h,\ 0)$を通る直線。

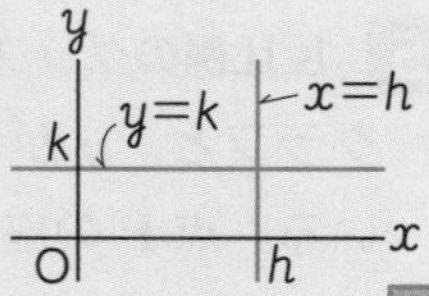

確認問題

時間40分　合格点70点

得点　　／100点

解答▶ 別冊 p.4

よく出る

1 1次関数の式 次の問いに答えなさい。(7点×4)

(1) 傾きが3で，点$(-1,\ 5)$を通る直線の式を求めなさい。　〔島根〕

(2) 2点$(3,\ 2)$，$(5,\ 6)$を通る直線の式を求めなさい。　〔兵庫〕

(3) x軸に平行で，点$(3,\ 2)$を通る直線の式を求めなさい。　〔徳島〕

(4) ある1次関数のグラフが，$x=-5$ のときx軸と交わり，$y=3$ のときy軸と交わっている。この1次関数の式を求めなさい。　〔青森〕

2 関数と変域 2つの1次関数 $y=2x-1$ と $y=-x+a$（aは定数）のグラフの交点のx座標は2である。1次関数 $y=-x+a$ について，xの変域が $1 \leqq x \leqq 3$ のときのyの変域を求めなさい。(7点)　〔愛知〕

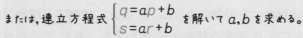

3 **1次関数の利用** 水が120 L入った水そうから，水がなくなるまで一定の割合で水を抜《ぬ》く。水を抜き始めてから8分後の水そうの水の量は100 Lであった。右の図は，水を抜き始めてからx分後の水そうの水の量をy Lとして，xとyの関係をグラフに表したものである。次の問いに答えなさい。(7点×3)　〔群馬〕

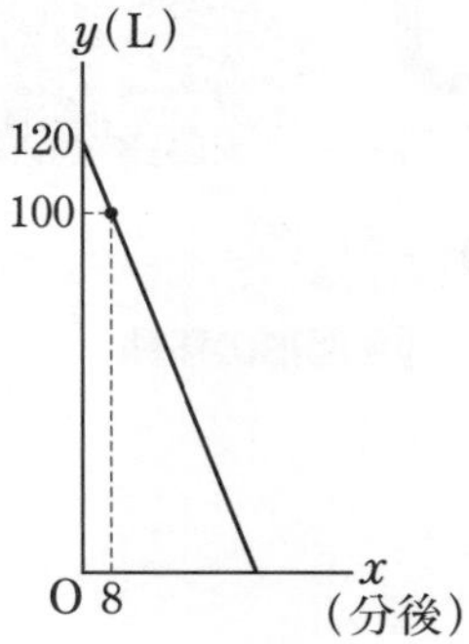

(1) 毎分何Lの割合で水を抜いているか，求めなさい。

(2) yをxの式で表しなさい。

(3) 水そうの水がなくなるのは，水を抜き始めてから何分後か，求めなさい。

よく出る

4 **図形の周上を動く点** 右の図のような，1辺が4 cmの正方形ABCDがある。点PはAを出発して，毎秒1 cmの速さで辺ABをBまで動き，その後は停止する。また，点QはBを出発して，毎秒2 cmの速さで正方形の辺上をC，Dを通ってAまで動く。点P，Qが同時に出発してx秒後の△APQの面積をy cm²とするとき，次の問いに答えなさい。

(8点×3)　〔沖縄〕

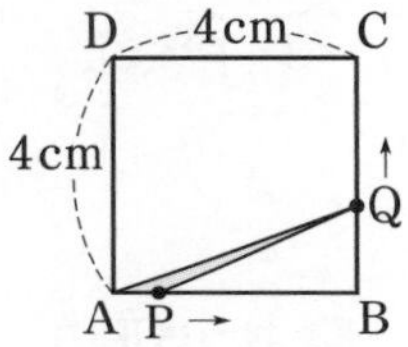

(1) $x=3$ のとき，yの値を求めなさい。

(2) xの変域が $4 \leqq x \leqq 6$ のとき，yをxの式で表しなさい。

(3) 点QがDを通過したあと $y=6$ を満たすxの値を求めなさい。

差がつく

5 **1次関数のグラフと図形** 右の図のように，原点をOとし，4点A(1, 4)，B(1, 2)，C(5, 2)，D(5, 4)がある。x軸上にx座標が正である点Pをとり，△OAPの面積が△OADの面積と等しくなるようにする。このとき，次の問いに答えなさい。(10点×2)　〔佐賀〕

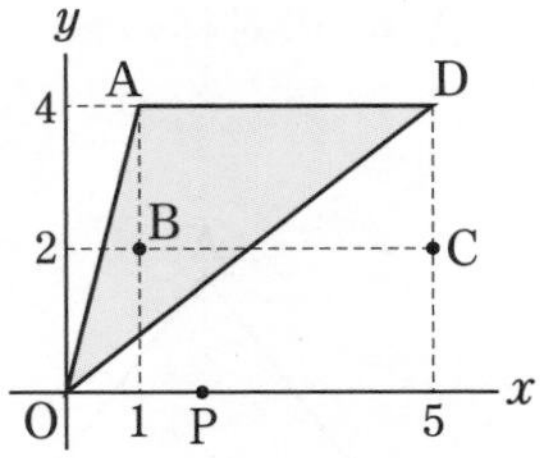

(1) 点Pの座標を求めなさい。

(2) 2点A，Pを通る直線と2点B，Cを通る直線との交点をEとする。このとき，△OAEの面積を求めなさい。

第5日　数学　　月　日

平面図形

POINT

1 図形の移動

①平行移動

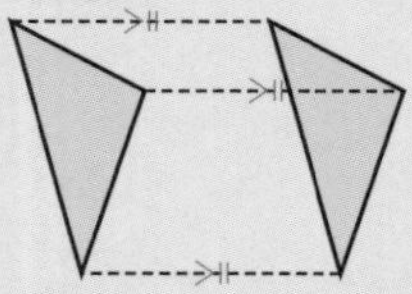

②回転移動

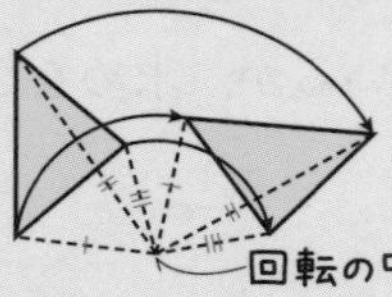

③対称移動《たいしょういどう》

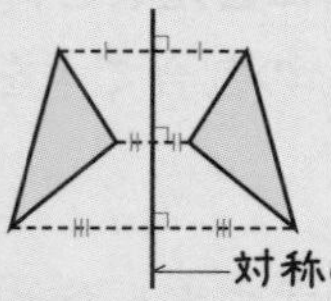

2 基本の作図

①線分 AB の垂直二等分線

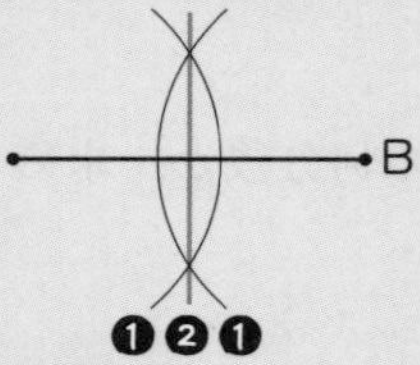

2 点 A，B から等しい距《きょ》離《り》にある点の集まり

②∠XOY の二等分線

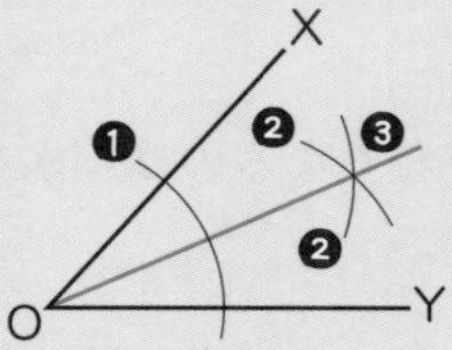

2 辺 OX，OY から等しい距離にある点の集まり

③直線 ℓ 上にある点Pを通る ℓ の垂線

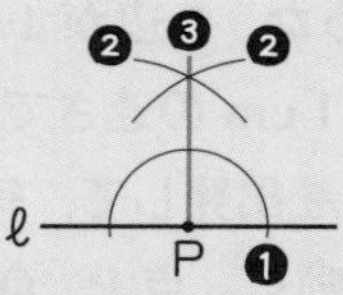

④直線 ℓ 上にない点Pを通る ℓ の垂線

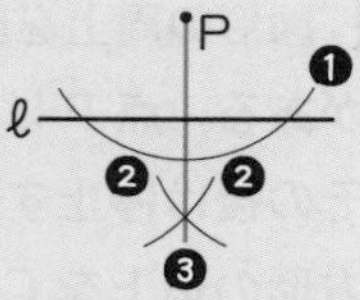

3 おうぎ形の弧《こ》の長さと面積

半径 r，中心角 $x°$ のおうぎ形の弧の長さを ℓ，面積を S とすると，

$\ell=2\pi r\times\frac{x}{360}$，$S=\pi r^2\times\frac{x}{360}=\frac{1}{2}\ell r$

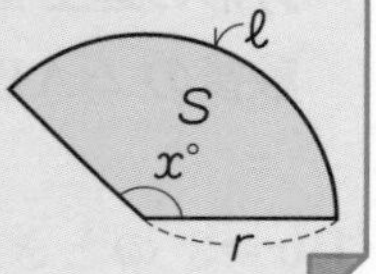

確認問題

時間30分　合格点70点　得点　／100点

解答▶ 別冊 p.5

よく出る **1** 基本の作図　定規とコンパスを使って，次の作図をしなさい。ただし，作図に用いた線は消さないでおくこと。(9点×2)

(1) 下の図で，AB＝AC である二等辺三角形 ABC の対称の軸　〔徳島〕

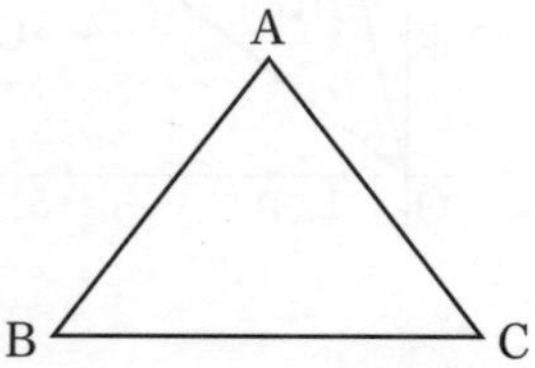

(2) 下の図の △ABC において，辺BC 上にあり，辺 AB，AC までの距離が等しい点P　〔栃木〕

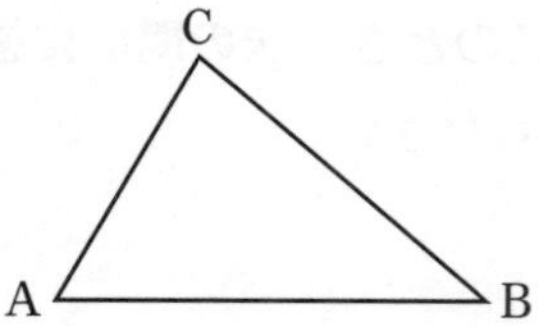

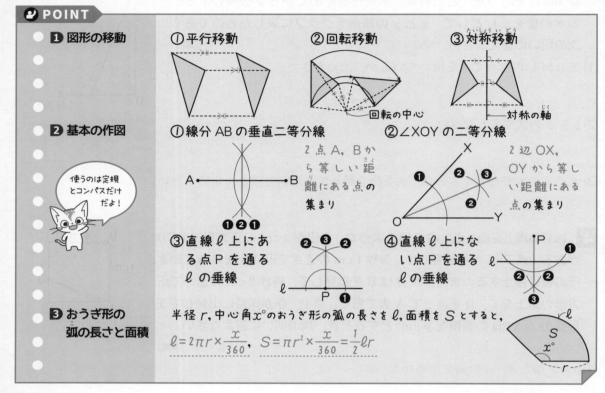

よく出る

2 基本の作図 定規とコンパスを使って，次の作図をしなさい。ただし，作図に用いた線は消さないでおくこと。（9点×2）

(1) 下の図の円 O の周上の点 P を通る，円 O の接線 〔東京〕

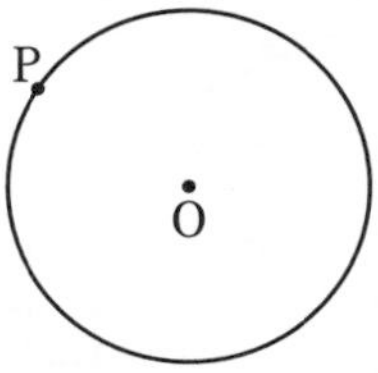

(2) 線分 AB の上側にあり，∠BAP＝45° となるような角 〔島根〕

3 図形の移動 右の図で，△DEF は △ABC を原点 O を中心として，時計回りに 180° だけ回転移動させたものである。辺 BC と x 軸が平行であるとき，次の問いに答えなさい。（11点×2）

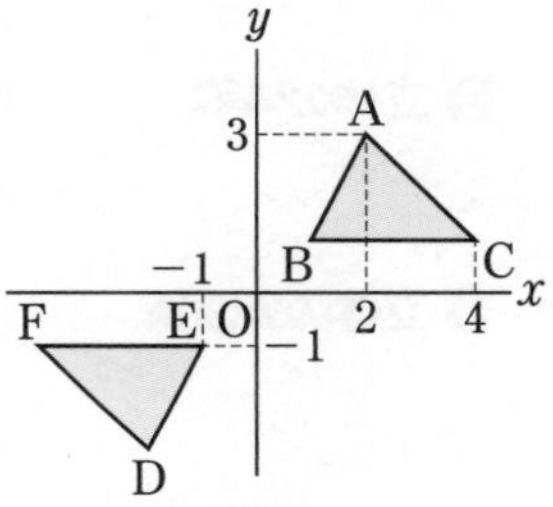

(1) 点 F の座標を答えなさい。

(2) ∠AOD の大きさを求めなさい。

4 図形の移動 右の図で，点 B は直線 OX を軸として点 A を対称移動させた点，点 C は直線 OY を軸として点 A を対称移動させた点である。∠BOC＝78° であるとき，∠XOY の大きさを求めなさい。（14点）

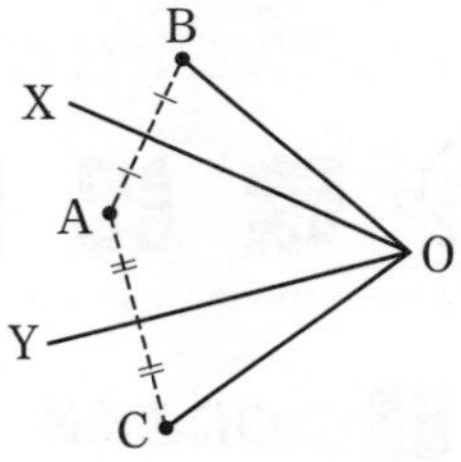

よく出る

5 図形の周の長さと面積 次の問いに答えなさい。（14点×2）

(1) 右の図のような，半径 2 cm，中心角 135° のおうぎ形の面積を求めなさい。ただし，円周率は π とする。 〔岡山〕

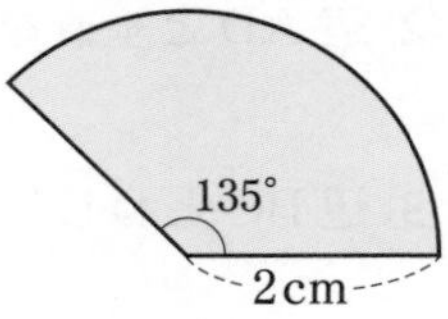

(2) 右の図の色をつけた部分の図形の周の長さと面積を求めなさい。ただし，円周率は π とする。 〔島根〕

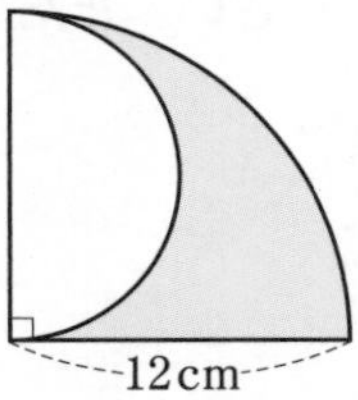

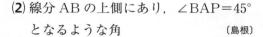

空間図形

POINT

1 2直線の位置関係

①交わる　②平 行　③ねじれの位置にある（同一平面上にない）

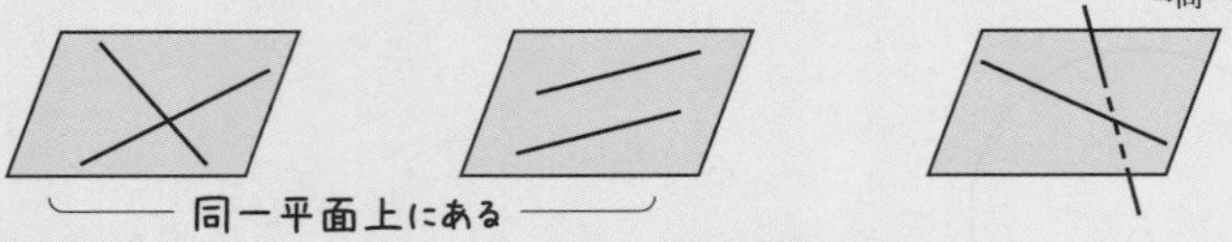

2 回転体，投影《とうえい》図《ず》

①回転体

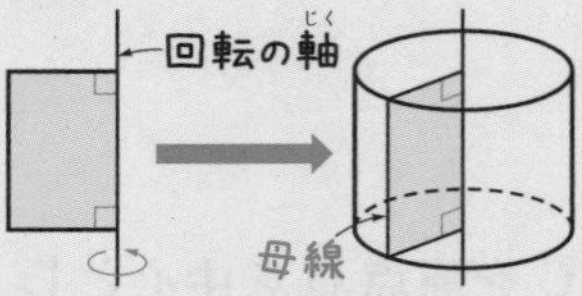

②投影図

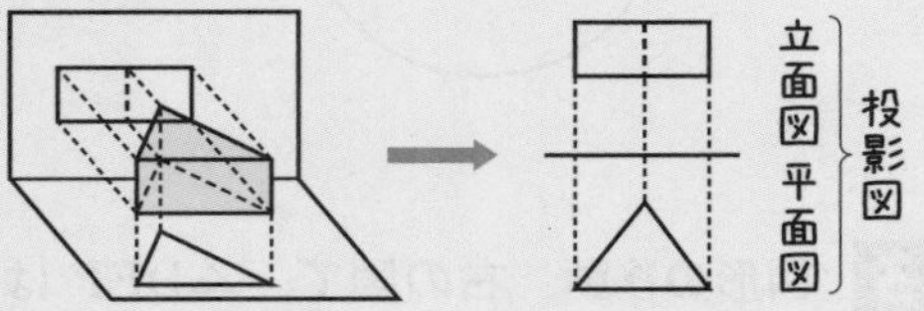

3 立体の体積

①角柱・円柱の体積…底面積×高さ

②角錐《かくすい》・円錐の体積…$\frac{1}{3}$×底面積×高さ

4 立体の表面積

①角柱・円柱の表面積…底面積×2＋側面積

②角錐・円錐の表面積…底面積＋側面積

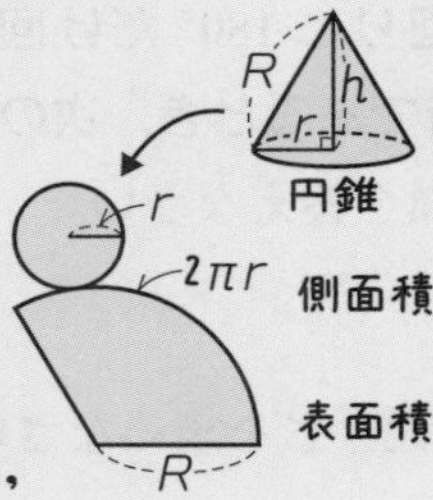

底面積＝πr^2
体積＝$\frac{1}{3}\pi r^2 h$

側面積＝$\frac{1}{2}\times 2\pi r\times R$
＝πrR
表面積＝$\pi r^2+\pi rR$

5 球の体積と表面積

半径 r の球の体積を V，表面積を S とすると，

$V=\frac{4}{3}\pi r^3$，$S=4\pi r^2$

確 認 問 題

時間30分　合格点70点　得点 /100点

解答▶ 別冊 p.6

1 よく出る **辺の位置関係** 右の図の三角柱について，次の問いに答えなさい。(10点×3)

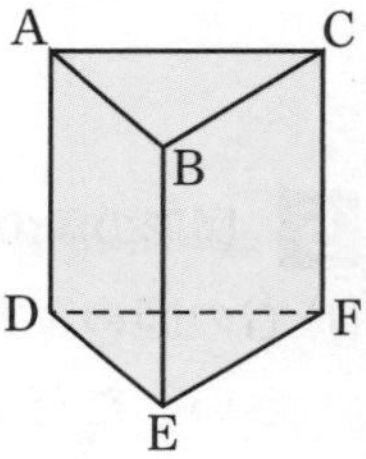

(1) 辺 BE と平行な辺をすべて書きなさい。

(2) 辺 AD と垂直な辺をすべて書きなさい。

(3) 辺 BC とねじれの位置にある辺をすべて書きなさい。

2 **投影図** 右の図は，円柱の投影図である。この円柱の体積を求めなさい。ただし，円周率は π とする。(10点)　〔新潟〕

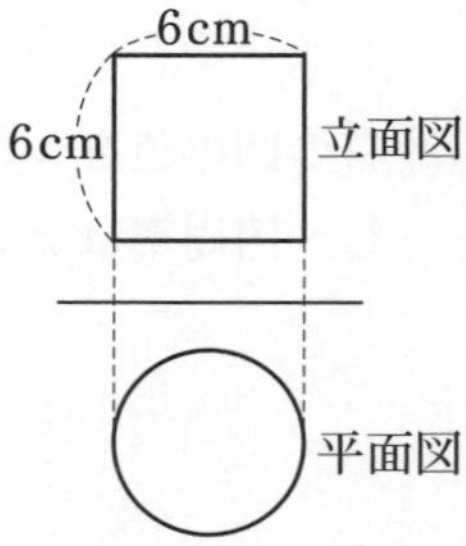

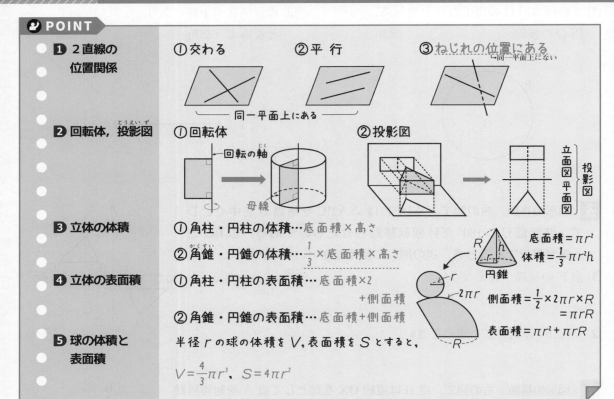

よく出る

3 **回転体の表面積** 右の図のように，長さが 6 cm の線分 AB を直径とする半円 O がある。この半円 O を，線分 AB を軸として 1 回転してできる立体の表面積を求めなさい。ただし，円周率は π とする。（10点） 〔秋田〕

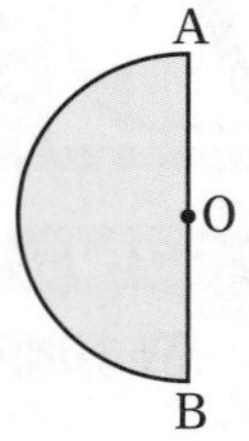

4 **展開図** 右の図のような円錐の側面の展開図が半円であるとき，底面の半径の長さを求めなさい。ただし，円周率は π とする。（9点） 〔福井〕

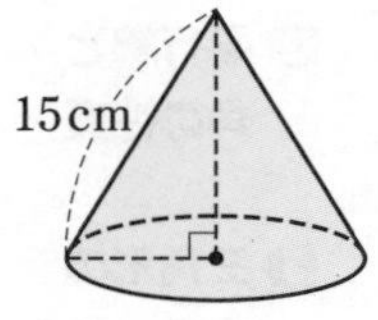

5 **展開図** 右の図は，AD∥BC の台形 ABCD を底面とする四角柱の展開図であり，四角形 DEHI と四角形 EFGH はともに正方形である。このとき，この展開図を点線で折り曲げてできる四角柱について，次の問いに答えなさい。（7点×3） 〔神奈川－改〕

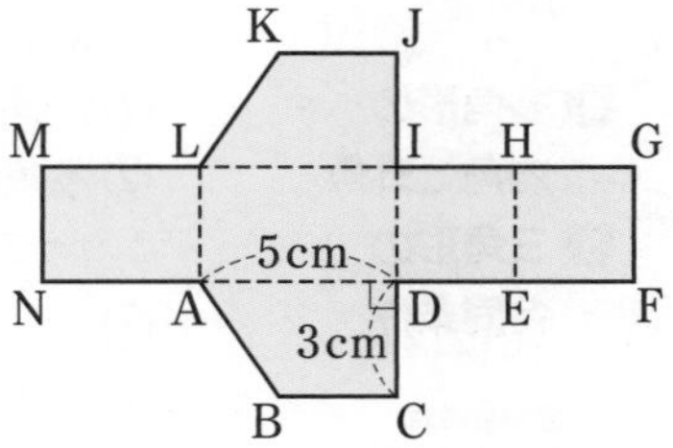

(1) 点 B と重なる点はどれですか。

(2) 辺 BC と重なる辺はどれですか。

(3) この四角柱の体積を求めなさい。

差がつく

6 **角柱・角錐の体積** 健さんは，図 1 のような 1 辺の長さが 6 cm の立方体の形をした容器 ABCD−EFGH を使って，水の体積を調べてみることにした。次の問いに答えなさい。ただし，容器の厚さは考えないものとする。 （10点×2） 〔山形〕

(図1)

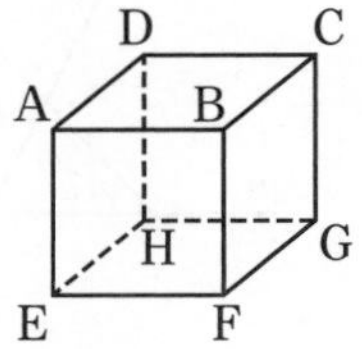

(1) 健さんが，図 1 の容器に水を入れて密閉し，傾《かたむ》けたところ，図 2 のように水面は △AFH になった。このときの水の体積を求めなさい。

(図2)

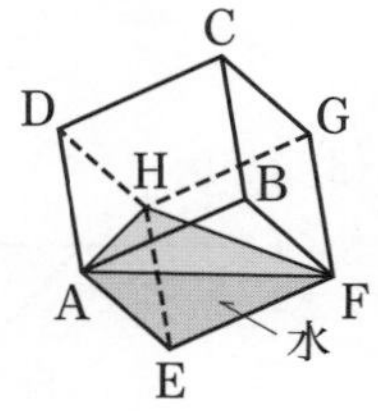

(2) 次に，健さんは，水の入った図 2 の容器を，面 EFGH が底になるように水平な台に置いた。このとき，面 EFGH から水面までの高さを求めなさい。

第7日

数学　　　月　　日

平行と合同

POINT

1 対頂角の性質

対頂角は等しい。右の図で，$\angle a=\angle b$，$\angle c=\angle d$

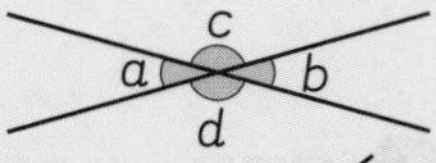

2 平行線と角の性質

右の図で，

①$\ell /\!/ m$（↳平行）ならば　$\angle a=\angle c$（同位角），$\angle b=\angle c$（錯角《さっかく》）

②$\angle a=\angle c$　または　$\angle b=\angle c$　ならば　$\ell /\!/ m$

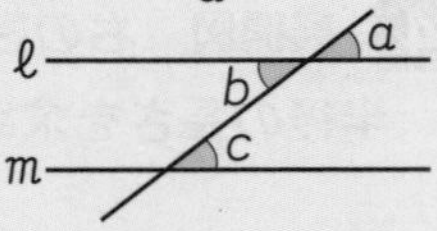

3 三角形の内角と外角

①内角の和…右の図で，$\angle a+\angle b+\angle c=180°$

②外角…それととなり合わない2つの内角の和に等しい。

右の図で，$\angle d=\angle a+\angle b$

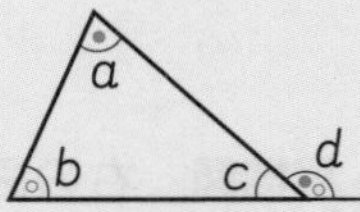

4 多角形の内角と外角

①n 角形の内角の和…$180°\times(n-2)$

②多角形の外角の和…$360°$

5 三角形の合同条件

2つの三角形は，次のどれか1つが成り立つとき合同（↳記号≡）である。

①3組の辺がそれぞれ等しい。

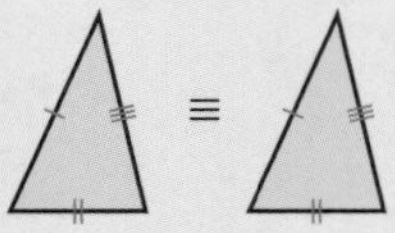

②2組の辺とその間の角がそれぞれ等しい。

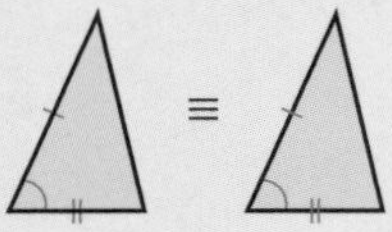

③1組の辺とその両端《りょうたん》の角がそれぞれ等しい。

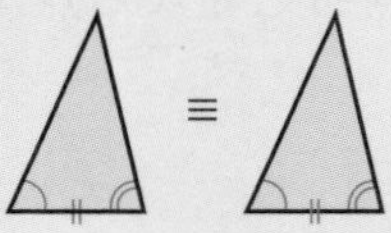

確認問題

時間30分　合格点70点　得点　/100点

解答▶ 別冊 p.6

1 平行線と角　よく出る　次の図の $\angle x$ の大きさを求めなさい。（8点×4）

(1) $\ell /\!/ m$　〔福島〕

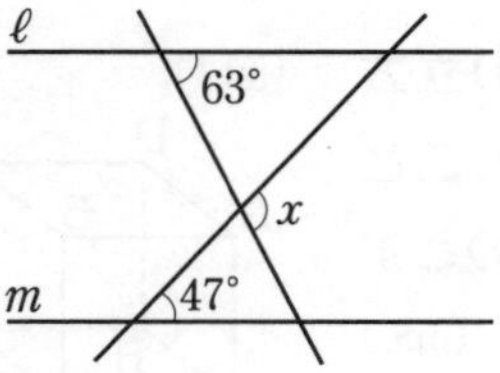

(2) 正五角形 ABCDE　〔福島〕

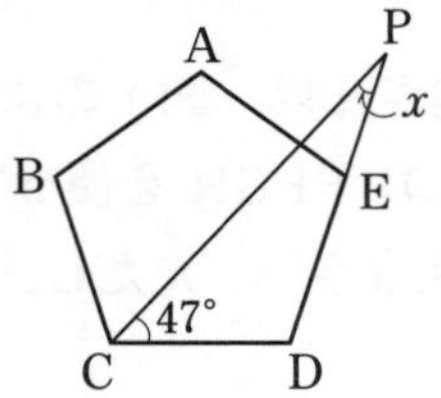

(3) $\ell /\!/ m$　〔栃木〕

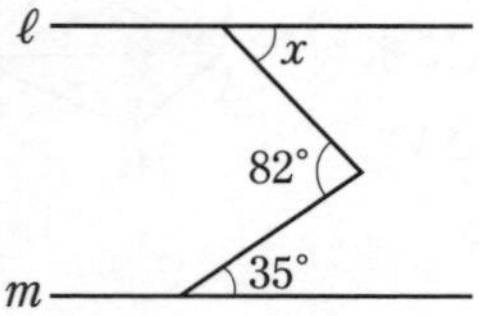

(4) 長方形 ABCD の頂点 C を辺 AD 上の点 E に重なるように折り返す。　〔香川〕

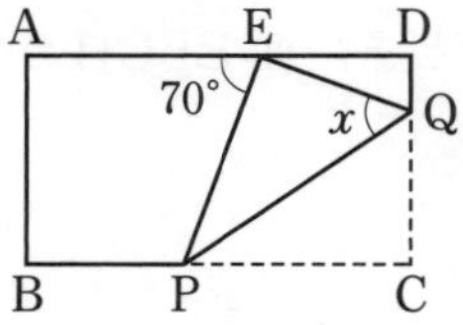

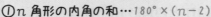

よく出る **2 三角形の角** **次の問いに答えなさい。**（10点×3）

(1) 右の図のように，平行な 2 直線 ℓ，m と正三角形 ABC があり，$\angle$AED$=70°$ であるとき，$\angle x$ と $\angle y$ の大きさを求めなさい。〔岡山〕

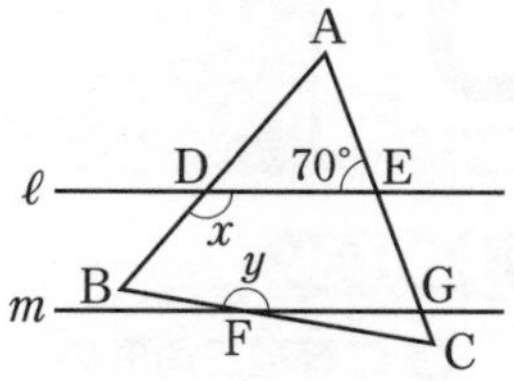

(2) 右の図のように，$\angle$ABC$=54°$ である △ABC の辺 AB 上に点 D をとり，線分 CD を折り目として △ADC を折り返し，頂点 A が移った点を P とする。PD∥BC のとき，$\angle$PDC の大きさを求めなさい。〔大分〕

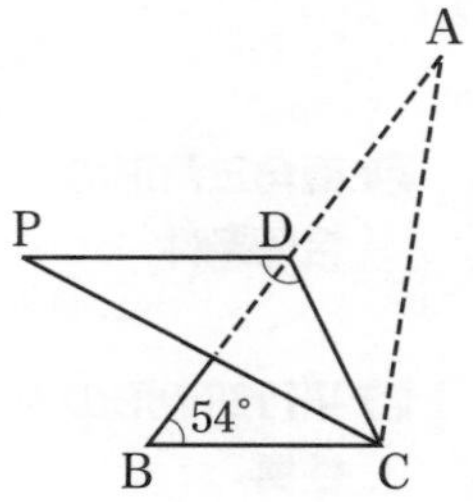

(3) 右の図のように，△ABC があり，$\angle$A$=80°$ となっている。$\angle$B と $\angle$C の二等分線の交点を P とするとき，$\angle$BPC の大きさを求めなさい。〔岩手〕

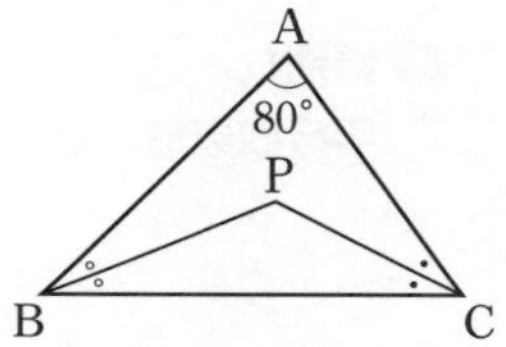

3 三角形の合同条件 **右の図において，線分 AB 上に点 D，線分 AC 上に点 E があり，線分 CD と線分 BE の交点を F とする。AD＝AE，$\angle$ADC＝$\angle$AEB であるとき，△ACD と合同な三角形を答えなさい。また，それらが合同であることを証明するときに使う三角形の合同条件を書きなさい。**（14点）〔秋田〕

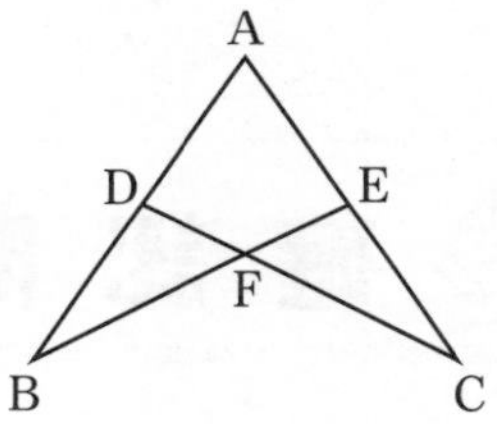

よく出る **4 合同の証明** **右の図のように，正方形 ABCD があり，辺 CD 上に点 E をとる。線分 BE と対角線 AC の交点を P とする。次の問いに答えなさい。**（8点×3）

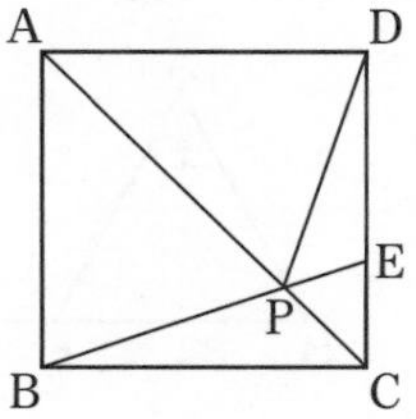

(1) BP＝DP であることを証明しなさい。

(2) $\angle$CEB＝$\angle$PDA であることを証明しなさい。

(3) $\angle$CBP$=24°$ のとき，$\angle$DPE の大きさを求めなさい。

三角形と四角形

POINT

1 二等辺三角形の性質

2辺が等しい三角形を二等辺三角形という。右の図で，

① ∠B＝∠C

② ∠BAM＝∠CAM ならば，AM は BC の垂直二等分線

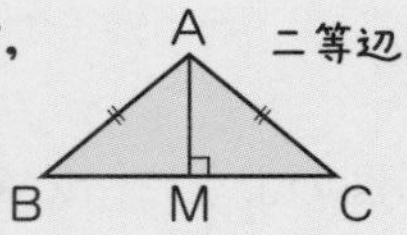

二等辺三角形 ABC

2 直角三角形の合同条件

① 斜辺《しゃへん》と他の1辺がそれぞれ等しい。

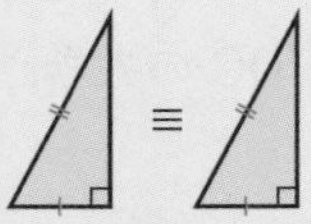

② 斜辺と1つの鋭角がそれぞれ等しい。

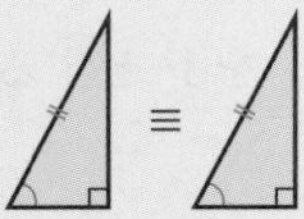

3 平行四辺形の性質

2組の対辺がそれぞれ平行な四角形を平行四辺形という。下の図で，

① AB＝DC，AD＝BC

② ∠BAD＝∠BCD，∠ABC＝∠ADC

③ AO＝CO，BO＝DO

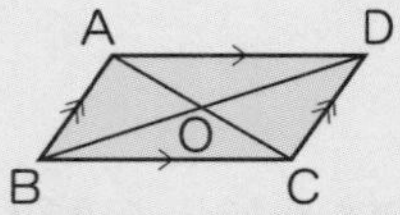

平行四辺形 ABCD

4 特別な平行四辺形

	定義	対角線の性質
長方形	4つの角が等しい四角形	長さが等しい
ひし形	4つの辺が等しい四角形	垂直に交わる
正方形	4つの角が等しく4つの辺が等しい四角形	長さが等しく垂直に交わる

5 平行線と面積

右の図で，

$\ell /\!/ m$ ならば △ABC＝△A′BC

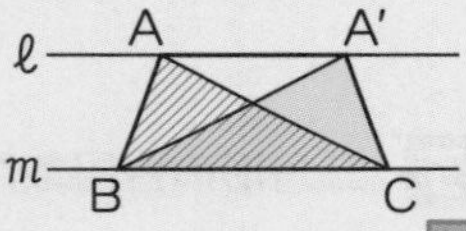

確認問題

時間 40分　合格点 70点　得点 /100点

解答▶ 別冊 p.7

よく出る **1** 図形の角　次の図の ∠x の大きさを求めなさい。（7点×6）

(1) AB＝AC 〔栃木〕

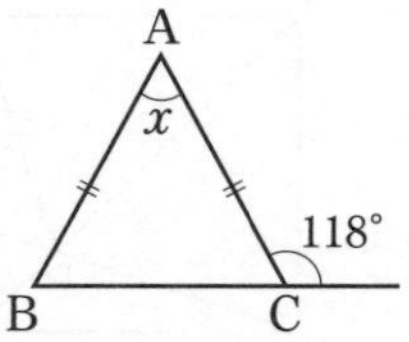

(2) 平行四辺形 ABCD 〔岐阜〕

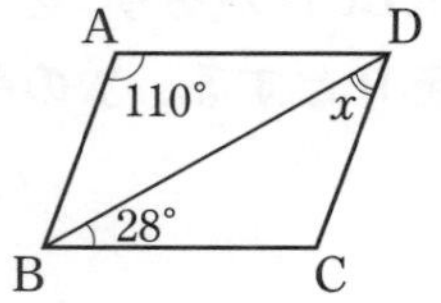

(3) ひし形 ABCD 〔福島〕

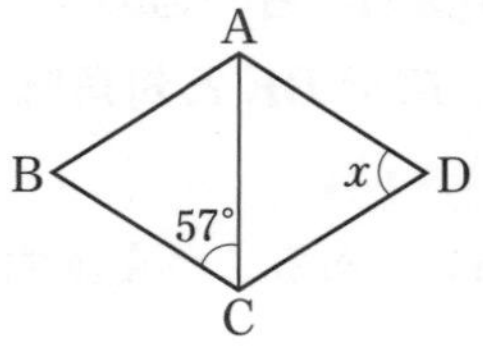

(4) AB＝AC，AD＝AE 〔愛知〕

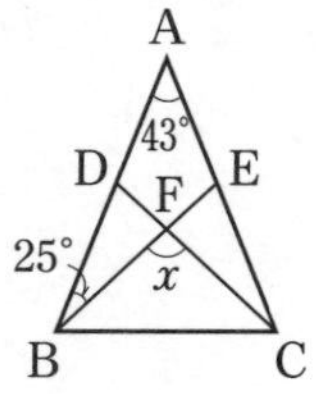

(5) 平行四辺形 ABCD

$\ell /\!/ m$ 〔石川〕

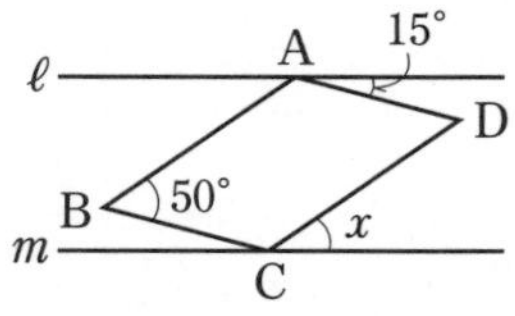

(6) 平行四辺形 ABCD

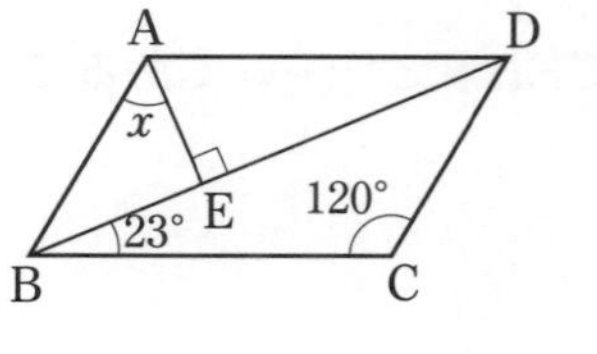

よく出る **2** **二等辺三角形** 右の図のように，∠BAC＝42°，AB＝AC の二等辺三角形があり，辺 AC 上に AD＝BD となる点 D をとる。このとき，∠x の大きさを求めなさい。（10点）　〔山口〕

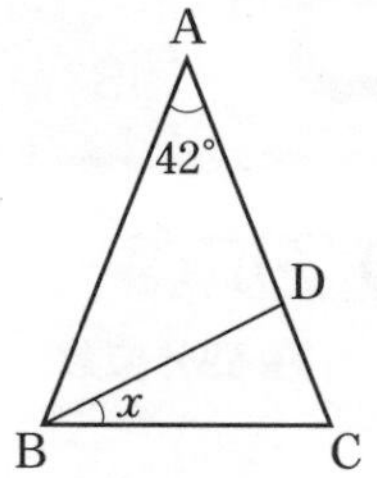

3 **合同の証明** 右の図は AD∥BC の台形 ABCD で，∠CAB＝∠CBA である。対角線 AC 上に AD＝CE となるように点 E をとるとき，CD＝BE となることを証明しなさい。（10点）　〔栃木〕

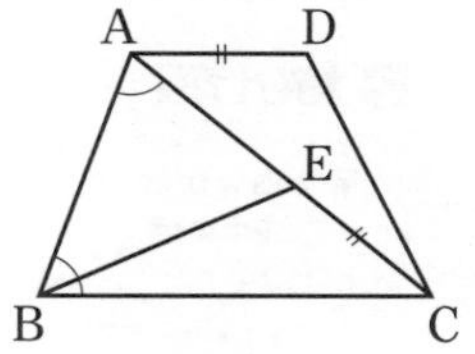

4 **平行線と面積** 右の図の五角形 ABCDE は，AB∥EC，AD∥BC，AE∥BD の関係がある。5 点 A，B，C，D，E のうちの 3 点を頂点とする三角形の中で，三角形 ABE と面積の等しい三角形は，他に 3 つある。それらをすべて書きなさい。（10点）　〔群馬〕

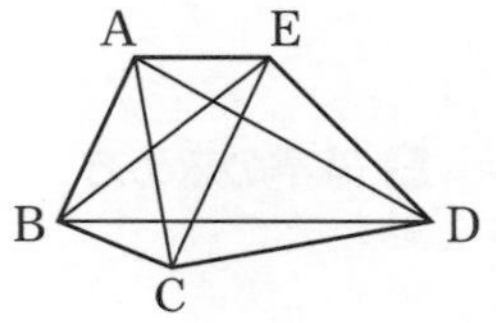

5 **ひし形** 右の図で，四角形 ABCD はひし形，四角形 AEFD は正方形である。∠ABC＝48° のとき，∠CFE の大きさは何度か，求めなさい。（10点）　〔愛知〕

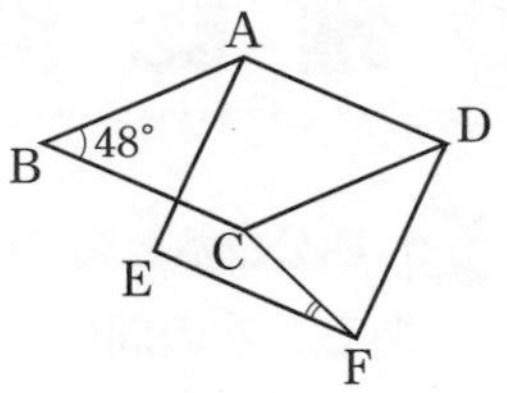

差がつく **6** **直角三角形の合同とおうぎ形** 右の図のように，円外の点 P から円 O に接線を 2 本ひき，その接点をそれぞれ A，B とする。BC は円 O の直径で，BC＝4 cm とする。次の問いに答えなさい。（9点×2）　〔大分〕

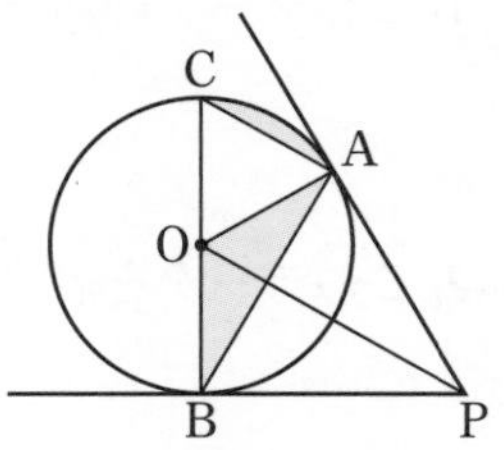

(1) PA＝PB であることを証明しなさい。

(2) ∠OPA＝30° であるとき，色をつけた部分の面積の和を求めなさい。ただし，円周率は π とする。

第9日　数学　　月　　日

データの活用，確率

POINT

1 四分位数《しぶんいすう》

データの前半部分の中央値を第１四分位数，データ全体の中央値を第２四分位数(中央値)，データの後半部分の中央値を第３四分位数という。

2 箱ひげ図

右の図のように，データの範囲《はんい》や四分位数，四分位範囲をまとめた図を箱ひげ図という。

四分位範囲＝第３四分位数－第１四分位数

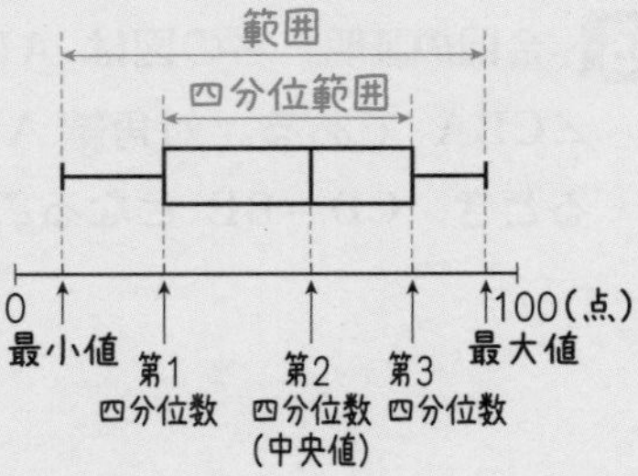

3 樹形図《じゅけいず》

硬貨《こうか》を２枚同時に投げたときの表，裏の出方は，右の図のようになり，全部で，４通りある。

このような図を樹形図という。

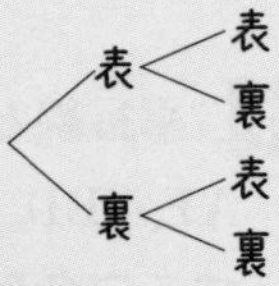

4 確率の求め方

起こりうるすべての場合の数が n 通りあり，そのどれが起こることも同様に確からしいとき，ことがらAが起こる場合の数が a 通りであれば，

Aの起こる確率 p → $p=\dfrac{a}{n}$

└→$0 \leqq p \leqq 1$

確 認 問 題

時間 30分　合格点 70点　得点　　／100点

解答▶ 別冊 p.8

1 よく出る　**四分位数と箱ひげ図**　次のデータは，13の都市における，ある月の降雨量0 mmの日数である。次の問いに答えなさい。(14点×2)

8，22，12，15，4，25，15，18，5，10，23，13，8

(日)

(1) このデータの四分位範囲を求めなさい。

(2) このデータを表す箱ひげ図として適切なものを，次の**ア**～**エ**から選び，その記号を書きなさい。

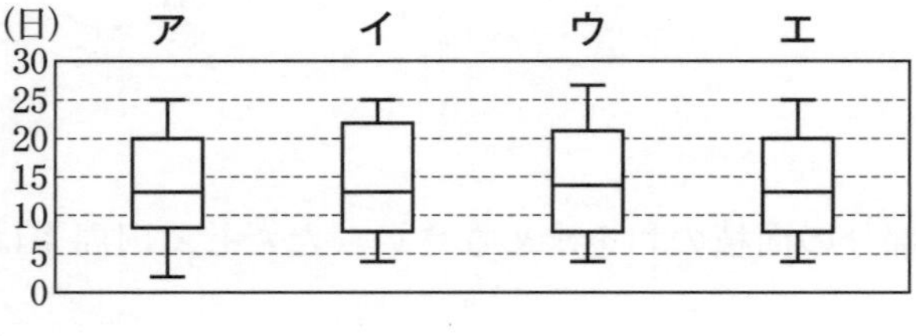

よく出る

2 **確率の求め方　次の問いに答えなさい。**（8点×3）

(1) 2 枚の硬貨を同時に投げるとき，2 枚とも表が出る確率を求めなさい。 〔島根〕

(2) 1 から 6 までの目のついた大，小 2 つのさいころを同時に投げたとき，出た目の数の積が，9 の倍数となる確率を求めなさい。 〔新潟〕

(3) 赤玉 3 個と白玉 2 個が入った袋《ふくろ》がある。この袋から同時に 2 個の玉を取り出すとき，2 個とも赤玉である確率を求めなさい。 〔千葉〕

よく出る

3 **場合の数と確率　右の図のように，赤と白の 2 色のカードが 2 枚ずつ計 4 枚あり，各色のカードには 1，2 の数字が 1 つずつ書いてある。この 4 枚のカードをよくきって，1 枚ずつ続けて 2 回ひき，ひいた順に 1 列に並べる。このとき，次の問いに答えなさい。**（12点×2） 〔岩手〕

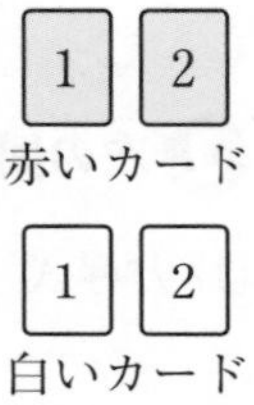

(1) カードの並べ方は全部で何通りありますか。

(2) 2 枚のカードが色も数字も異なる確率を求めなさい。

4 **確率の求め方　次の問いに答えなさい。**（12点×2）

(1) 右の図のように，1 から 5 までの数字が 1 つずつ書かれたカードがある。この 5 枚のカードをよくきって 1 枚取り出し，カードの数字を調べてからもとに戻す。次に，もう一度，5 枚のカードをよくきって 1 枚取り出し，カードの数字を調べる。はじめに取り出したカードの数字を a，次に取り出したカードの数字を b として，$\dfrac{b}{a}$ の値が整数となる確率を求めなさい。 〔埼玉〕

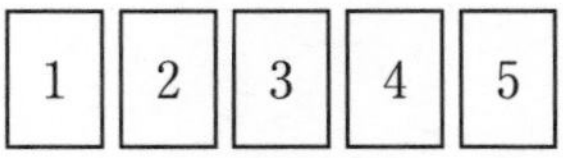

(2) 100 円，50 円，10 円の硬貨がそれぞれ 1 枚ずつある。これらの 3 枚の硬貨を同時に投げ，表が出た硬貨の金額を合計するとき，合計金額が 50 円以上となる確率を求めなさい。

仕上げテスト

時間40分　合格点70点　得点 /100点

解答▶ 別冊 p.10

1 次の計算をしなさい。(6点×3)

(1) $2\times(-3)^2-2^2$ 〔大分〕

(2) $\dfrac{15}{2}x^3y^3\div\dfrac{3}{4}xy^2$ 〔石川〕

(3) $\dfrac{5x-3y}{3}-\dfrac{3x-7y}{4}$ 〔京都〕

2 次の問いに答えなさい。(6点×6)

(1) 方程式 $\dfrac{4x+5}{3}=x$ を解きなさい。 〔秋田〕

(2) 連立方程式 $\begin{cases}4x+y=-1\\x-2y=11\end{cases}$ を解きなさい。 〔高知〕

(3) y が x に反比例し，$x=4$ のとき $y=10$ である。$x=5$ のときの y の値を求めなさい。〔山口〕

(4) 1 次関数 $y=-\dfrac{1}{5}x+1$ について，x の変域が $-5\leqq x\leqq 10$ のときの y の変域を求めなさい。 〔福島〕

(5) 右の図で，直線 ℓ と直線 m が平行であるとき，$\angle x$ の大きさを求めなさい。 〔沖縄〕

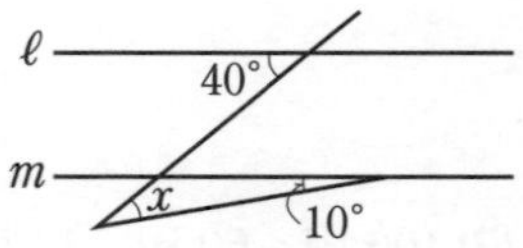

(6) 3 枚の硬《こう》貨《か》を同時に投げるとき，少なくとも 1 枚は裏となる確率を求めなさい。 〔岡山〕

3 **よし子さんたちは文化祭のバザーで，みかんを 2 個または 3 個ずつ袋《ふくろ》に入れて売ることにした。2 個入りは 1 袋 80 円，3 個入りは 1 袋 100 円で，それぞれ売ったところ，用意していた 150 個のみかんが全て売れ，売り上げた金額は 5440 円になった。2 個入りの袋と 3 個入りの袋が，それぞれ何袋売れたか求めなさい。**（10点）

〔愛媛〕

4 **右の図のように，AB＝6 cm，BC＝15 cm の長方形 ABCD がある。点 P は点 A を出発して，一定の速さで辺 AD 上を 1 往復して止まり，点 Q は点 B を出発して，一定の速さで辺 BC 上を 1 往復して止まる。右のグラフは，点 P，Q が同時に出発して止まるまでの時間（秒）と線分 AP，BQ の長さ（cm）との関係を表したものである。このとき，次の問いに答えなさい。**

（8点×2）〔埼玉〕

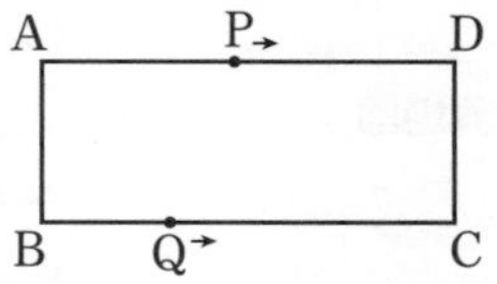

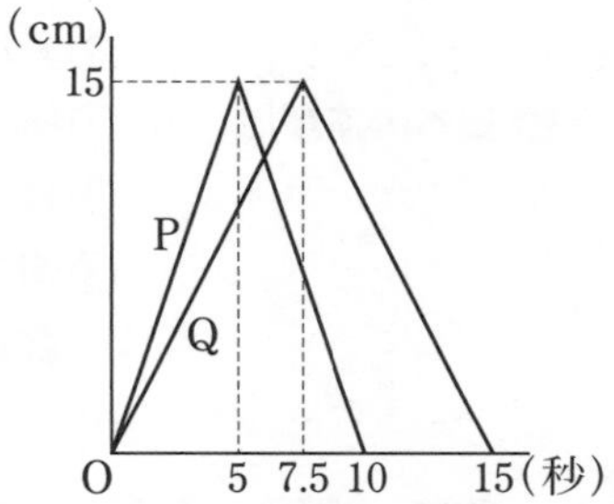

(1) 点 P が点 D に向かっているとき，点 A を出発してから x 秒後の線分 AP の長さを，x を用いて表しなさい。

(2) 四角形 ABQP の面積が，長方形 ABCD の面積の $\frac{1}{2}$ になるときは 2 回ある。それは点 P，Q が同時に出発してから何秒後と何秒後か求めなさい。

5 **右の図で，△ABC は ∠BAC＝90° の直角二等辺三角形であり，△ADE は ∠DAE＝90° の直角二等辺三角形である。また，点 D は辺 CB の延長線上にある。このとき，△ADB≡△AEC であることを証明しなさい。**（20点）

〔岐阜〕

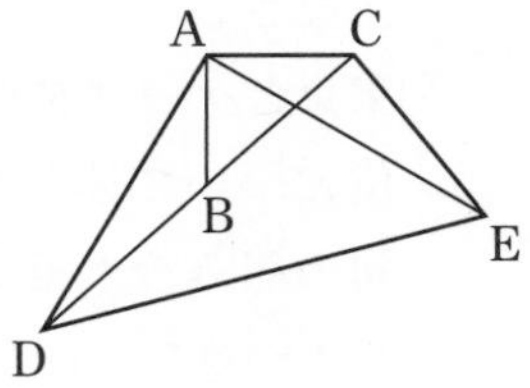

月　日

世界と日本のすがた

POINT

1 世界のすがた

①地　形…海:陸=7:3，六大陸・三大洋

②国　境…山・川・海・湖沼《こしょう》(自然的国境)，緯線《いせん》・経線(人為《じんい》的国境)

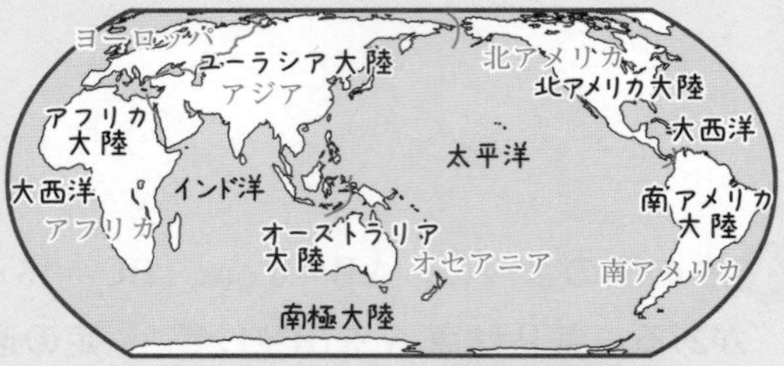

六大陸・三大洋と世界の地域区分

2 世界地図

①正距《せいきょ》方位図法…地図の中心からの，方位と距離《きょり》が正しい地図

②メルカトル図法…緯線と経線が直角に交わり，角度が正しい地図

3 日本のすがた

①時　差…日本の標準時子午線は東経135度。経度15度で1時間の時差

②領　域…領土，領海，領空からなる。領海の外側に排他的経済水域《はいたてきけいざいすいいき》

③都道府県と県庁所在地…47の都道府県(1都1道2府43県)からなる。

都道府県名と都道府県庁所在地名が異なる県は18ある。

└→埼玉県(さいたま市)を含む

確認問題

時間30分　合格点70点

得点　／100点

解答▶別冊 p.12

1 よく出る　世界地図　次の地図を見て，あとの問いに答えなさい。

(1) 南極大陸を除く5大陸のうち，すべての陸地が赤道よりも南にあるのはどの大陸か。名称《めいしょう》を答えなさい。(10点)

〔　　　　　　　　〕

(2) 地図Ⅱは，東京からの距離と方位を正しく示している。

①地図Ⅰ中の▨で示した島は，地図Ⅱではどこになるか。地図Ⅱ中のア～エから1つ選び，記号で答えなさい。(10点)

〔　　〕

②東京とケープタウン，ブエノスアイレスの距離と方位について述べた次の文中の(　　)にあてはまる数字と語句の組み合わせとして最も適切なものを，あとのア～エから1つ選び，記号で答えなさい。(12点)

〔　　〕

> 東京からケープタウンまでの地図上の距離は，約(　X　)kmである。また，東京から見たブエノスアイレスの方位は，ほぼ(　Y　)である。

ア X―10000　Y―東　　**イ** X―10000　Y―南

ウ X―15000　Y―東　　**エ** X―15000　Y―南

〔地図Ⅰ〕

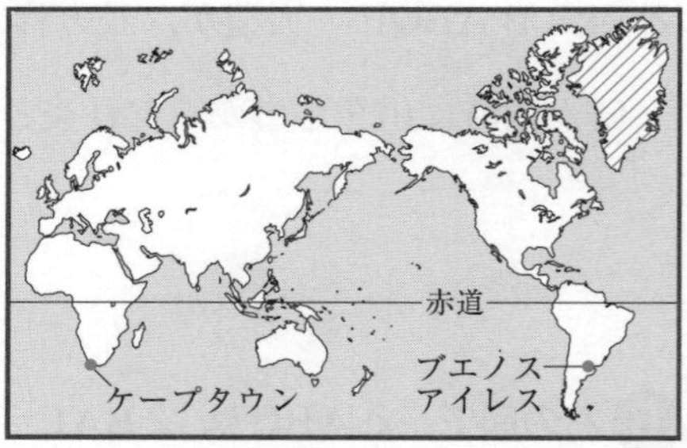

〔地図Ⅱ〕

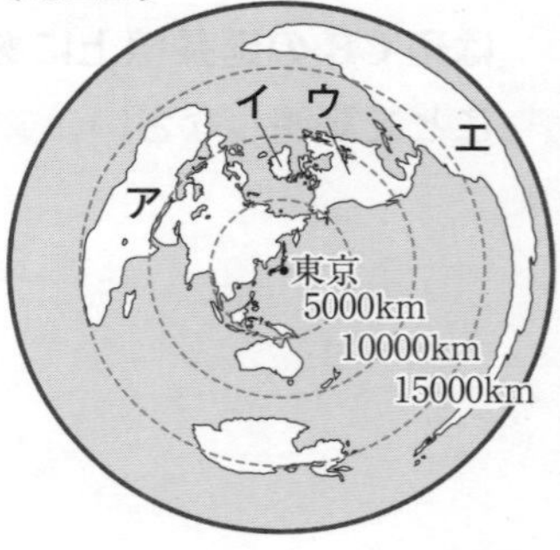

〔新潟ー改〕

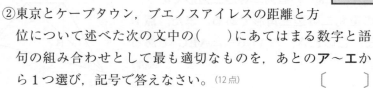

2 世界地図　次の略地図を見て，あとの問いに答えなさい。

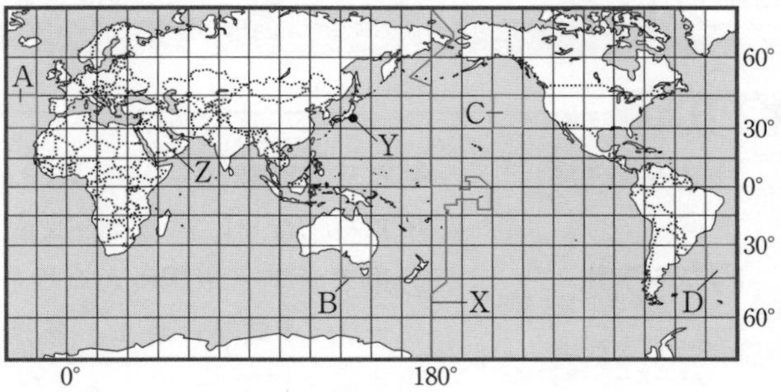

(1) 略地図中にXで示した線は，ほぼ180度の経線に沿って引かれており，1日の始まりと終わりを表している。この線は何と呼ばれるか，その呼び名を答えなさい。(11点)

〔　　　　　　〕

差がつく **(2)** 右の図は，点Pを地球の中心点に対して正反対側に移した点がQであることを示している。略地図中にYで示した点を，右の図のように地球の中心点に対して正反対側に移した地点は，略地図中のA～Dのうち，どの範《はん》囲《い》内に位置するか。最も適切なものを1つ選び，記号で答えなさい。(11点)

〔　　〕

(3) 略地図中にZで示したアラビア半島は，アジア州にあるが，この半島が位置している大陸は何と呼ばれるか，その大陸名を答えなさい。(10点)

〔　　　　　　　　　〕〔香川〕

3 日本のすがた　次の略地図を見て，あとの問いに答えなさい。(9点×4)

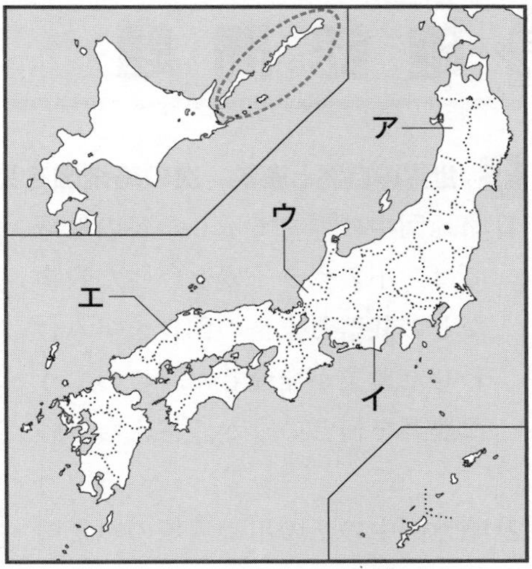

(1) 略地図中の**ア**～**エ**の県のうち，県名と県庁所在地名が異なる県が1つだけある。その県の県名を答えなさい。　〔　　　　　〕〔千葉〕

(2) 次の文の［　①　］にあてはまる語句を，漢字2字で答えなさい。また，［　②　］にあてはまる語句を答えなさい。

①〔　　　　　〕

②〔　　　　　〕〔北海道〕

> 略地図の------で囲まれた島々は日本固有の領土であり，［　①　］領土と呼ばれている。これらの島々のうち，最も面積が広いのは，［　②　］島である。

(3) 日本時間の1月6日午後1時に，日本に住む久子さんはサンフランシスコに留学した修二さんに電話をした。この時のサンフランシスコの日付と時間帯の組み合わせとして最も適切なものを，次の**ア**～**エ**から1つ選び，記号で答えなさい。ただし，サンフランシスコの標準時は西経120度を基準とする。　〔　　〕

ア　1月5日の朝　　**イ**　1月7日の朝
ウ　1月5日の夜　　**エ**　1月7日の夜

〔長崎〕

第2日 社会

月　日

世界のさまざまな地域

POINT

1 人々の生活 世界三大宗教…キリスト教(ヨーロッパ，南北アメリカなど)，イスラム教(西アジア，北アフリカなど)，仏教(東・東南アジアなど)
└聖地メッカ

2 アジア州
①東アジア…中国は人口世界一(2020年)。一人っ子政策は廃止《はいし》。経済特区
②東南アジア…ASEAN《アセアン》を結成
└東南アジア諸国連合
③南アジア…インドでICT産業が盛《さか》ん
└情報通信技術産業
④西アジア…ペルシア湾《わん》沿岸で石油が産出

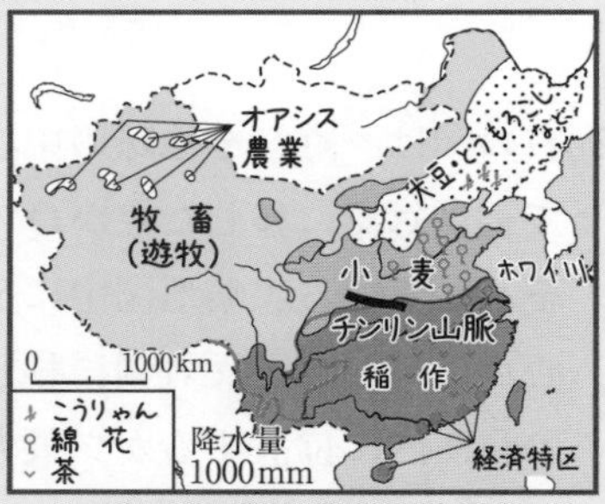

中国の農牧業と経済特区

3 ヨーロッパ州
①農業…混合農業，地中海式農業，酪農《らくのう》
②組織…EUを結成。共通通貨ユーロ
└ヨーロッパ連合

4 アフリカ州
①自然…ナイル川(世界最長)，サハラ砂漠《さばく》
└世界最大
②産業…レアメタルの産出が多い。ギニア湾岸でカカオ豆生産

5 北アメリカ州
①自然…西部にロッキー山脈，東部にアパラチア山脈，ミシシッピ川
②民族と産業…ヒスパニック増加。サンベルトやシリコンバレーでICT産業

6 南アメリカ州 アンデス山脈，アマゾン川(流域面積世界最大)，パンパ，バイオエタノール

7 オセアニア州 オーストラリアの先住民族アボリジニ。アジア州との結びつき強化
└ニュージーランドはマオリ

確認問題

時間30分　合格点70点

得点　／100点

解答▶ 別冊 p.12

1 よく出る　**世界の自然と産業**　次の略地図を見て，あとの問いに答えなさい。(10点×3)

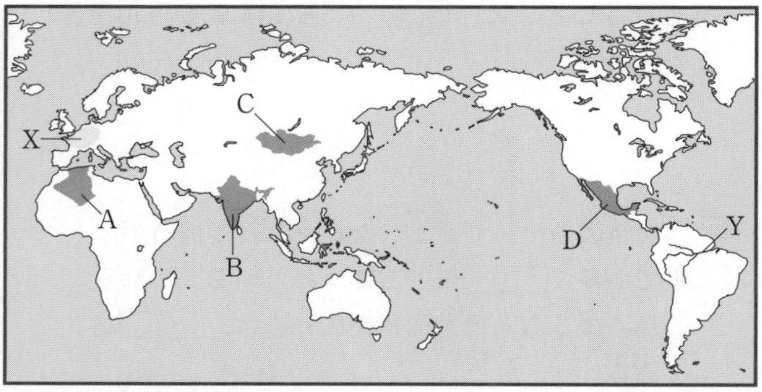

(1) 略地図中の▭で示したXの地域では，小麦やライ麦といった穀物《こくもつ》などの栽培《さいばい》と家畜《かちく》の飼育を組み合わせた農業が発達した。このような農業を何というか，答えなさい。
〔　　　　〕

(2) 略地図中のYの川の流域の熱帯雨林は，現在，大規模な開発のため伐採《ばっさい》され，環境《かんきょう》問題となっている。この川の名称《めいしょう》を答えなさい。〔　　　　〕

(3) 次の文は，ある国の特徴《とくちょう》について述べたものである。この国を略地図中の▭で示したA～Dから1つ選び，記号で答えなさい。〔　　〕〔高知〕

> この国の2020年時点の人口は約13億8000万人で，世界第2位である。この国の人々が信仰《しんこう》している主な宗教はヒンドゥー教である。また，近年では，ソフトウェアの開発などを行う情報通信技術産業が急速に発展している。

2 **世界の諸地域** **次の地図中のA～Cは国を示している。あとの問いに答えなさい。**(10点×7)

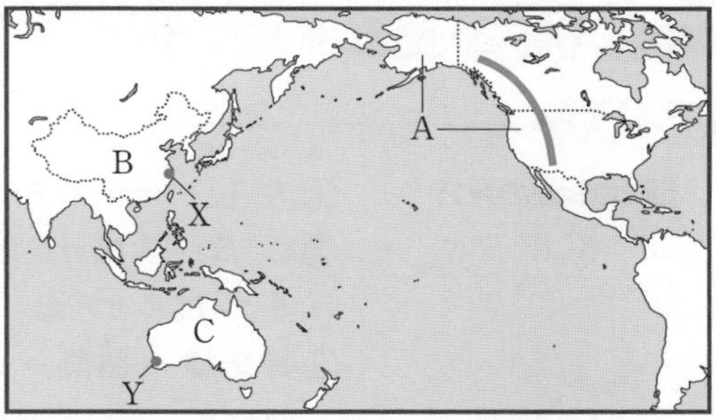

(1) A国について，各問いに答えなさい。

①地図に▬▬で示した山脈の名称《めいしょう》を答えなさい。　〔　　　　　〕

②グラフⅠは，「ある農産物」の国別輸出量の割合を表している。「ある農産物」とは何か。次の**ア**～**オ**から1つ選び，記号で答えなさい。　〔　　　〕

ア 小麦　**イ** 米
ウ 大豆　**エ** 綿花
オ とうもろこし

〔グラフⅠ〕「ある農産物」の国別輸出量の割合

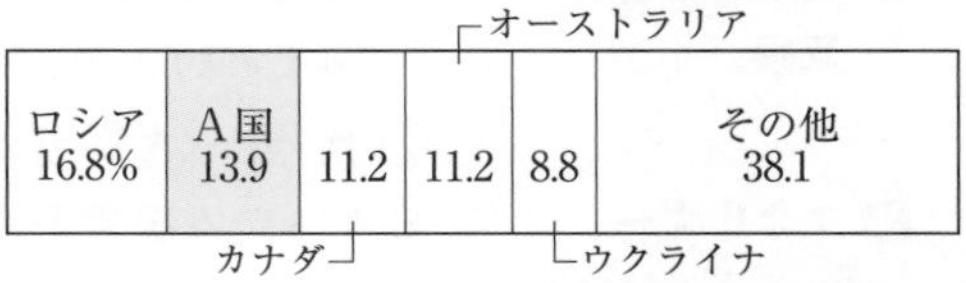

(2017年)　(2020/21年版「世界国勢図会」)

(2) B国について，各問いに答えなさい。

①長江《ちょうこう》《チャンチアン》河口付近に位置し，B国有数の商工業都市であるXの都市名を，次の**ア**～**オ**から1つ選び，記号で答えなさい。　〔　　　〕

ア ペキン　**イ** ホンコン　**ウ** チョンチン　**エ** ウルムチ　**オ** シャンハイ

②表Ⅰは，日本とA～C国の面積，人口密度，人口増加率を表している。B国にあてはまるものを，表中の**ア**～**エ**から1つ選び，記号で答えなさい。　〔　　　〕

〔表Ⅰ〕

	面積(千 km^2)	人口密度(人/km^2)	人口増加率※(%)
ア	378	339	−0.2
イ	9600	150	0.5
ウ	9834	34	0.7
エ	7692	3	1.4

※2010～20年平均　(2020/21年版「世界国勢図会」)

(3) C国について，各問いに答えなさい。

記述式
①グラフⅡは，温帯に属する都市Yの月別平均気温と月別降水量を表している。都市Yの夏季と冬季における降水量の特徴《とくちょう》を書きなさい。
〔　　　　　　　　　　　　　　　　　　〕

〔グラフⅡ〕

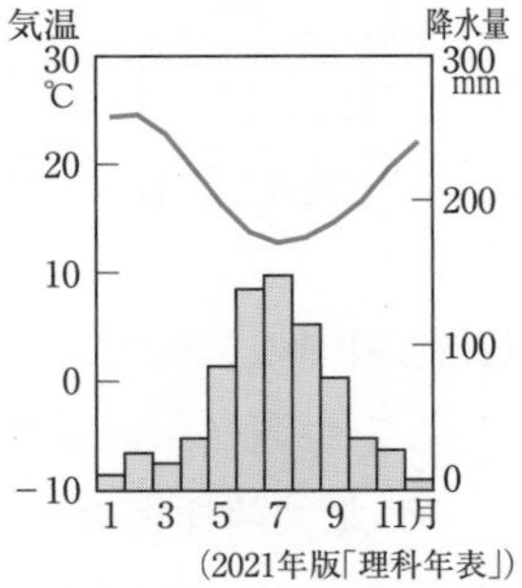

(2021年版「理科年表」)

②表Ⅱは，C国に対する日本の輸出入額の上位3品目と総額に占《し》める割合を表している。［　※　］にあてはまる鉱産資源名を答えなさい。　〔　　　　〕

〔表Ⅱ〕

	上位3品目　(　)は総額に占める割合
C国への輸出	自動車(44.6%)，石油製品(21.0%)，機械類(13.3%)
C国からの輸入	液化天然ガス(35.4%)，［　※　］(30.0%)，鉄鉱石(12.4%)

(2019年)　(2020/21年版「日本国勢図会」)

(4) 1989年よりアジア太平洋地域の経済協力のために開催《かいさい》され，現在，日本とA～C国のすべてが参加している会議の略称を何というか。次の**ア**～**オ**から1つ選び，記号で答えなさい。　〔　　　〕

ア ASEAN《アセアン》　**イ** EU　**ウ** APEC《エイペック》　**エ** USMCA　**オ** WTO

〔福島〕

第3日

社会

月　日

地域調査，日本の地域的特色と地域区分

POINT

1 地形図の見方

①方　位…地図の上が北(原則)

②縮　尺…実際の距離《きょり》=地形図上の長さ×縮尺の分母

③等高線…間隔《かんかく》がせまい部分は傾《けい》斜《しゃ》が急，広い部分はゆるやか

2 日本の地形と気候

①山地と山脈…環《かん》太平洋造山帯，
└→火山・地震
国土の約4分の3が山地

②気　候…大部分は温帯

3 エネルギー

日本は火力発電が中心。再生可能エネルギーの開発が進められる
└→太陽光，風力，地熱，バイオマスなど

4 日本の産業

①農　業…近郊《きんこう》農業(大都市近く)，促成栽培《そくせいさいばい》(温暖な地域)

②水産業…排他的経済水域《はいたてきけいざいすいいき》の設定により遠洋漁業不振《ふしん》，養殖《ようしょく》漁業や栽培漁業
└→育てる漁業

③工　業…太平洋ベルト，加工貿易で発展。日本企業《きぎょう》の海外進出→産業の空洞《くうどう》化《か》
└→海上輸送に便利

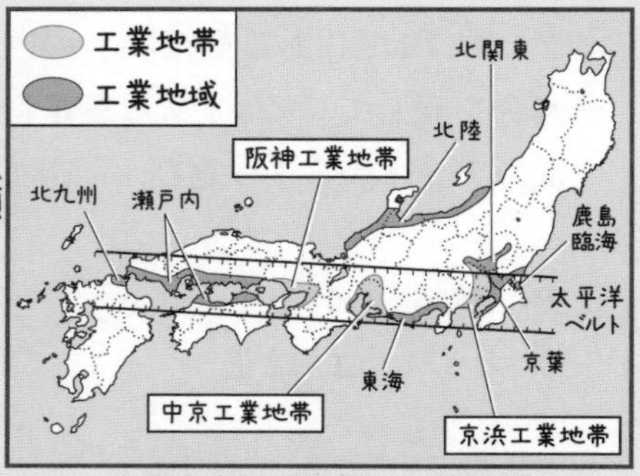

↑日本の工業地帯・工業地域

確認問題

時間 30分

合格点 70点

得点　／100点

解答▶ 別冊 p.13

1 日本の気候と産業　地図と資料を見て，あとの問いに答えなさい。(10点×3)

よく出る

(1) 次のグラフは，松山市《まつやまし》，札幌市《さっぽろし》，金沢市《かなざわし》，那覇市《なはし》の気温と降水量を表したものである。松山市にあてはまるものを，次から1つ選び，記号で答えなさい。〔　　〕〔秋田ー改〕

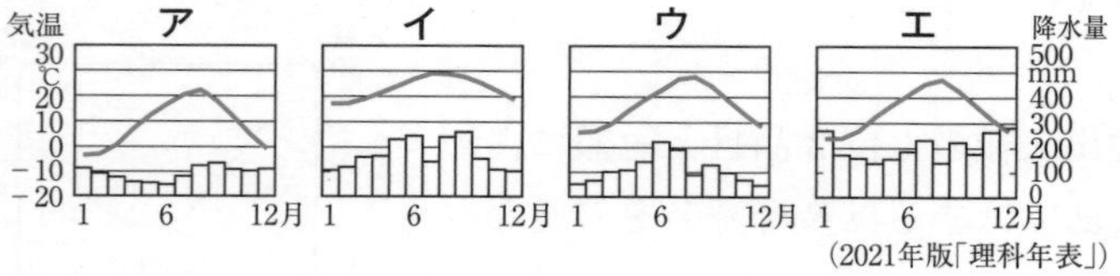

(2021年版「理科年表」)

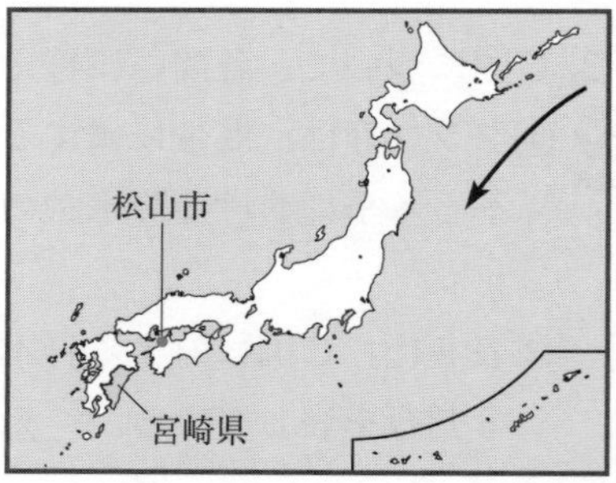

(2) 地図中の矢印でおおよその位置を示した海流の名称《めいしょう》として最も適切なものを，次の**ア**〜**エ**から1つ選び，記号で答えなさい。〔　　〕

ア 北大西洋海流　**イ** 対馬海流　**ウ** 千島海流(親潮)　**エ** 日本海流(黒潮)〔新潟〕

(3) 次の文は，地図中の宮崎県の農業の特色について調べた内容の一部である。(　　)にあてはまる語の組み合わせとして最も適切なものを，あとの**ア**〜**エ**から1つ選びなさい。〔　　〕

宮崎県では，暖かい気候や温室などの施設《しせつ》を利用し，作物の出荷《しゅっか》時期を(　X　)ことで，市場に出回る作物の量が(　Y　)ときに出荷できるように工夫した促成栽培が盛んである。

ア X―遅《おく》らせる　Y―多い　**イ** X―遅らせる　Y―少ない

ウ X―早める　Y―多い　**エ** X―早める　Y―少ない

〔秋田ー改〕

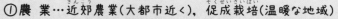

差がつく

2 日本の地形と産業　次の略地図や資料を見て，あとの問いに答えなさい。

(1) 略地図は，日本を７つの地方に区分したものであり，次の文は，そのいずれかの地方の自然環境《かんきょう》や産業について述べたものである。あてはまる地方名を，あとの**ア**～**エ**から１つ選び，記号で答えなさい。(10点)　〔　　〕

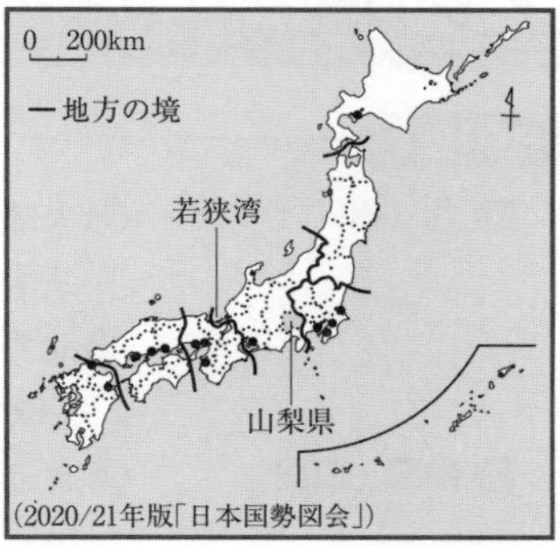

(2020/21年版「日本国勢図会」)

> この地方には，3000 m 級の山々が連なる山脈が，南北に走っている。日本海側は，日本有数の稲作《いなさく》地域で，地域の自然や歴史を生かした伝統産業が盛んである。太平洋側は，冬でも温暖で，輸送用機械の生産が盛んである。

ア 東北地方　**イ** 中部地方　**ウ** 近畿《きんき》地方　**エ** 九州地方　〔徳島〕

(2) 略地図中の若狭湾《わかさわん》には，岬《みさき》と湾が連続し，複雑に入り組んだ海岸線が見られる。このような特徴《とくちょう》をもつ海岸の地形の名称《めいしょう》を答えなさい。(10点)　〔　　〕〔佐賀〕

(3) 資料は，略地図中の山梨県の甲州《こうしゅう》市・笛吹《ふえふき》市の一部を上空から撮《と》った写真である。これについて各問いに答えなさい。(10点×2)

〔資料〕

①資料に見られるような，川によって運ばれてきた土砂が山地から平地へ流れ出たところにつくられる，特色ある地形を何というか，答えなさい。　〔　　〕〔徳島〕

②資料のような地形で見られる特徴的な土地利用の説明として最も適切なものを，次の**ア**～**エ**から１つ選び，記号で答えなさい。　〔　　〕

ア 水が得やすいので，畑に利用されている。
イ 水が得やすいので，茶畑に利用されている。
ウ 水はけがよいので，水田に利用されている。
エ 水はけがよいので，果樹園に利用されている。　〔徳島〕

記述式

(4) 略地図中の●は，わが国の主な製鉄所の分布を示している。これらの場所に製鉄所が立地した理由を，「原料」という語を用いて書きなさい。(15点)

〔　　〕〔徳島〕

よく出る

3 地形図　地形図のきまりにしたがってえがかれている右の地図を見て，あとの問いに答えなさい。

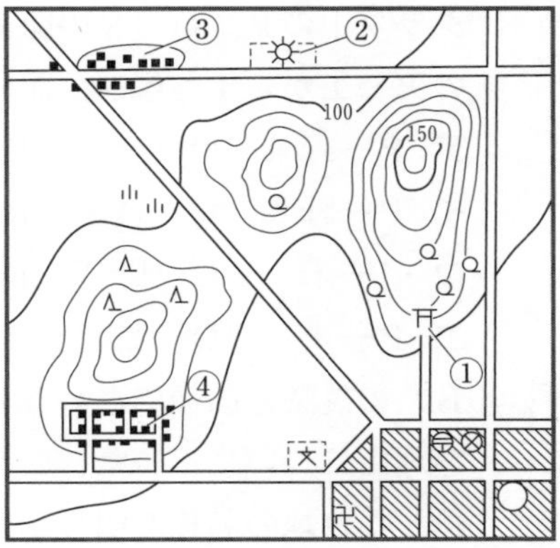

(1) この地図の縮尺を，次から選びなさい。(5点)　〔　　〕

ア １万分の１　**イ** ２万５千分の１　**ウ** ５万分の１

(2) 次の**ア**～**エ**から，正しい文を選びなさい。(10点)　〔　　〕

ア ①の神社の裏山にある樹木は，針葉樹である。
イ ②の工場からは学校がよく見える。
ウ ③の付近は警察署や郵便局のある市街地より建物が密集している。
エ ④の団地から学校の往復に自転車を使うと，行きのほうが帰りより楽である。　〔沖縄－改〕

月　日

日本の諸地域 (1)

POINT

1 九　州

①大陸に近い，火山が多い，シラス台地，筑紫《つくし》平野（稲作《いなさく》・二毛作）
↳水はけがよい

②北九州工業地域…鉄鋼業中心から機械工業中心へ転換《てんかん》をはかる

2 中国・四国

①東西に連なるなだらかな中国山地，険しい四国山地，本州四国連絡《れんらく》橋により四国と本州が結合
↳ストロー現象

②山陰《さんいん》→冬の降水量が多い，水産業
瀬戸内《せとうち》→年中乾燥《かんそう》，養殖《ようしょく》・栽培《さいばい》漁業
南四国→野菜の促成《そくせい》栽培

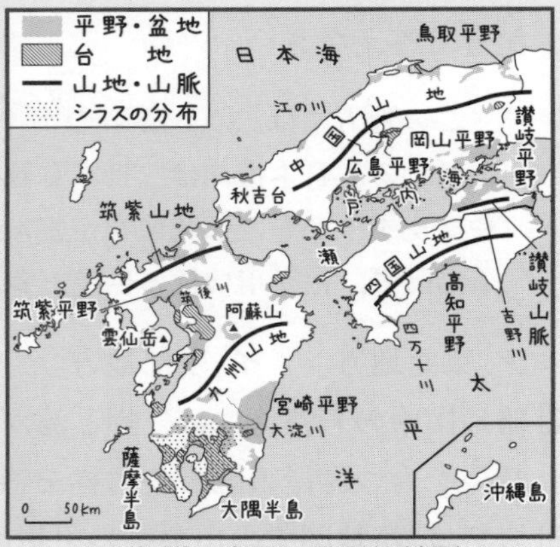

↑九州・中国・四国の地形

3 近《きん》　畿《き》

①北　部…冬の積雪量が多い，牧牛（但馬《たじま》牛）

②中　部…阪神《はんしん》工業地帯→堺《さかい》～神戸《こうべ》の臨海部に発達，「天下の台所」（経済・商業が発達）→大阪，古都→京都・奈良，貿易港→神戸港
↳近年はハイテク，医療

③南　部…険しい紀伊《きい》山地，みかん・うめ・かきの栽培（和歌山県）

確認問題

時間30分　合格点70点　得点　　/100点

解答▶別冊 p.13

1 **九州地方**　**次の略地図を見て，あとの問いに答えなさい。**（10点×4）

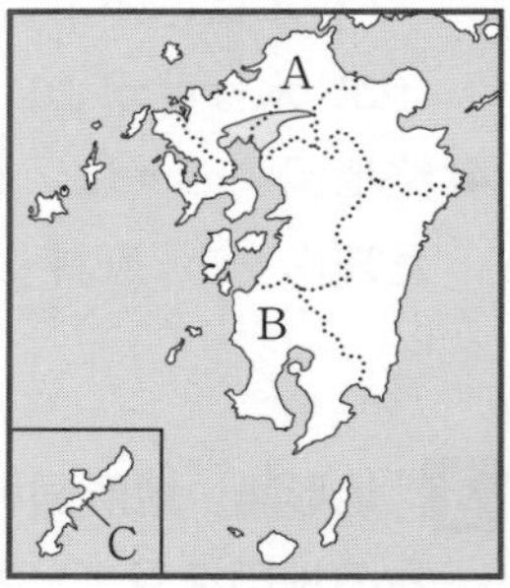

(1) 略地図中に□の平野の名称《めいしょう》を答えなさい。　〔　　　　〕

(2) 右下のグラフは，略地図中のA～C県の農業産出額に占《し》める畜産《ちくさん》，米，野菜の産出額の割合を表している。これについて各問いに答えなさい。

①グラフ中のP，Q，Rの組み合わせとして最も適切なものを，次の**ア**～**エ**から1つ選び，記号で答えなさい。　〔　　　〕

ア　P―野菜　Q―米　R―畜産
イ　P―野菜　Q―畜産　R―米
ウ　P―米　Q―野菜　R―畜産
エ　P―米　Q―畜産　R―野菜

〔グラフ〕A県，B県，C県の農業産出額に占める畜産，米，野菜の産出額の割合

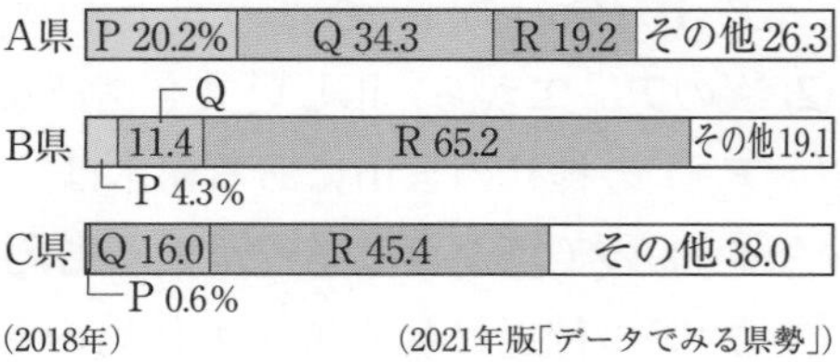

（2018年）　（2021年版「データでみる県勢」）

記述式 ②B県の農業産出額に占めるPの産出額の割合が低い理由について，B県に広がる火山の噴出《ふんしゅつ》物が堆《たい》積《せき》した台地の名称を明らかにして，「水分」という語を用いて書きなさい。
〔　　　　　　　　　　　　　　　　　　　　　　〕

(3) 右の写真は，Ｃ県の伝統的な民家を写したものである。この民家には，ある自然災害の被害《ひがい》を防ぐための工夫が見られる。この自然災害とは何か，写真を参考にして，最も適切なものを，次の**ア**～**エ**から１つ選び，記号で答えなさい。

〔　　　〕

ア 地震《じしん》による土砂くずれ　　**イ** 台風による強風

ウ 火山噴火《ふんか》による火山灰　　**エ** 梅雨による河川氾濫《はんらん》

〔福島〕

よく出る **2** **西日本の地域構成**　次の略地図を見て，あとの問いに答えなさい。

(1) 略地図中の①～④は，いずれも府県庁のある都市を示している。①～④の都市の名を答えなさい。（5点×4）

①〔　　　　　〕

②〔　　　　　〕

③〔　　　　　〕

④〔　　　　　〕

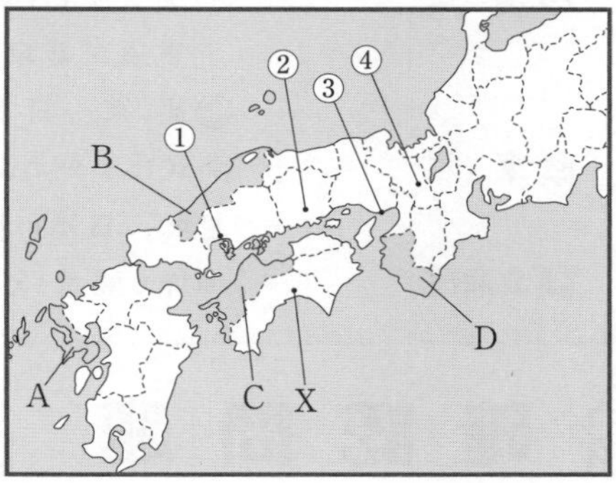

(2) ①～④の都市について説明した文を，次の**ア**～**エ**からそれぞれ１つずつ選び，記号で答えなさい。（4点×4）

①〔　　〕　②〔　　〕　③〔　　〕　④〔　　〕

ア この都市には，1996年に世界文化遺産として登録された「原爆《げんばく》ドーム」がある。

イ この都市で，地球の温暖化を防止するための世界会議が，1997年に開催《かいさい》された。

ウ この都市には，平氏《へいし》が整備した大輪田泊《おおわだのとまり》とかかわりの深い港がある。

エ この都市は中国・四国地方の交通の要地で，日本三名園の１つである後楽園がある。

(3) 略地図中の▭Ａ～Ｄの県について説明した次の**ア**～**エ**から，ＡとＣにあてはまるものを，それぞれ１つずつ選び，記号で答えなさい。また，その県名も答えなさい。（7点×2）

Ａ〔　　　・　　　　〕　Ｃ〔　　　・　　　　〕

ア 中国山地の山並みが広がり，過疎《かそ》地域の面積が県の約85％を占《し》め，高齢者《こうれいしゃ》の割合が非常に高い。

イ 県の大部分を紀伊《きい》山地が占め，温暖で降水量も多く，林業やみかんの栽培《さいばい》が盛んである。

ウ 原爆資料館をはじめ，出島などの史跡《しせき》にめぐまれ，多くの観光客が訪《おとず》れる。

エ 温暖な気候のため，いよかんの生産量が日本一で，たいや真珠《しんじゅ》の養殖《ようしょく》も盛んである。

(4) 略地図中のＸの都市の気候について述べた文として最も適切なものを，次の**ア**～**エ**から１つ選び，記号で答えなさい。（10点）

〔　　　〕

ア 冷帯に属し，冬が長く，夏と冬の降水量の差が小さい。

イ 熱帯に属し，年間を通じて気温が高く，降水量が多い。

ウ 冬の季節風の影響《えいきょう》が大きく，冬の降水量が多い。

エ 暖流と夏の季節風の影響が大きく，夏の降水量が多い。

〔北海道ー改〕

日本の諸地域（2）

POINT

1 中 部
①北陸・中央高地・東海に区分，日本アルプス（飛驒《ひだ》・木曽《きそ》・赤石山脈）
②北陸→水田単作（↳雪どけ水を利用），東海→みかん・茶，中京工業地帯（↳出荷額日本一）（自動車・繊維《せんい》），中央高地→高原野菜，観光業

2 関 東
①関東平野（関東ローム）→畑作，近郊《きんこう》農業，京浜《けいひん》工業地帯，京葉《けいよう》・北関東工業地域
②東 京…日本の政治・経済・文化の中心

3 東 北
南北に3列の山地・山脈・高地と平野・盆地《ぼんち》，日本の穀倉地帯，やませ（↳初夏に吹く）による冷害

4 北海道
畑作と酪農《らくのう》・乳製品，育てる漁業

↑東北の地形

確 認 問 題

時間 30分　合格点 70点　得点 /100点

解答▶ 別冊 p.14

1 中部～東北地方　次の略地図を見て，あとの問いに答えなさい。（差がつく）

(1) 右下の２つのグラフは，それぞれ，略地図１中のA市とB市の月別の平均気温と降水量を表したものである。これらのグラフについて述べた次の文の①，②の｛　｝の中から適切なものをそれぞれ１つずつ選び，記号で答えなさい。（8点×2）

①〔　　　〕②〔　　　〕〔愛媛〕

　A市とB市の夏の月別平均気温を比《ひ》較《かく》すると，B市の方が①｛**ア** 高い　**イ** 低い｝ことがわかる。ほぼ同緯度《いど》に位置している２つの市の間で，夏の気温にこのような差が生じているのは，B市の気候が，親潮と呼ばれる②｛**ウ** 日本海流　**エ** 千島海流｝の影響《えいきょう》を受けているからである。

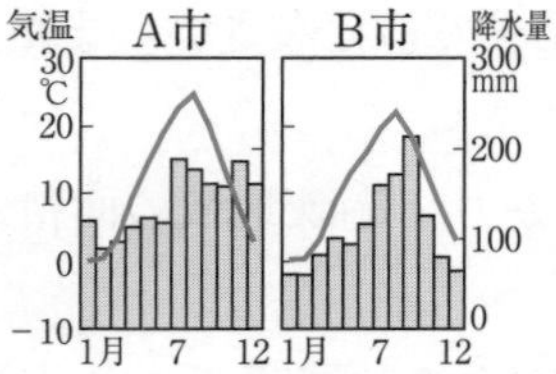

（2021年版「理科年表」）

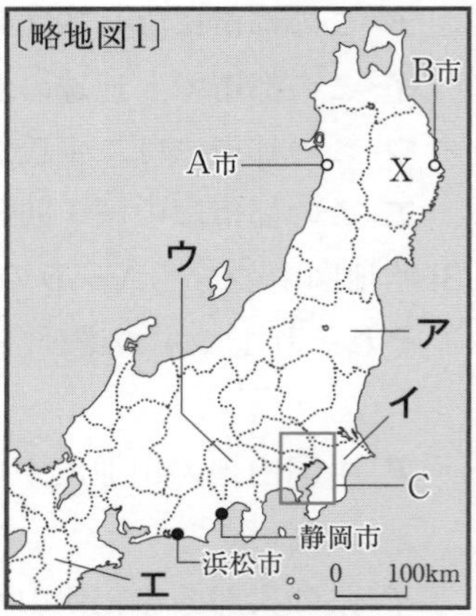

(2) 略地図１中の**ア**～**エ**の県の中に，新幹線が運行されている県が１つある。それはどれか，１つ選び，記号で答えなさい。（8点）

〔　　　〕〔愛媛－改〕

(3) 略地図１中の静岡市や浜松《はままつ》市のように，県に代わって市民の健康や福祉《ふくし》に関する多くの事務を行ったり，区役所を設置したりすることが認められている都市は，一般《いっぱん》に□都市と呼ばれる。□にあてはまる最も適切な語を答えなさい。（8点）

〔　　　　　〕〔愛媛〕

(4) 略地図１中のＸの県の伝統的工芸品を，次の**ア**～**エ**から１つ選び，記号で答えなさい。(8点)

〔　　　〕

ア 南部鉄器　　**イ** 会津塗《あいづぬり》　　**ウ** 天童将棋駒《しょうぎこま》　　**エ** 津軽《つがる》塗

〔高知－改〕

記述式 **(5)** 略地図２は，略地図１中のＣの区域の８月の平均気温を表したものである。この地図を見ると，［　　　］という現象がおきていることがわかる。このような現象は，一般《いっぱん》にヒートアイランド現象と呼ばれている。［　　　］に適当な内容を入れて文を完成させなさい。ただし，［　　　］には，「平均気温」，「Ｐ市など都心の周辺部」，「高い」の３つの語を含《ふく》めること。(16点)

〔　　　　　　　　　　　　　　　　　　　　〕〔愛媛〕

〔略地図2〕

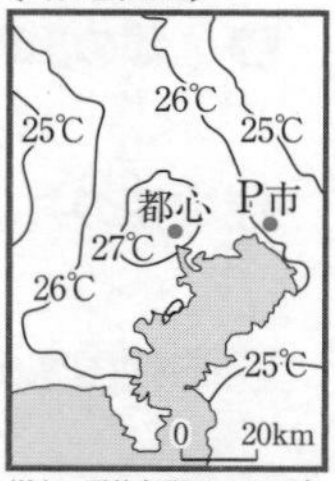

（注） 平均気温は，2006年から2010年の５年間の平均である。（環境省）

2 北海道の地理　次の問いに答えなさい。

(1) 地図中の札幌《さっぽろ》市は，「サッポロペッ」という北海道の先住民族のことばが由来となった都市名である。独自の言語や文化をもつ北海道の先住民族は何と呼ばれるか。その名称《めいしょう》を答えなさい。(8点)　〔　　　　　〕〔静岡－改〕

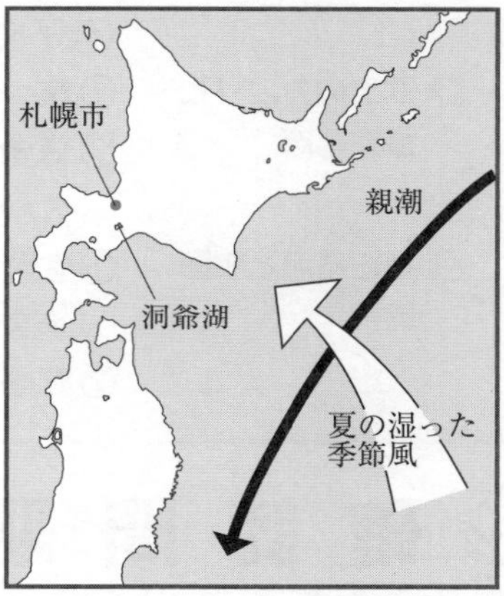

(2) 地図中の洞爺《とうや》湖は，火山の爆発《ばくはつ》や噴火《ふんか》による陥没《かんぼつ》などによってできた大きなくぼ地に，水がたまってできた湖である。火山の爆発や噴火による陥没などによってできた大きなくぼ地は何と呼ばれるか。その名称を答えなさい。(8点)

〔　　　　　〕〔静岡－改〕

記述式 **(3)** 北海道の気候について説明した次の文の［　　　］にあてはまる内容を，地図を参考にして「親潮」の語を用いて，簡潔に書きなさい。(16点)

〔　　　　　　　　　　　　　　　　　　　　〕〔岐阜－改〕

　太平洋側の沿岸地域では，夏に濃霧《のうむ》が発生することがある。その理由として，沿岸地域へ吹《ふ》く季節風の温度変化に着目すると，夏の湿《しめ》った季節風が［　　　　］，濃霧が発生すると考えられる。

(4) 次の表は，北海道地方，東北地方，関東地方，中部地方の，耕地面積，農業産出額，農業産出額の内訳を示している。表中の**ア**～**エ**は，北海道地方，東北地方，関東地方，中部地方のいずれかを表している。北海道地方にあたるものを，次の**ア**～**エ**から１つ選び，記号で答えなさい。(12点)　〔　　　〕

	耕地面積（万ha）	農業産出額（億円）	農業産出額の内訳（億円）				
			米	野菜	果実	花き	その他
ア	114	12593	1122	2271	54	131	9015
イ	83	14324	4622	2684	2016	253	4749
ウ	63	14036	3734	3706	2033	1033	3530
エ	58	16787	2883	6379	608	694	6223

（耕地面積は2019年，農業産出額は2018年）　（2021年版「データでみる県勢」）

〔静岡－改〕

古代～中世の日本

POINT

- **❶ 人類の出現**　猿人《えんじん》(約700万年前)→原人(約200万年前)→新人(20万年前)
  ↳南アフリカ
- **❷ 文明のおこり**　旧石器(狩り・採集)→新石器(農耕・牧《ぼく》畜《ちく》)→金属《か》器(青銅器から鉄器へ)
- **❸ 古代国家の成立**　縄文《じょうもん》・弥生《やよい》時代→小国の分立→大和《やまと》政権(古墳《こふん》文化，大陸文化の伝来)→聖徳《しょうとく》太子《たいし》(厩戸皇子《うまやどのおうじ》)の政治(飛鳥《あすか》文化)→大化の改新→律令《りつりょう》政治→奈良《なら》時代(天平《てんぴょう》文化)→平安《へいあん》時代(国風《こくふう》文化)
  ↳かな文字

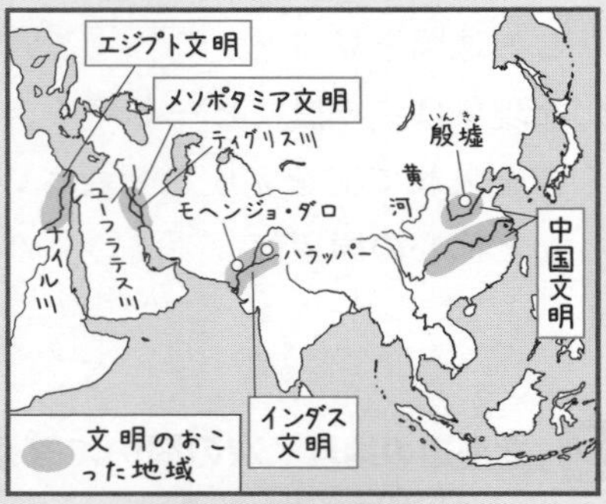

古代文明の発生地

- **❹ 武士のおこりと鎌倉幕府《かまくらばくふ》**
  ①院《いん》　政《せい》→武士の台頭→平清盛《たいらのきよもり》の政治→源平の争乱→源頼朝《みなもとのよりとも》が征夷《せいい》大将軍に
  ②鎌倉幕府…全国に守護《しゅご》・地頭《じとう》を置く。将軍と御家人《ごけにん》は御恩《ごおん》と奉公《ほうこう》の関係→承《じょう》久《きゅう》の乱《らん》の後，京都に六波羅探題《ろくはらたんだい》設置→御成敗式目《ごせいばいしきもく》(貞永《じょうえい》式目)制定→元寇《げんこう》
  ↳武家法
- **❺ 室町《むろまち》幕府と戦国時代**
  ①室町幕府の成立…鎌倉幕府滅亡《めつぼう》→後醍醐《ごだいご》天皇の建武《けんむ》の新政→足利尊氏が征夷大将軍に
  ↳公家を重視
  ②戦国大名の登場…応仁《おうにん》の乱後，下剋上《げこくじょう》の世の中に。分国法を制定

確認問題

時間30分　合格点70点　得点　／100点

解答▶ 別冊 p.14

1 よく出る　**原始社会と古代の政治・文化**　次の略年表を見て，あとの問いに答えなさい。

年代		前4～3世紀ごろ	後239	478	593	645	710	794	9世紀末
主なできごと	a 貝塚の存在	b 稲作が始まる	c 卑弥呼、中国に使いを送る	倭王武が中国の南朝に使いを送る	d 聖徳太子が摂政となる	e 中大兄皇子らが蘇我氏を滅ぼす	f 都を奈良(平城京)に移す	都を京都(平安京)に移す	g 国風文化おこる

(1) aについて，この時代の住居は何か，答えなさい。(7点)　〔　　　〕

(2) bについて，この時期の文化に最も関係の深いものはどれか。次のア～エから1つ選びなさい。〔　　〕(7点)

ア　金属器を使い始め，主に鉄器は武器や工具に，青銅器は祭りの宝物に用いた。
イ　美しい庭園を取り入れた寝殿造《しんでんづくり》の建物がつくられ，貴族の住まいとされた。
ウ　打製石器が使われ始め，ナウマン象などの大きな動物を倒《たお》し，食料とした。
エ　和同開《わどうかい》珎《ちん》《ほう》という貨幣《かへい》がつくられ，主に都やその近くで使われた。

(3) cについて，卑弥呼《ひみこ》が使いを送った中国の王朝を答えなさい。(7点)　〔　　　〕

(4) dが豪族《ごうぞく》や役人の守るべき心得を示した文書を答えなさい。(7点)　〔　　　〕

(5) eのあと，中大兄皇子《なかのおおえのおうじ》らが取り組んだ政治改革を答えなさい。(7点)　〔　　　〕

(6) fの平城京《へいじょうきょう》のモデルになった唐《とう》の都を何というか答えなさい。(7点)　〔　　　　〕

記述式
(7) gについて，このころ，唐の衰《おとろ》えなどを理由に，日本と唐との外交関係にある変化がおこった。この変化とは何か。15字以内で書きなさい。(9点)

〔　　　　　　　　　　〕　〔福島－改〕

2 武士の時代　次の文を読んで，あとの問いに答えなさい。(7点×5)

12世紀に，政権を手に入れた［　　　］が日宋《にっそう》貿易を積極的に行うと，中国の銅銭が大量に輸入され，商業の発達とともに国内に流通していきました。a その後も長く中国の銅銭が，人々の間で使われました。

b 16世紀になると，各地の戦国大名が領国支配を進める中，鉱山を開発して金貨や銀貨をつくる者もあらわれました。

(1) 文中の［　　］にあてはまる人物名を答えなさい。　〔　　　　〕

(2) 文中の下線aに関し，次の各問いに答えなさい。

①次の資料中の［ X ］に共通してあてはまる語句を答えなさい。　〔　　　　〕

〔資料〕

この絵は，一遍《いっぺん》上人絵伝(一遍聖絵)の一部で，店先に商品が並べられ，人々が集まっている［ X ］のようすがえがかれています。このころには，寺社の門前や交通の要所で［ X ］が開かれ，中国の銅銭を用いて商品が取り引きされるようになりました。

②京都や奈良などで質屋や高利貸しを営み，室町《むろまち》幕府の保護，統制を受けた金融《きんゆう》業者を，次の**ア**～**エ**からすべて選び，記号で答えなさい。　〔　　　　〕

ア 馬借《ばしゃく》　**イ** 問《とい》　**ウ** 酒屋《さかや》　**エ** 土倉《どそう》

(3) 文中の下線bに関し，次の各問いに答えなさい。

①戦国大名が領国支配のために定めた独自の法律を何といいますか。　〔　　　　〕

②このころの世界のできごととして最も適切なものを，次の**ア**～**エ**から1つ選び，記号で答えなさい。　〔　　〕

ア チンギス・ハンがモンゴル民族を統一し，モンゴル帝国《ていこく》を築いた。

イ スペインの援助《えんじょ》を受けたマゼランの船隊が世界一周を成し遂《と》げた。

ウ フランスのナポレオンが武力でヨーロッパ諸国を征服《せいふく》していった。

エ 北アメリカの植民地の人々がイギリスからの独立を発表した。　〔和歌山〕

3 幕府のしくみ　鎌倉《かまくら》～室町時代に関して，次の問いに答えなさい。(7点×2)

記述式
(1) 承久《じょうきゅう》の乱《らん》のあと，鎌倉幕府によって京都に六波羅探題《ろくはらたんだい》が設置された。鎌倉幕府が六波羅探題を設置したのはなぜか。その理由を「朝廷《ちょうてい》」という語を用いて簡単に書きなさい。

〔　　　　　　　　　　〕

(2) 室町幕府に置かれていた，将軍を補佐《ほさ》するための役職を，次の**ア**～**エ**から1つ選び，記号で答えなさい。　〔　　〕

ア 太政大臣《だいじょうだいじん》　**イ** 管領《かんれい》　**ウ** 執権《しっけん》　**エ** 老中《ろうじゅう》　〔香川〕

第7日　社会　近世の日本

月　　日

POINT

1 安土桃山時代《あづちももやま》

①政 治…織田信長《おだのぶなが》(楽市《らくいち》・楽座《らくざ》)，豊臣秀吉《とよとみひでよし》(太閤検地《たいこうけんち》，刀狩《かたながり》，朝鮮《ちょうせん》侵略《しんりゃく》)
↳全国統一

②文 化…豪華雄大《ごうかゆうだい》，城郭《じょうかく》建築

2 江戸幕府《えど》

①統制政策…武家諸法度《ぶけしょはっと》・禁中並《きんちゅうならびに》公家《くげ》諸法度(1615)，参勤交代《さんきんこうたい》(1635)，鎖国《さこく》の完成(1641)，寺請《てらうけ》制度(宗門改帳《しゅうもんあらためちょう》に登録させる)，五人組

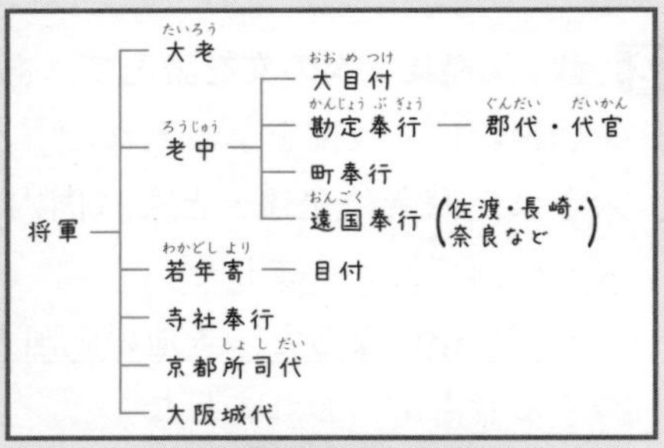

↑江戸幕府のしくみ

②三大改革…享保《きょうほう》の改革，寛政《かんせい》の改革，天保《てんぽう》の改革

3 西欧諸国《せいおう》の動き

①アジアへの進出…ルネサンス，大航海時代(コロンブス，バスコ=ダ=ガマ，マゼラン)

②宗教改革(ルター，カルバン)，イエズス会
↳プロテスタント　↳カトリック

③市民革命…名誉革命《めいよ》(1688)，アメリカの独立戦争(1775)，フランス革命(1789)
↳権利章典　↳独立宣言　↳人権宣言

④産業革命…イギリスで最初におこる，資本主義が発展→社会問題の発生

確認問題

時間 30分　合格点 70点　得点　/100点

解答▶ 別冊 p.15

差がつく **1** 安土桃山～江戸時代初期　次の問いに答えなさい。(10点×3)

(1) 日本における鉄砲《てっぽう》の普及《ふきゅう》について述べた文として誤っているものを，次の**ア**～**エ**から１つ選び，記号で答えなさい。〔　　〕

ア 鉄砲は日本でつくることができなかったため，南蛮《なんばん》貿易によって盛んに輸入された。

イ 織田信長《おだのぶなが》は足軽鉄砲隊を使った集団戦法を用いて，長篠《ながしの》の戦いで武田《たけだ》氏を破った。

ウ 豊臣秀吉《とよとみひでよし》は刀狩《かたながり》を行ったさい，武士以外の者から刀だけでなく鉄砲も取り上げた。

エ 江戸時代には主要な街道に関所《せきしょ》が設置され，鉄砲などの武器の所持は厳しく調べられた。

〔青雲高〕

(2) 鎖国政策に関する説明として適切なものを，次の**ア**～**エ**から１つ選び，記号で答えなさい。〔　　〕

ア 仏教徒であることを証明するために，宗門改めが強化された。

イ 鎖国を完成させるため，幕府は直接の支配地(幕領)でのみキリスト教を禁止した。

ウ 日本人の東南アジアへの海外渡航《とこう》は許可した。

エ 江戸時代の交易は，長崎でのオランダ，中国のみに限られた。

記述式 (3) 身分制度の１つである五人組は，農民に対してどのようなことを防ぐためにつくられたのか，「連帯責任を負わせることで」の文の後に「年貢《ねんぐ》」と「犯罪」の２つの語を使って書きなさい。

〔連帯責任を負わせることで　　〕〔沖縄〕

よく出る **2** **江戸時代の三大改革と世界の動き**　**次の図は，社会科の授業で太郎君が「私の見た江戸《えど》時代」というタイトルでつくろうとしている歴史新聞の構成案である。これを見て，あとの問いに答えなさい。**

〔図〕

私の見た江戸時代

記事A　3つの改革とききん ［　　　］

記事B　元禄文化と化政文化

記事C
江戸時代
のアジア

記事D
江戸時代
のヨーロッパ
［　　　］

(1) 記事Aの［　　　］には，右下の表が入る。表のXにあてはまる語と，Yにあてはまる人物名を答えなさい。(9点×2)

X〔　　　　　〕　Y〔　　　　　〕

(2) 表中の①～③にあてはまる最も適切な文を，次の**ア**～**エ**から1つずつ選び，記号で答えなさい。(8点×3)

①〔　　　〕　②〔　　　〕　③〔　　　〕

ア 公事方御定書《くじかたおさだめがき》という裁判の基準となる法律をつくらせた。

イ 長崎《ながさき》貿易では金銀を輸入するため，銅や海産物の輸出を奨励《しょうれい》した。

ウ 農村に倉を設けて米をたくわえさせ，商品作物の栽培《さいばい》を制限した。

エ 物価を下げるために株仲間《かぶなかま》の解散を命じ，諸藩《しょはん》の専売制も禁止しようとした。

〔表〕

関連事項＼改革の名称	中心人物	改革の内容	ききん
享保の改革	徳川吉宗《とくがわよしむね》	①	享保のききん
Xの改革	松平定信《まつだいらさだのぶ》	②	天明のききん
天保の改革	Y	③	天保のききん

記述式 **(3)** 記事Bには，元禄《げんろく》文化と化政文化のようすを書こうとしている。「元禄文化は，」「化政文化は，」に続けて記事Bを書きなさい。ただし，下の語をすべて使うこと。(12点)

江戸　上方《かみがた》　葛飾北斎《かつしかほくさい》　近松門左衛門《ちかまつもんざえもん》　人形浄瑠璃《じょうるり》　浮世絵《うきよえ》

〔　　　　　　　　　　　　　　　　　　　　〕

(4) 記事Cには，江戸時代におけるアジアのできごとを書こうとしている。記事Cに入る最も適切な文を，次の**ア**～**エ**から1つ選び，記号で答えなさい。(8点)　〔　　　〕

ア 李成桂《りせいけい》《イソンゲ》が高麗《こうらい(コリョ)》を滅ぼして朝鮮《ちょうせん》国を建てた。

イ 朝鮮では李舜臣《りしゅんしん(イスンシン)》の水軍が亀甲《きっこう》船を用いて日本の水軍を打ち破った。

ウ ドイツが膠州湾《こうしゅうわん》《チヤオチョウ》を清《しん》から租借《そしゃく》すると，イギリスは九竜《きゅうりゅう(カオルン)》半島を租借した。

エ 清がアヘンを厳しく取り締《し》まったので，イギリスは軍艦《ぐんかん》を送って清を破った。

(5) 記事Dの［　　　］には，江戸時代におけるヨーロッパのできごとを示すものが入る。［　　　］に入る最も適切なものを，次の**ア**～**エ**から1つ選び，記号で答えなさい。(8点)　〔　　　〕〔青森〕

ア

破門警告状を焼くルター

イ

初期の蒸気機関車

ウ

太平天国の乱

エ

コロンブスの西インド諸島上陸

第8日 社会

近・現代(1)

月　日

POINT

1 明治維新《いしん》

倒幕《とうばく》運動…長州征伐《ちょうしゅうせいばつ》→攘夷《じょうい》から倒幕へ(薩長《さっちょう》同盟)→大政奉還《たいせいほうかん》→戊辰《ぼしん》戦争→五箇条《ごかじょう》の御誓文《ごせいもん》(新しい政治方針)
└→天皇中心

2 自由民権運動

民撰議院《みんせんぎいん》設立の建白書《けんぱくしょ》(1874)…板垣退《いたがきたい》助《すけ》ら→国会開設の勅諭《ちょくゆ》(1881)→第1回帝国《ていこく》議会(1890)
└→直接国税15円以上納める満25歳以上の男子に選挙権

3 条約改正

不平等条約の締結《ていけつ》→改正の準備(岩倉《いわくら》具視《ともみ》ら欧米《おうべい》視察)→鹿鳴館《ろくめいかん》時代(井上馨《いのうえかおる》)→陸奥宗光《むつむねみつ》(領事裁判権の撤廃《てっぱい》)
└→1894年
→小村寿太郎《こむらじゅたろう》(関税自主権の完全回復，不平等条約の改正)
└→1911年

4 帝国《ていこく》主義

朝鮮《ちょうせん》への進出→甲午《こうご》農民戦争→日清《にっしん》戦争→下関《しものせき》条約→三国干渉《かんしょう》(遼東《りょうとう》《リアオトン》半島の返還《へんかん》を要求)→ロシアの南下→日英同盟→日露《にちろ》戦争→ポーツマス条約

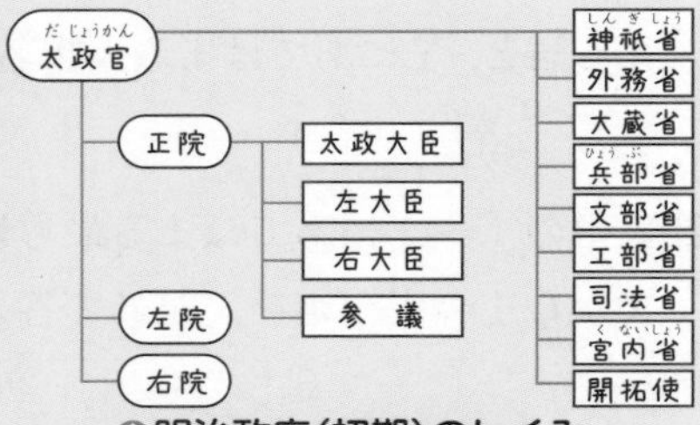

明治政府(初期)のしくみ

確認問題

時間30分　合格点70点

得点　／100点

解答▶別冊 p.15

1 近代日本の歩みなど　次の文を読んで，あとの問いに答えなさい。

欧米《おうべい》諸国では，19世紀中ごろまでに市民革命や産業革命がおこり，近代化が進んだ。①明治政府は，その影響《えいきょう》を受け②版籍奉還《はんせきほうかん》や廃藩置県《はいはんちけん》などの改革を行って，近代国家を築こうとした。これらの急激な改革や藩閥《はんばつ》政治に対して，士族の反乱や③自由民権運動がおこった。その後，④明治政府は国会を開設し，わが国の議会政治が始まった。

(1) 下線部①の外交について述べた文として最も適切なものを，次のア～エから1つ選び，記号で答えなさい。(8点)　〔　　〕

ア 岩倉使節団を朝鮮《ちょうせん》に派遣《はけん》して日朝修好条規を結び，朝鮮を開国させた。

イ ロシアと樺太《からふと》・千島交換《ちしまこうかん》条約を結び，樺太をロシアに譲《ゆず》る一方，千島列島のすべてを日本領とした。

ウ 陸奥宗光外相のもとで，日清戦争の直前に関税自主権の回復に成功した。

エ ロシア，ドイツ，フランスから，下関条約で日本が獲得《かくとく》した台湾《たいわん》を清に返還《へんかん》するよう勧告《かんこく》され，これを受け入れた。

〔三重一改〕

記述式 (2) 下線部②の2つの改革を柱に明治政府がつくろうとした国家体制を20字以内で書きなさい。

〔　　〕(10点)　〔熊本一改〕

(3) 下線部③をきっかけとしてつくられた政党と，その政党を結成した人物の組み合わせとして最も適切なものを，次のア～エから1つ選び，記号で答えなさい。(8点)　〔　　〕

ア 立憲政友会・大隈重信《おおくましげのぶ》　イ 立憲政友会・板垣退助《いたがきたいすけ》

ウ 自由党・大隈重信　エ 自由党・板垣退助

〔鹿児島一改〕

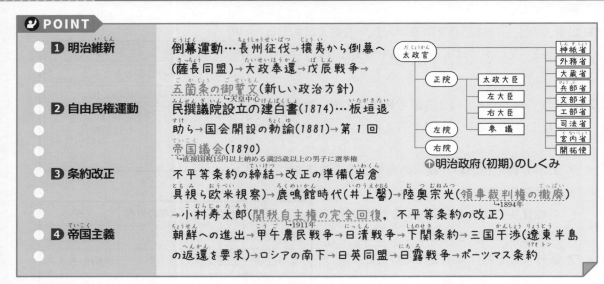

(4) 下線部④に備えて，ヨーロッパに留学した伊藤博文《いとうひろぶみ》は，君主権の強い国の憲法を調べ，大日本帝国《ていこく》憲法の草案を作成したが，その国を，次から１つ選び，記号で答えなさい。（6点）

ア イギリス　**イ** ドイツ　**ウ** フランス　**エ** アメリカ　〔　　〕〔熊本ー改〕

よく出る

2 幕末～明治時代の社会・外交　次の年表を見て，あとの問いに答えなさい。

(1) [X]は，当時大老《たいろう》であった井伊直弼《いいなおすけ》がアメリカの代表者と結んだ条約名が入る。[X]に入る語を答えなさい。（6点）〔　　〕

(2) 下線部①により，全国統一の近代的軍隊がつくられ，政府はこの軍隊を動員して，最も大規模な士族の反乱を鎮圧《ちんあつ》した。この反乱をおこした中心人物と，反乱の名称《めいしょう》をそれぞれ答えなさい。（6点×2）

人物〔　　〕　名称〔　　〕

〔年表〕

年代	わが国のできごと
1860	[X]条約を結ぶ
	①徴兵令《ちょうへい》を公布する
1880	
	②ノルマントン号事件がおこる
	③日清《にっしん》戦争がおこる
1900	

記述式

(3) 下線部②をきっかけに，わが国では不平等条約の改正を求める世論が高まった。国民は特に何を撤廃《てっぱい》することを求めたか，「法」「領事」の２語を用いて解答欄《らん》に従って簡潔に書きなさい。（10点）

〔日本国内で外国人が　　〕

(4) 下線部③のあと，わが国では鉄鋼の需要《じゅよう》が高まり，官営の八幡《やはた》製鉄所が設立された。鉄鋼の需要が高まった主な理由を，次の**ア**～**エ**から２つ選びなさい。（10点）〔　　・　　〕

ア 軍備の増強　**イ** 貨幣《かへい》の鋳造《ちゅうぞう》　**ウ** 自動車の増産　**エ** 鉄道網《もう》の拡大　〔秋田ー改〕

3 明治時代総合　次の年表を見て，あとの問いに答えなさい。

1860年	・五箇条の御誓文が出される……X
	a
1880	・大日本帝国憲法が発布される…Y
	b
1900	・日露戦争がおこる

(1) Xの五箇条《ごかじょう》の御誓文《ごせいもん》の内容として適切なものを，次の**ア**～**エ**から１つ選びなさい。（6点）〔　　〕

ア 藩《はん》を廃止《はいし》して，府・県を置くこと。

イ 会議を開いて広く意見を聞くこと。

ウ ６歳《さい》から小学校教育を受けること。

エ 満20歳以上の男子は兵役《へいえき》につくこと。

(2) 次の**ア**～**ウ**はａの時期におこったできごとである。年代の古い順に並べかえなさい。（8点）

〔　　→　　→　　〕

ア 徴兵令《ちょうへいれい》が出される。　**イ** 江華島《こうかとう》《カンファド》事件がおこる。　**ウ** 学制が出される。

記述式

(3) Ｙの憲法の特色について，「主権」という語を用いて簡潔に書きなさい。（10点）

〔　　〕

(4) ｂの時期，中国ではヨーロッパ諸国の侵略《しんりゃく》が強まる中，ある団体が排外《はいがい》運動をおこし，1900年には北京《ペキン》の外国公使館を包囲したが，日本を含《ふく》む８か国の連合軍に鎮圧される事件がおこった。この事件を何というか，答えなさい。（6点）〔　　〕〔群馬ー改〕

近・現代(2)

POINT

1 第一次世界大戦

①大戦前の西欧《せいおう》…三国同盟(ドイツ・オーストリア・イタリア)と三国協商(イギリス・フランス・ロシア)の対立

②オーストリアの皇太子《こうたいし》夫妻が,セルビア人の青年に暗殺される→第一次世界大戦開始(1914)→ベルサイユ条約(1919)

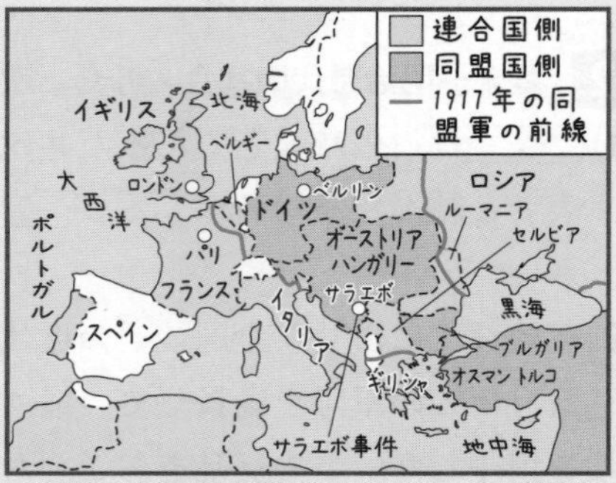

↑第一次世界大戦中のヨーロッパ戦線

2 第二次世界大戦

①世界恐慌《きょうこう》(1929)…ファシズムの台頭(ドイツ・イタリア)
↳ニューヨークの株価暴落から

②日 本…大陸への侵略《しんりゃく》,国際連盟脱退《だったい》(1933),日中戦争(1937)→太平洋戦争→ポツダム宣言→GHQの統治

3 占領《せんりょう》下の日本

民主化…財閥《ざいばつ》解体,農地改革,労働組合の結成,教育の民主化,日本国憲法の制定(1946), サンフランシスコ平和条約調印(1951)→日本の独立回復(1952)

4 アジア・アフリカ諸国の動き

中華《ちゅうか》人民共和国の成立(1949),朝鮮《ちょうせん》戦争(1950〜53),高度経済成長,第四次中東戦争(1973)→石油危機,ベトナム戦争→南北ベトナムの統一(1976),湾岸《わんがん》戦争(1991),ホンコン(香港)の中国返還《へんかん》(1997),アメリカがアフガニスタンを攻撃《こうげき》(2001),イラク戦争(2003)→シリア内戦の開始(2011)→クリミア紛争《ふんそう》(2014)→続く地域紛争
↳高度経済成長終了

確認問題

時間30分　合格点70点

得点　/100点

解答▶ 別冊 p.16

1 **史料による近代史** 次の史料は,第一次世界大戦中に日本政府から中国政府へ出された文書の原案の一部を要約したものである。これを読んで,あとの問いに答えなさい。(8点×6)

一. 中国政府は,(①　　)が(②　　)省にもっているいっさいの権利を日本に譲《ゆず》り渡《わた》すこと。
一. 日本の旅順《りょじゅん(リュイシュン)》・(③　　)の租借《そしゃく》期限ならびに南満州《まんしゅう》鉄道の期限を,99か年延長すること。
一. 中国政府に,政治・財政・軍事の顧問《こもん》として有力なる日本人を雇《やと》うこと。

(1) (①　)にあてはまる国名を答えなさい。〔　　〕

(2) (②　)の省名を漢字で答えなさい。〔　　〕

(3) (③　)にあてはまる都市名を漢字で答えなさい。〔　　〕

(4) 下線部の権利を日本が獲得《かくとく》した条約名を答えなさい。〔　　〕

(5) この文書が出されたときの交渉《こうしょう》相手はだれか,次の**ア**〜**オ**から1つ選びなさい。〔　　〕

ア 孫文《そんぶん》《スンウェン》　**イ** 袁世凱《えんせいがい》《ユワンシーカイ》　**ウ** 洪秀全《こうしゅうぜん》《ホンシウチュワン》　**エ** 蔣介石《しょうかいせき》《チャンチエシー》　**オ** 李鴻章《りこうしょう》《リホンチャン》

(6) この文書による要求の結果を,次の**ア**〜**エ**から1つ選びなさい。〔　　〕

ア 原案通り,そのまま認められて,調印された。

イ 中国側の強硬《きょうこう》な反対によって,すべて撤回《てっかい》させられた。

ウ　三国干渉《かんしょう》によって，大部分を撤回《てっかい》させられた。

エ　一部を撤回し，若干《じゃっかん》の修正を加えて，調印された。　〔開成高－改〕

よく出る **2** **近代～現代の政治・社会　歴史学習のまとめとして，「日本人のくらし」というテーマで，調べたことを発表した。右に示したものは1～4班の発表資料の一部である。これらを見て，あとの問いに答えなさい。**

1班　牛なべを食べられる店のようす

2班　新聞の報道

米価高騰《こうとう》で大運動!!
－富山の女性200名余－
商人たちの買い占《し》めによって，米価は異常な値上がりをしました。7月，富山県の漁村の女性たちが，ついに米の安売りを求めて米屋におしかけました。（部分要約）

3班　ₐ太平洋戦争を経験したお年寄りの話

「戦争が長引くにつれて，わたしたちの生活は苦しくなってきました。サイパン島が占《せん》領《りょう》されると，アメリカ軍による本土への空襲《くうしゅう》が激しくなりました。

当時，小学生だったわたしたちは，戦禍《せんか》を逃《のが》れるために，［　　　　　　］。」

4班　b高度経済成長期の台所のようす

(1) 1班の資料に見られるような，当時の風潮を答えなさい。（7点）

〔　　　　　　　　〕

(2) 1班の資料がえがかれたころの政策として最も適切なものを，次のア～エから1つ選びなさい。（6点）

〔　　　〕

ア　ロシアに対抗《たいこう》するために，日英《にちえい》同盟を結んだ。

イ　中央集権国家を確立するために，廃藩置県《はいはんちけん》を行った。

ウ　重工業の発展をはかるために，八幡《やはた》製鉄所を設立した。

エ　社会主義運動を取り締《し》まるために，治安維持《いじ》法を制定した。

(3) 2班の資料で示されたできごとは，やがて，全国に広がった。このできごとの名称《めいしょう》を答えなさい。また，このできごとと関係の深いものを，次のア～エから1つ選びなさい。（5点×2）

名称〔　　　　　　　　〕　記号〔　　　〕

ア　関東大震災《しんさい》　イ　世界恐慌《きょうこう》　ウ　シベリア出兵　エ　義和団《ぎわだん》事件

(4) 3班の下線部aがおこるまでの次のア～エのできごとを，年代の古い順に並べなさい。（6点）

〔　　→　　→　　→　　〕

ア　日本が国際連盟を脱退《だったい》する。　イ　日独伊《にちどくい》三国同盟が結ばれる。

ウ　日中戦争が始まる。　エ　満州事変《まんしゅうじへん》がおこる。

記述式 **(5)** 3班の［　　　］にあてはまる文を書きなさい。（7点）　〔　　　　　　　　〕

記述式 **(6)** 4班の写真を参考にして，このころの生活の変化について，「所得」，「家事」という語を用いて，簡潔に書きなさい。（10点）

〔　　　　　　　　　　　　　　　　〕

(7) 4班の下線部bの時期におこったできごとを，次から1つ選びなさい。（6点）　〔　　　〕

ア　財閥《ざいばつ》解体　イ　東海道新幹線開通

ウ　長野オリンピック開催《かいさい》　エ　日中平和友好条約調印

〔群馬〕

月　日

仕上げテスト

時間30分　合格点70点　得点 ／100点

解答▶ 別冊 p.16

1 世界の地理について，次の問いに答えなさい。（11点×4）

〔資料1〕

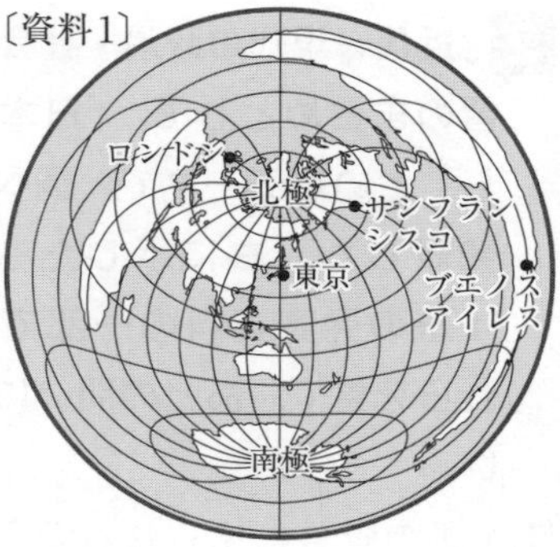

(1) 資料1は，東京からの距離《きょり》と方位が正しい地図である。この地図から読みとれることとして最も適切なものを，次の**ア**～**エ**から1つ選び，記号で答えなさい。

ア ロンドン，サンフランシスコ，ブエノスアイレスの3つの都市の中で，東京から最も遠いのはロンドンである。

イ サンフランシスコから見て，東京は南西の方向にある。

ウ ロンドンは，東京から見て地球の反対側にある。

エ 東京からブエノスアイレスへ最短で進むと，赤道を通る。

〔資料2〕

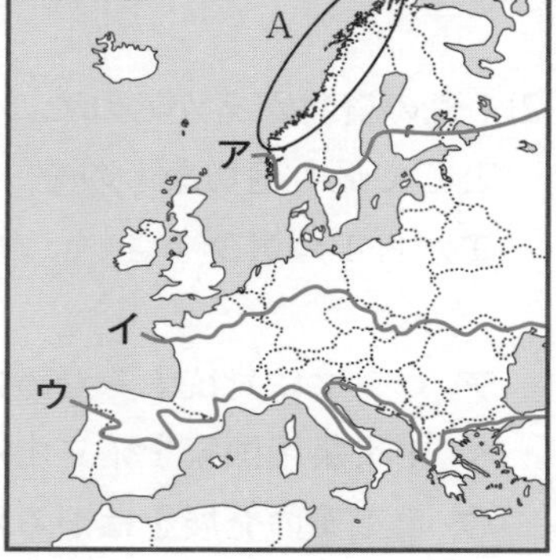

(2) 次の文は，右の資料2中のAの地域に見られる地形を説明したものである。（　　）に適する語を答えなさい。

> スカンディナビア半島には，（　　　）の侵食《しんしょく》によってつくられた谷に海水が入り込《こ》んでできた，細長く奥行《おくゆ》きのある湾《わん》が見られる。

(3) 資料2中の**ア**～**ウ**の線は，オリーブ，小麦，ぶどうが栽培《さいばい》できる北の限界線のいずれかを示している。**ア**の線まで栽培可能な農作物として最も適切なものを，オリーブ，小麦，ぶどうから1つ選び，答えなさい。

(4) ある国について説明した次の文章の（　①　）～（　③　）にあてはまる語句の組み合わせとして最も適切なものを，あとの**ア**～**カ**から1つ選び，記号で答えなさい。

> 降水量がきわめて少ない草原や砂漠《さばく》地域が内陸部に広がっているこの国は，先住民である（　①　）などの人々が住んでいたが，18世紀末にイギリスからの移住が始まり，植民地化された。現在は，ヨーロッパに次いで（　②　）からの移民が多い。こうした中で，この国は，さまざまな文化を互《たが》いに尊重しあう（　③　）を築こうとしている。

ア ①―イヌイット　②―アフリカ　③―情報社会
イ ①―イヌイット　②―アジア　③―情報社会
ウ ①―イヌイット　②―アフリカ　③―多文化社会
エ ①―アボリジニ　②―アジア　③―情報社会
オ ①―アボリジニ　②―アフリカ　③―多文化社会
カ ①―アボリジニ　②―アジア　③―多文化社会

〔福井〕

(1)	(2)	(3)	(4)

2 **右の「日本の世界遺産」(すべてではない)に関する表を見て，次の問いに答えなさい。**(8点×7)

名称(省略したものもある)	所在地	主な内容
法隆寺《ほうりゅうじ》地域の仏教建造物	奈良県	①法隆寺・法起寺《ほっきじ》
古都②京都の文化財	京都府など	③東寺《とうじ》・平等院《びょうどういん》・西本願寺《にしほんがんじ》・延暦寺《えんりゃくじ》・醍醐寺《だいごじ》・鹿苑寺《ろくおんじ》・慈照寺《じしょうじ》
④原爆ドーム	広島県	原爆ドーム
⑤日光《にっこう》の社寺	(a)	日光東照宮《とうしょうぐう》・二荒山神社《ふたらさんじんじゃ》・輪王寺《りんのうじ》
石見《いわみ》銀山遺跡とその文化的景観	(b)	大森銀山
⑥平　泉	岩手県	中尊寺・毛越寺《もうつうじ》

(1) 表中の(a)(b)に入る県名の組み合わせとして最も適切なものを，次の**ア**～**エ**から1つ選び，記号で答えなさい。

ア (a)―福島県　(b)―島根県

イ (a)―福島県　(b)―鳥取県

ウ (a)―栃木県　(b)―島根県

エ (a)―栃木県　(b)―鳥取県

(2) 下線部①の「法隆寺」が建立されたころの状況《じょうきょう》について述べた文として最も適切なものを，次の**ア**～**エ**から1つ選び，記号で答えなさい。

ア 大和《やまと》政権の中央では，渡来人《とらいじん》と結んだ蘇我《そが》氏が対抗《たいこう》する豪族《ごうぞく》をおさえて，政治の実権を掌握《しょうあく》した。

イ 推古《すいこ》天皇の甥《おい》にあたる聖徳太子《しょうとくたいし》(厩戸皇子《うまやどのおうじ》)は，家柄《いえがら》によって役人をとりたてるため，冠位十二階《かんいじゅうにかい》の制度を定めた。

ウ 小野妹子《おののいもこ》らが隋《ずい》に派遣《はけん》されたが，隋は新羅《しらぎ》《シルラ》と結んで，白村江《はくすきのえ》の戦いでわが国を破った。

エ 法隆寺の釈迦三尊像《しゃかさんぞんぞう》などの仏像には，中国の隋の文化の影響《えいきょう》が見られる。

(3) 下線部②の「京都」では，室町《むろまち》時代になると有力な商工業者である町衆《まちしゅう》《ちょうしゅう》によって自治が行われた。平安時代に始まり応仁《おうにん》の乱で中断した後，町衆によって復興された祭りを答えなさい。

(4) 下線部③の寺院について，阿弥陀仏《あみだぶつ》にすがって極楽往生《ごくらくおうじょう》をとげることを説く教えと関係の深い寺院を，次の**ア**～**エ**から1つ選び，記号で答えなさい。

ア 東寺・平等院　　**イ** 平等院・西本願寺　　**ウ** 延暦寺・鹿苑寺　　**エ** 鹿苑寺・慈照寺

(5) 下線部④の「原爆」投下に先立ち，3か国の首脳が会談してポツダム宣言が発表された。会談に参加した3か国として適切なものを，次の**ア**～**エ**から1つ選び，記号で答えなさい。

ア アメリカ・イギリス・中国　　**イ** アメリカ・イギリス・ソ連

ウ アメリカ・中国・ソ連　　**エ** アメリカ・イギリス・フランス

(6) 下線部⑤の「日光の社寺」を建てさせた3代将軍徳川家光《いえみつ》の時代に行われたこととして最も適切なものを，次の**ア**～**エ**から1つ選び，記号で答えなさい。

ア 株仲間《かぶなかま》を解散させた。　　**イ** 初めて武家諸法度《ぶけしょはっと》を定めた。

ウ 参勤交代の制度を定めた。　　**エ** 伊能忠敬《いのうただたか》が日本地図をつくった。

(7) 平安時代末期には，下線部⑥の「平泉」を拠点《きょてん》として奥州藤原《おうしゅうふじわら》氏が栄えたが，この氏族を攻《せ》め滅《ほろ》ぼした人物を答えなさい。

〔東海高〕

(1)	(2)	(3)	(4)
(5)	(6)	(7)	

光・音・力

POINT

1 光の反射
2 凸《とつ》レンズを通る光の道筋

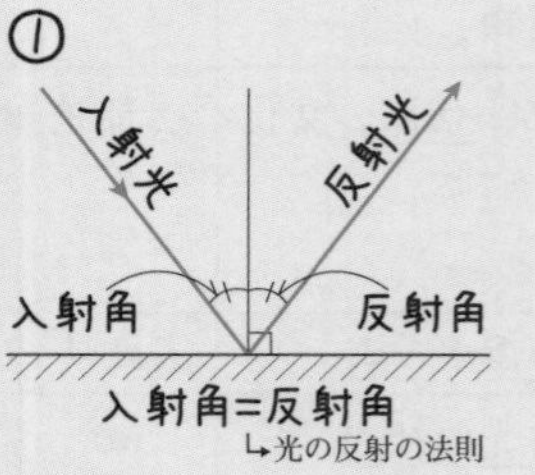

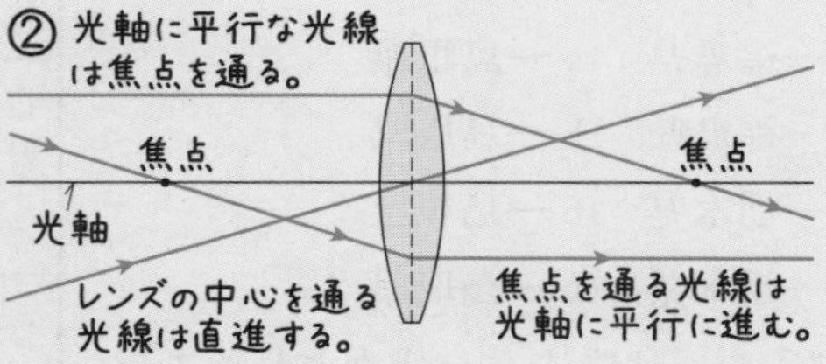

3 音の大小と高低

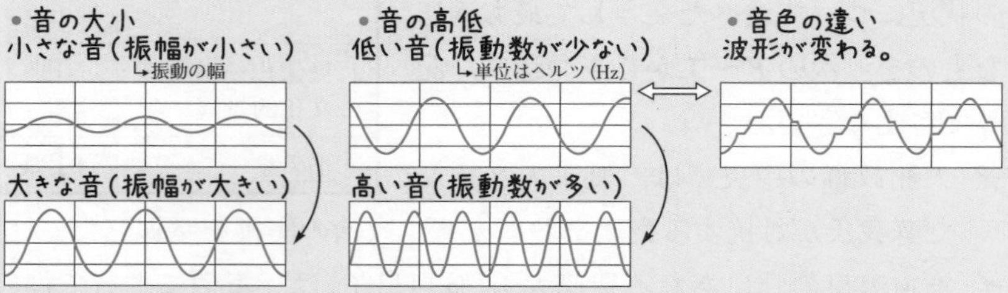

4 力の表し方

力のはたらく点を作用点といい，作用点，力の向き，力の大きさを矢印で表すことができる。

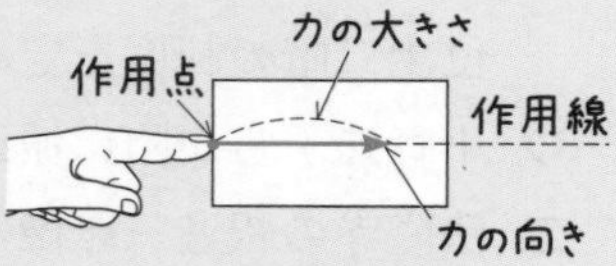

5 フックの法則　ばねののびは，引く力の大きさに比例する。

6 力のつりあい　1つの物体に2つ以上の力がはたらいていて，物体が動かないとき，これらの力はつりあっているという。2つの力がつりあっているとき，「2つの力は大きさが等しい。」「2つの力は一直線上にある。」「2つの力は向きが反対である。」の3つが成り立つ。

確認問題

時間30分　合格点75点　得点　/100点

解答▶別冊 p.17

1 **光の反射**　次の実験について，あとの問いに答えなさい。〔岐阜〕

〔実験1〕　図1は，光源装置から出た光の道筋を表したものである。

〔実験2〕　机の上に，鏡と4本の色鉛筆《いろえんぴつ》（赤，青，黄，黒）を方眼紙の上に垂直に立て，目の高さを色鉛筆の先端《せんたん》に合わせてどの色鉛筆が鏡にうつって見えるかを調べた。図2はそのようすを上から見たものである。

〔図1〕

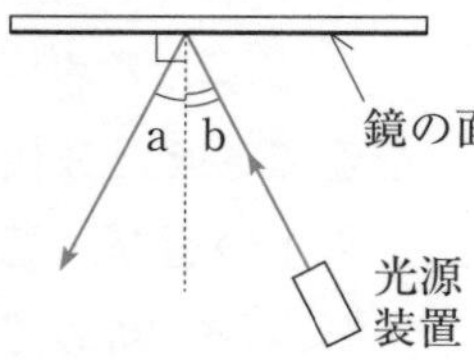

〔図2〕

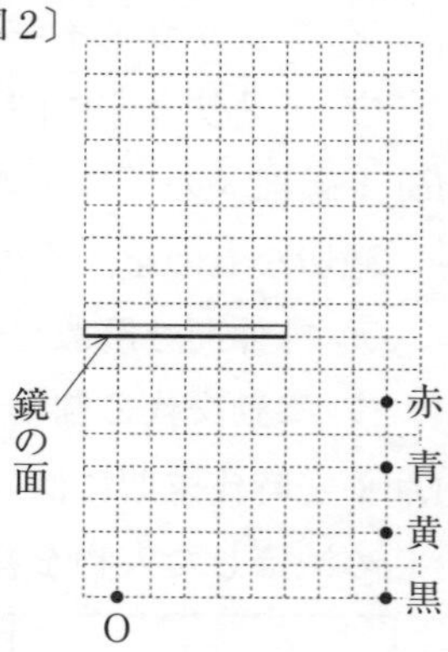

(1) 実験1で，図1のaとbの角度をそれぞれ何というか，書きなさい。(13点×2)

a〔　　　　〕　b〔　　　　〕

よく出る (2) 実験2で，点Oの位置から鏡にうつって見える色鉛筆をすべて書きなさい。(14点)

〔　　　　〕

2 **音の性質**　**図1のように，モノコードに弦《げん》を張り，コンピュータを使って音の実験を行った。ことじの左側の弦をはじくと，図2のような波形が表示された。次に，<u>条件を変えて実験を行うと，音が高くなり</u>，図3のような波形となった。ただし，図2，図3の縦軸《たてじく》，横軸の目盛りの間隔《かんかく》は同じであり，横軸は時間を表している。これについて，次の問いに答えなさい。**（10点×2）　〔鹿児島〕

〔図1〕

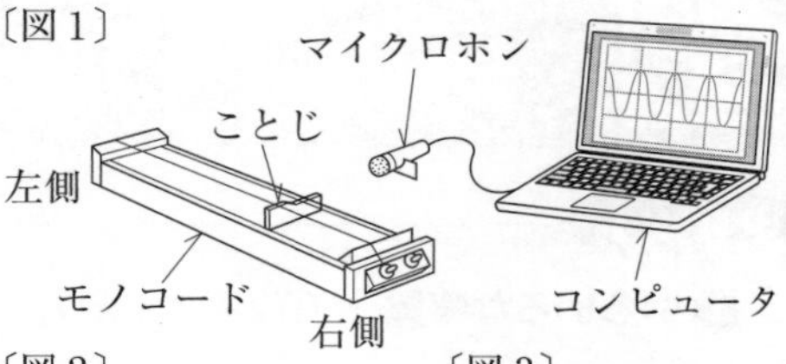

〔図2〕

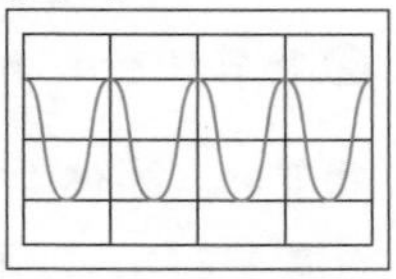

〔図3〕

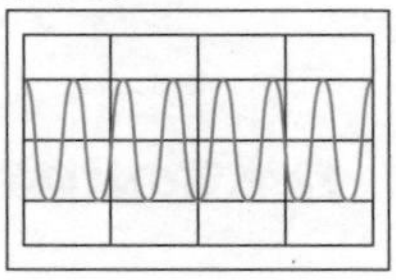

(1) 下線部において，条件を変えるために行った操作は何か，次の**ア**～**オ**から正しいものをすべて選び，記号で答えなさい。　〔　　　　〕

ア　ことじを左側に動かして，ことじの左側の弦を同じ強さではじいた。

イ　ことじを右側に動かして，ことじの左側の弦を同じ強さではじいた。

ウ　ことじの位置や弦の張り方は変えずに，ことじの左側の弦をもっと強くはじいた。

エ　弦の張り方を強くして，ことじの左側の弦を同じ強さではじいた。

オ　弦の張り方を弱くして，ことじの左側の弦を同じ強さではじいた。

(2) モノコードの音は，51 m離《はな》れた地点でも聞こえた。音の伝わる速さを秒速340 mとすると，弦の振動《しんどう》がこの地点に伝わるまでに何秒かかるか，求めなさい。　〔　　　　〕

3 **ばねののび**　**右の表は，50 gのおもりを1個ずつ増やしながら，ばねにつるしたときの，ばねA，Bののびを測定した結果である。次の問いに答えなさい。ただし，ばねA，Bののびは，ばねを引く力の大きさに比例するものとし，100 gの物体にはたらく重力の大きさを1 Nとする。また，必要があれば，右の方眼を利用しなさい。**　〔兵庫－改〕

おもりの数〔個〕	0	1	2	3	4	5
ばねAののび〔cm〕	0	0.6	1.4	2.1	2.7	3.5
ばねBののび〔cm〕	0	1.8	3.3	5.0	6.8	8.8

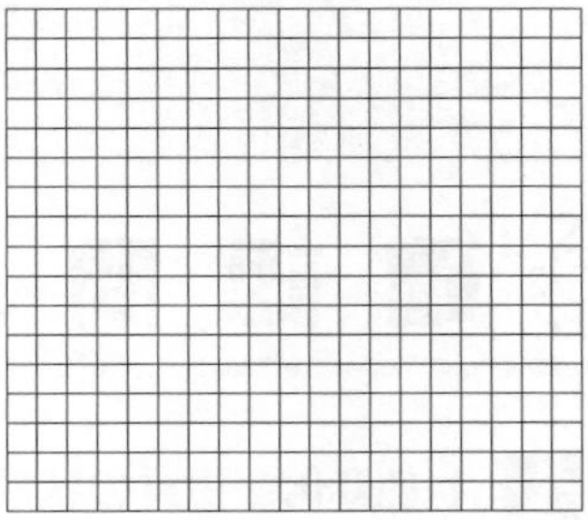

(1) ばねののびが，加えた力に比例することを何の法則というか，書きなさい。（10点）　〔　　　　〕

(2) ばねBののびが12.0 cmになるとき，ばねを引く力の大きさとして最も適切なものを，次の**ア**～**エ**から1つ選び，記号で答えなさい。（15点）　〔　　　　〕

ア 3.0 N　　**イ** 3.5 N

ウ 4.0 N　　**エ** 4.5 N

(3) 2つのばねをそれぞれ5 Nの力で引いたとき，ばねAののびと，ばねBののびの比として最も適切なものを，次の**ア**～**エ**から1つ選び，記号で答えなさい。（15点）　〔　　　　〕

ア 1：3　　**イ** 2：5

ウ 3：1　　**エ** 5：2

第2日 理科 月 日

身のまわりの物質

POINT

1 いろいろな物質

①みがくと光り，電気をよく通す物質を金属といい，金属以外の物質を非金属という。非金属は，炭素を含《ふく》む物質かどうかで有機物と無機物に分けられる。
↳燃えると二酸化炭素が発生する

②物質 1 cm^3 あたりの質量を密度といい，物質によって決まっている。

2 物質の状態変化

物質が，固体 ⇆ 液体 ⇆ 気体 と変化すること。固体が液体に変化するときの温度を融点《ゆうてん》，液体が沸騰《ふっとう》して気体に変化するときの温度を沸点《ふってん》という。
↳物質によって決まっている　　物質によって決まっている↵

3 気体の性質

気 体	空気と比べた重さ	その他の性質
酸 素	少し重い	物質を燃やすはたらきがある。
二酸化炭素	重 い	石灰水《せっかいすい》を白く濁《にご》らせる。水溶液《すいようえき》は酸性を示す。
窒《ちっ》 素《そ》	わずかに軽い	空気の約 80％を占《し》める。
アンモニア	軽 い	刺激臭《しげきしゅう》がある。水溶液はアルカリ性を示す。
水 素	非常に軽い	空気中で火をつけると，燃えて水ができる。

4 水溶液《すいようえき》と再結晶《さいけっしょう》

①水溶液の性質

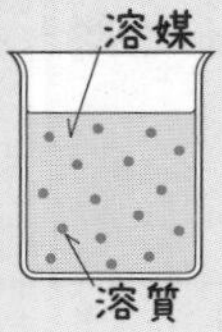

・透明《とうめい》である。
・溶質《ようしつ》は沈《しず》んでこない。
・どこも濃《こ》さは同じである。
↳時間がたっても変わらない

②再結晶

・水を蒸発させる。
・温度を下げる。

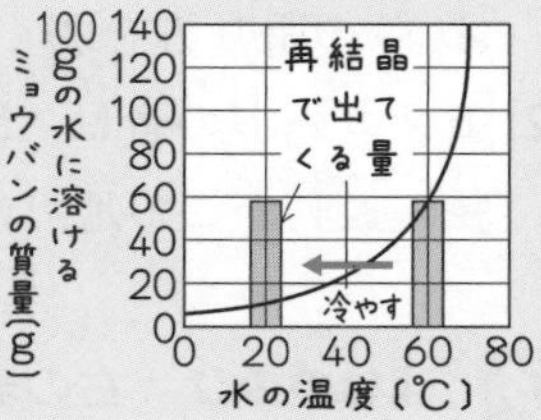

5 水溶液の濃度《のうど》

質量パーセント濃度〔%〕$= \dfrac{\text{溶質の質量〔g〕}}{\text{溶質の質量〔g〕}+\text{溶媒の質量〔g〕}} \times 100$

溶質とは溶《と》けている物質をいい，溶媒《ようばい》は溶質を溶かしている液体をいう。食塩水では溶質が食塩，溶媒が水である。

確認問題

時間 30分
合格点 75点

得点 /100点

解答▶ 別冊 p.17

1 状態変化 物質の状態変化について，次の問いに答えなさい。〔石川一改〕

(1) 氷などの固体がとけて液体になるときの温度を何というか，書きなさい。(10点)

〔　　　〕

記述式 (2) ビーカーに入れた固体のロウを加熱して液体にし，その後冷やして再び固体にする実験を行った。そのビーカーを観察したところ，断面が右の図のようになった。また，ロウの質量は，固まる前と固まった後では同じであることがわかった。液体のロウが固体になるとき，ロウの密度はどのように変化したと考えられるか，そう判断した理由とあわせて書きなさい。(15点)

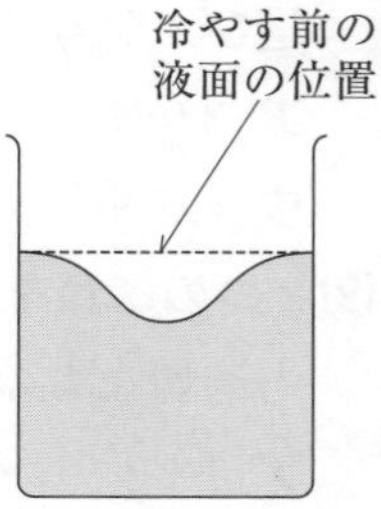

〔　　　〕

2 **気体の発生と捕集法《ほしゅうほう》** 次の実験について，あとの問いに答えなさい。(10点×3) 〔福岡〕

〔留意点〕 アンモニアは，特有な刺激臭があり，有毒なので，実験室の(　　)に注意すること。

〔手順1〕 塩化アンモニウムと水酸化ナトリウムを試験管Aに入れて，少量の水を加え，アンモニアを発生させる。

〔手順2〕 発生させたアンモニアを別の乾《かわ》いた試験管に集める。

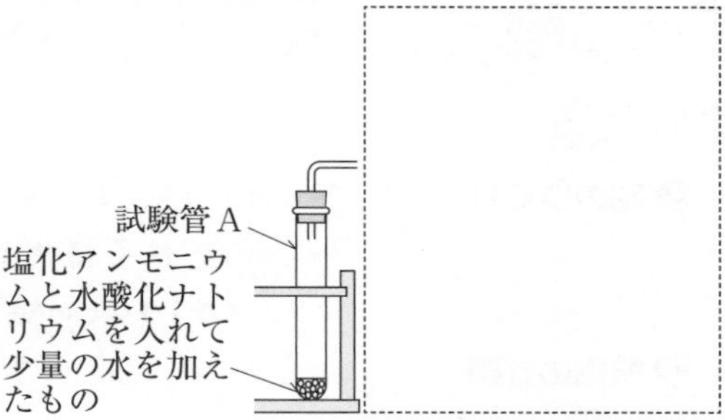

(1) 留意点の空欄《くうらん》にあてはまる言葉を書きなさい。 〔　　　〕

(2) 図は，アンモニアを発生させる装置である。発生させたアンモニアを集めるための装置を図中に簡単に図示しなさい。ただし，ゴム管・ガラス管・気体を集める試験管を用いること。

記述式
(3) 気体を集める試験管の中に，アンモニアが十分にたまったことを確認する方法を，1つ簡潔に書きなさい。ただし，においを嗅《か》ぐ方法は用いてはいけません。

〔　　　　　　　　　　　　　　　　　　　　　　　　　　　　〕

3 **物質のすがた，水溶液** 次の実験について，あとの問いに答えなさい。 〔富山－改〕

〔実験〕 ①図1のように，ビーカーに水を入れ，ガスバーナーで加熱した。100 ℃近くになると，沸騰石の付近から①細かい泡《あわ》が連続して発生した。

②次に，ガスバーナーの火をとめ，図2のように，ビーカー内に5.0 gの水を入れた試験管をしばらくひたした。この水の温度が80 ℃になったのを確かめてから，②硝酸《しょうさん》カリウム3.0 gを試験管内の水に溶かした。

③その後，ビーカーから試験管をとり出し，10 ℃まで水溶液の温度を下げたところ，③硝酸カリウムが固体となり試験管内に出てきた。なお，下の表は硝酸カリウムの溶解度を示したものである。

〔図1〕

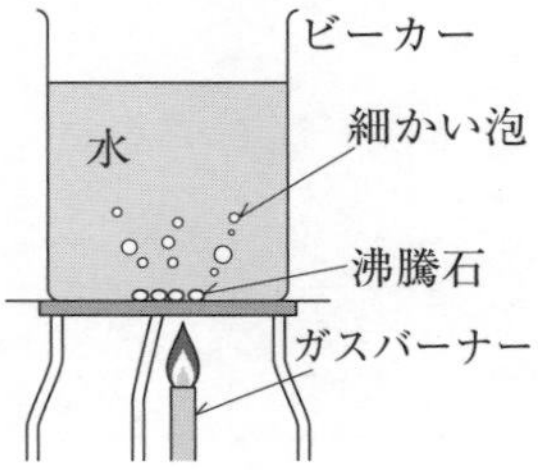

〔図2〕

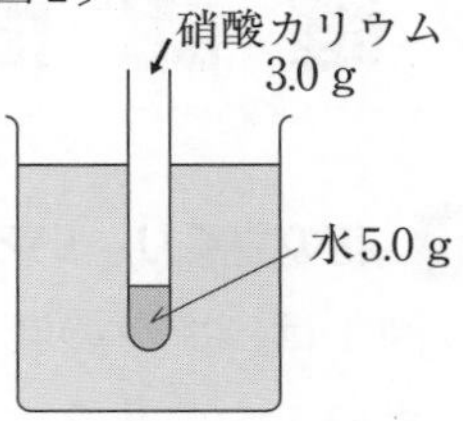

温度〔℃〕	0	10	20	40	60	80	100
溶解度〔g〕	13.3	22.0	31.6	63.9	109.2	168.8	244.8

(水100 gに溶ける質量)

(1) 下線部①について，細かい泡に最も多く含まれる物質は何か，書きなさい。(10点)

〔　　　〕

(2) 下線部②について，硝酸カリウム3.0 gを試験管内の水に溶かした水溶液の質量パーセント濃度は何%か。小数第1位を四捨五入して整数で答えなさい。(10点) 〔　　　〕

(3) 下線部③のように，一度溶かした物質を再び固体としてとり出すことを何というか，書きなさい。(10点) 〔　　　〕

(4) 下線部③で，試験管内に出てきた硝酸カリウムの固体は何gと考えられるか，求めなさい。

(15点) 〔　　　〕

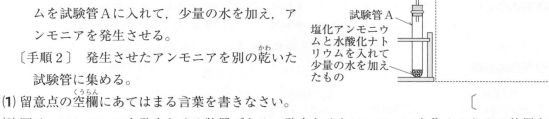

第3日

理科　　月　　日

身のまわりの生物と分類

POINT

1 花のつくり

花にはふつう，おしべ，めしべ，花弁，がくがある。花粉が柱頭につくことを受粉という。被子植物《ひししょくぶつ》は受粉後，子房《しぼう》が果実に，胚珠《はいしゅ》が種子になる。
マツ，イチョウなどの裸子植物《らししょくぶつ》は子房がなく，胚珠がむき出しになっている。

2 植物の分類

- **種子植物**（種子をつくる）
  - **被子植物**（胚珠が子房の中にある）
    - **双子葉類**（子葉が２枚，網状脈，主根と側根）
      - **離弁花類**（花弁が離れている）……アブラナなど
      - **合弁花類**（花弁がくっついている）……アサガオなど
    - **単子葉類**（子葉が１枚，平行脈，ひげ根）……ユリ・トウモロコシなど
  - **裸子植物**（子房がなく，胚珠がむき出し）……マツ・スギ・イチョウなど
- **種子をつくらない植物**（種子をつくらない）……シダ植物・コケ植物
  - └胞子でふえる

3 動物の分類

①セキツイ動物…背骨のある動物。

	魚類	両生類	ハ虫類	鳥類	ホ乳類
呼吸	えら	子…えら・皮膚《ひふ》 親…肺・皮膚	肺		
生まれ方	卵生(殻《から》のない卵)		卵生(殻のある卵)		胎生《たいせい》
体表	うろこ	湿《しめ》った皮膚	うろこ	羽毛《うもう》	毛

②無セキツイ動物…背骨のない動物。節足動物，軟体動物《なんたいどうぶつ》などに分類される。

確認問題

時間30分　合格点75点　得点　／100点

解答▶ 別冊 p.18

1 よく出る　**花のつくり**　いろいろな植物について調べた。次の問いに答えなさい。(9点×3)　〔富山－改〕

(1) 図１は，マツの花と種子を，図２はタンポポの１つの花を示している。マツの花のａと同じはたらきをするタンポポの花の部分を図２の**ア**～**オ**から１つ選び，記号を書きなさい。また，その部分には何が入っているか，書きなさい。

記号〔　　　〕

入っているもの〔　　　　　　〕

〔図１〕マツの花と種子

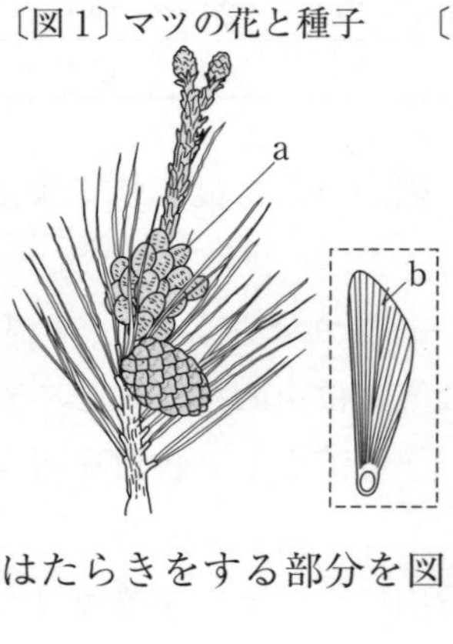

〔図２〕タンポポの１つの花

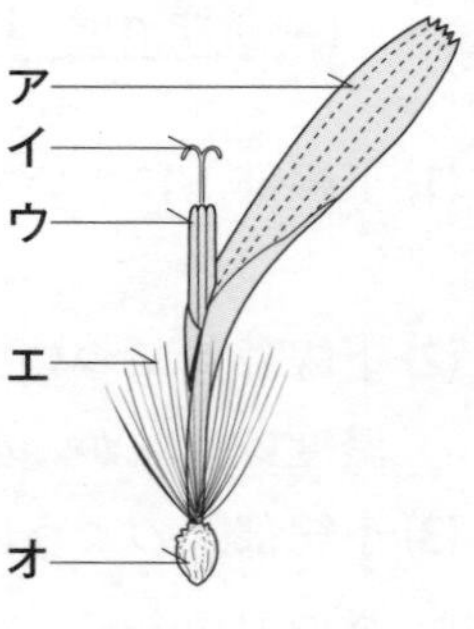

(2) マツの種子にはｂのはねのようなものがある。タンポポに果実ができたとき，ｂと同じはたらきをする部分を図２の**ア**～**オ**から１つ選び，記号で答えなさい。

〔　　　〕

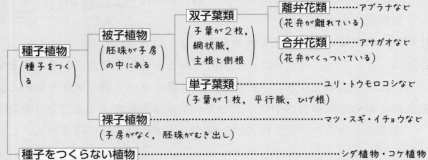

2 植物のなかま 表は，植物をその特徴《とくちょう》から分類したものである。次の問いに答えなさい。〔兵庫－改〕

	花が咲かない		花が咲く			
				D		
	A	B	C	単子葉類	双子葉類	
					E	F
植物の例	ゼニゴケ スギゴケ	ゼンマイ ①	イチョウ マツ	ツユクサ ②	エンドウ アブラナ	タンポポ ③

(1) 表のA～Fについて説明した文として適切なものを，次の**ア**～**エ**から1つ選び，記号で答えなさい。（8点）

ア 種子ではなく胞子《ほうし》でふえるのは，Aのみである。　〔　　〕

イ CとDには根・茎《くき》・葉の区別があるが，AとBには区別がない。

ウ CとDでは葉脈の通り方が異なり，Dの葉脈は網目状《あみめじょう》に通る。

エ EとFは花弁のつき方による分類であり，Fは合弁花類である。

(2) 表の①～③に入る植物の組み合わせとして適切なものを，次の**ア**～**エ**から1つ選び，記号で答えなさい。（8点）　〔　　〕

ア ①スギナ　②ササ　③サクラ　　**イ** ①スギナ　②ササ　③ツツジ

ウ ①ササ　②スギナ　③サクラ　　**エ** ①ササ　②スギナ　③ツツジ

(3) イチョウ，マツなどが属するCのなかまには，どのような特徴があるか。「子房」，「胚珠」という2つの言葉を用いて簡潔に書きなさい。（9点）

〔　　　　　　　　　　　　〕

3 動物のなかま **図1に示した動物を，図2の□で示したそれぞれの特徴をもとに，あてはまる場合は「はい」，あてはまらない場合は「いいえ」で分けていくと，図2のa～fのグループに分類することができる。これについて，あとの問いに答えなさい。（8点×6）**　〔三重－改〕

〔図1〕

動物
イモリ，ウサギ， カエル，カニ， カメ，トカゲ， トンボ，ニワトリ， ネコ，ハト， フナ，メダカ

〔図2〕

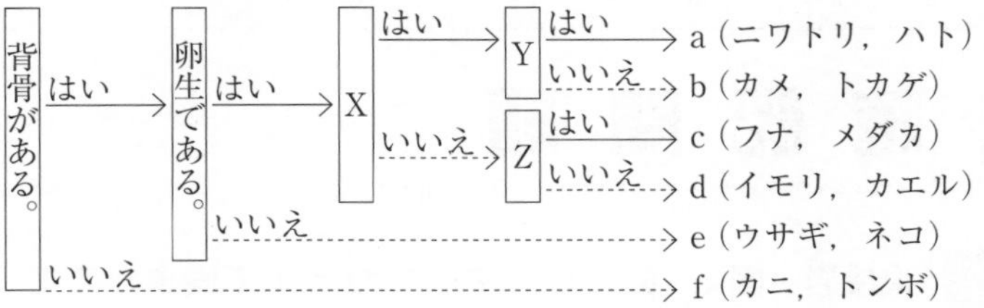

(1) 図2のX～Zに入るそれぞれの特徴はどれか，次の**ア**～**ウ**から最も適切なものをそれぞれ1つずつ選び，記号で答えなさい。　X〔　　〕　Y〔　　〕　Z〔　　〕

ア 体表が羽毛でおおわれている。　**イ** 一生えらで呼吸する。　**ウ** 卵に殻がある。

(2) 図2のeのグループに分類される動物は，母親の体内である程度育ってから親と同じようなすがたで産まれる。このような産まれ方を何というか，書きなさい。　〔　　〕

(3) 図2のfのような背骨のない動物は無セキツイ動物とよばれる。無セキツイ動物について述べた次の文の空欄《くうらん》にあてはまる言葉をそれぞれ書きなさい。

節足動物は(①　　)とよばれる固い殻で体がおおわれている。また，軟体動物は，内臓が(②　　)とよばれる膜《まく》でおおわれている。　①〔　　〕　②〔　　〕

大地の変化

POINT

1 地　層

風化，侵食《しんしょく》された土砂が流水によって運ばれ，海底などに堆積《たいせき》し地層となる。

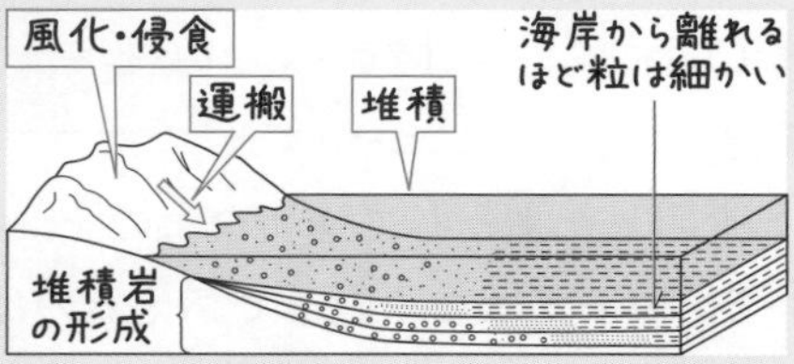

2 堆積岩

地層をつくる堆積物がおし固められてできた岩石を堆積岩という。粒《つぶ》の大きさや成分の違《ちが》いにより，れき岩，砂岩，泥岩《でいがん》，石灰岩《せっかいがん》，チャート，凝灰岩《ぎょうかいがん》などに分けられる。
↳粒の大きさは，れき＞砂＞泥

3 化　石

化石には，堆積当時の環境《かんきょう》を知ることができる示相化石と，堆積した年代を知ることができる示準化石がある。

4 火成岩

マグマが冷え固まってできた岩石を火成岩という。急に冷え固まってできた火山岩と，長い時間をかけて冷え固まった深成岩がある。

火山岩(斑状組織)　深成岩(等粒状組織)

5 鉱　物

マグマ中に含《ふく》まれる鉱物の種類や割合により，火成岩の色や性質が決まる。

6 地《じ》　震《しん》

地震のゆれは，初めの小さなゆれを初期微《しょきび》動《どう》，あとからくる大きなゆれを主要動という。
P波によるゆれ↵　↳S波によるゆれ
観測地点でのゆれの程度は震度《しんど》，地震そのものの規模はマグニチュードで表される。
↳0～7の10階級

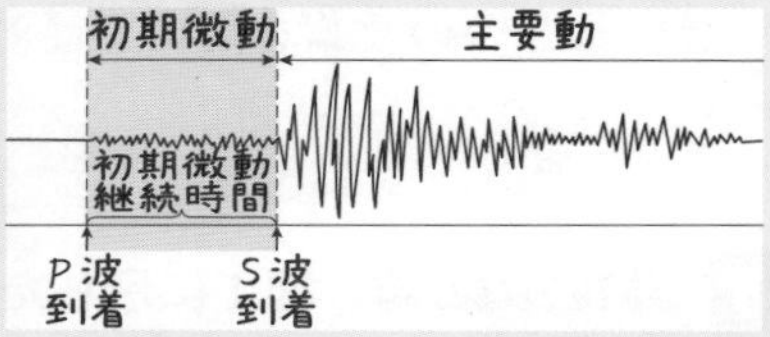

7 地震や火山活動の原因

地球はプレートでおおわれており，このプレートは移動している。この動きが地震や火山活動の原因の1つであると考えられている。
↳日本付近では海洋プレートが大陸プレートの下に沈みこんでいる

確認問題

時間30分　合格点75点

得点　　/100点

解答▶ 別冊 p.18

1 よく出る　**火成岩**　**図1，図2は，マグマが冷えて固まってできた2種類の岩石をルーペで観察し，スケッチしたものである。次の問いに答えなさい。**(9点×2)　〔徳島〕

〔図1〕

(4倍)

〔図2〕

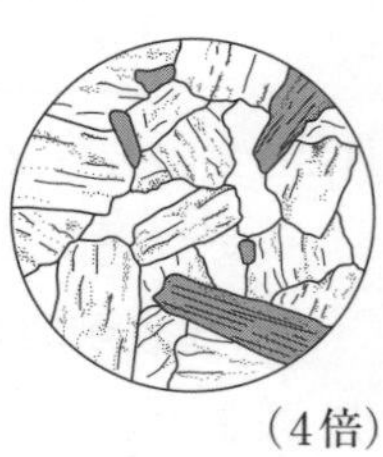

(4倍)

(1) 図1の岩石は，比較的《ひかくてき》大きな鉱物が，細かい粒に囲まれている。この比較的大きな鉱物を斑晶《はんしょう》というのに対して，そのまわりの細かい粒を何というか，書きなさい。　〔　　　　　〕

記述式 **(2)** 図2の岩石のでき方とつくりを説明した次の文中の□にあてはまる内容を，できる場所とマグマの冷え方に着目して書きなさい。〔　　　　　　　　　　　　　　　　　　　〕

図2の岩石は，マグマが□ため，それぞれの鉱物が十分に成長して等粒状組織《とうりゅうじょうそしき》になっている。

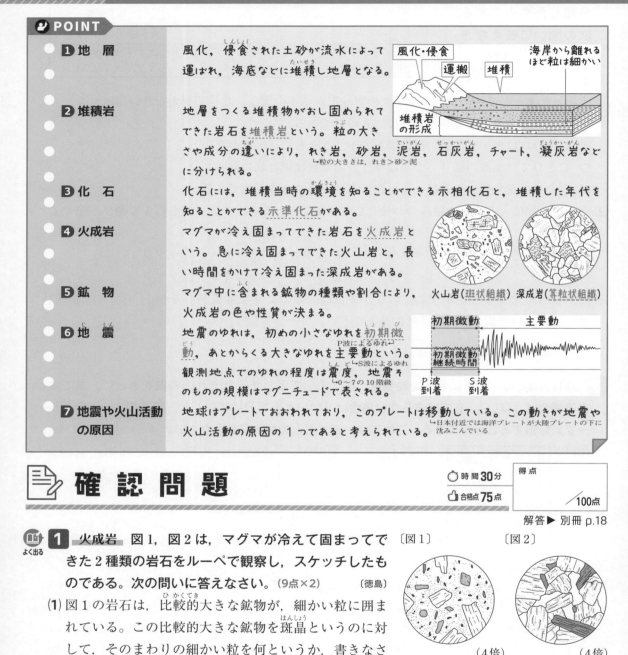

2 **地層** 図1は，標高が異なる3地点P，Q，Rの地下のようすについて，柱状図で表したものである。また，図2は各地点P～Rの地図上の位置を示したものである。ただし，この地域の地層は，それぞれ同じ厚さで水平であり，曲がったり，ずれたりせず，地層の逆転もないものとする。これについて，次の問いに答えなさい。 〔新潟〕

〔図1〕

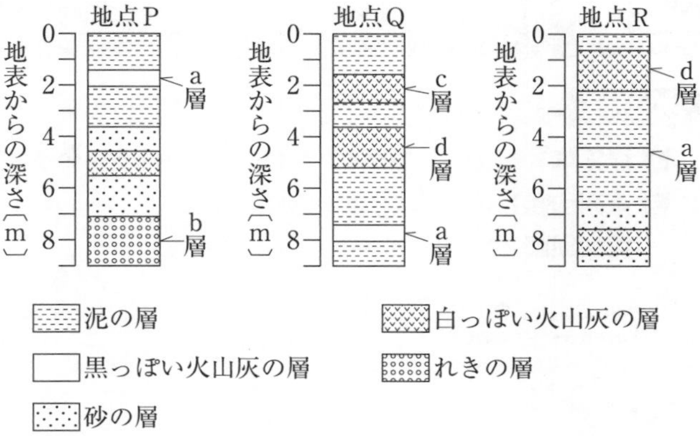

〔図2〕

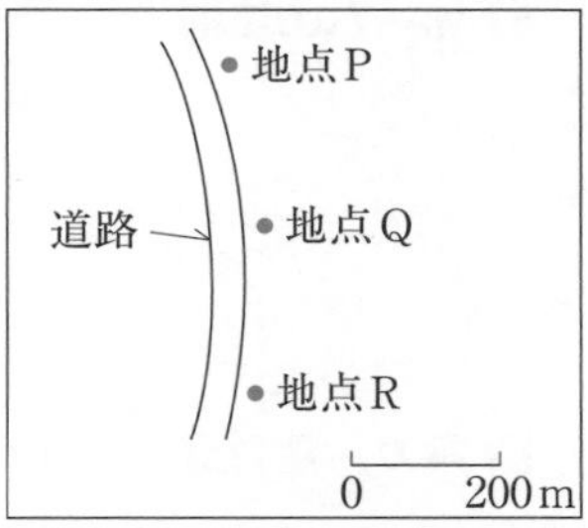

(1) 図1のa層～d層は，どのような順序で堆積したか，古いほうから順に，記号を書きなさい。(9点) 〔　　　　〕

(2) 地点Pの標高が35 mであった。地点Rの標高は何mか，求めなさい。(10点) 〔　　　　〕

(3) 図1のa層，c層，d層のような，火山灰が固まってできた岩石を何というか，その名称《めいしょう》を書きなさい。(9点)

〔　　　　〕

よく出る **3** **地震** 右の表は，A～Eの各地点でのある地震のP波およびS波の到着《とうちゃく》時刻と，震源《しんげん》からの距離《きょり》を示したものである。これについて，次の問いに答えなさい。 〔長崎〕

地点	P波の到着時刻	S波の到着時刻	震源からの距離
A	7時09分44秒	7時09分48秒	29 km
B	7時09分48秒	7時09分54秒	45 km
C	7時09分52秒	7時10分01秒	68 km
D	7時09分56秒	7時10分08秒	91 km
E	7時10分03秒	7時10分19秒	a

(1) 地震後に見られる大地のずれを何というか，書きなさい。(8点) 〔　　　　〕

(2) 次の文中の空欄《くうらん》にあてはまる言葉を書きなさい。(9点×2)

ある地点での地震によるゆれの程度は(①　　)で表し，地震そのものの規模は(②　　)で表す。 ①〔　　　　〕 ②〔　　　　〕

(3) P波が到着してからS波が到着するまでの時間を何というか，書きなさい。(8点)

〔　　　　〕

(4) 表をもとにA～Dの各地点での，P波が到着してからS波が到着するまでの時間と震源からの距離との関係を右の図に・で示し，それをもとに両者の関係を表す直線を描《か》きなさい。(10点)

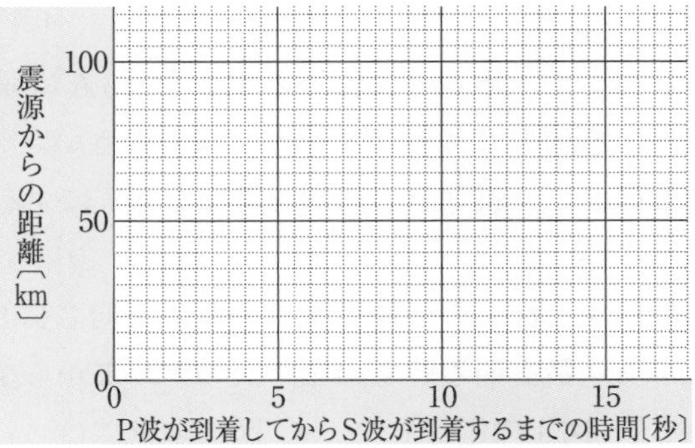

(5) 表のaは，およそ何kmか，求めなさい。(10点)

〔　　　　〕

電流と電圧

POINT

1 静電気

物体をこすり合わせたときに発生する電気を静電気という。
└電子が移動することで生じる

2 直列回路と並列回路《へいれつかいろ》

① 直列回路

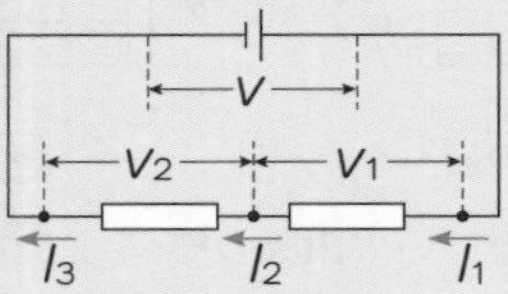

$I_1=I_2=I_3$
$V=V_1+V_2$

V（電圧）
I（電流）

② 並列回路

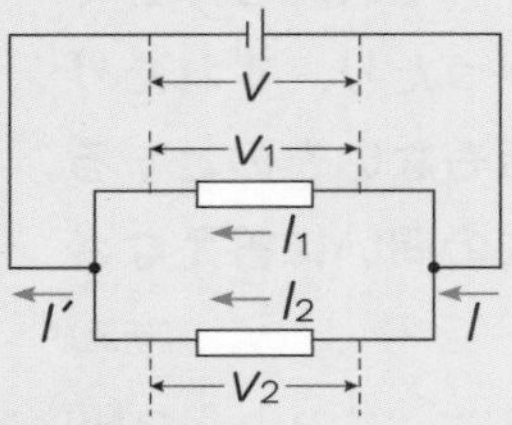

$I=I_1+I_2=I'$
$V=V_1=V_2$

3 オームの法則

金属線を流れる電流の大きさ I〔A〕は，その両端《りょうたん》に加わる電圧 V〔V〕に比例する。

電気抵抗《ていこう》 $R〔\Omega〕=\dfrac{V〔V〕}{I〔A〕}$

$V=RI \quad I=\dfrac{V}{R}$

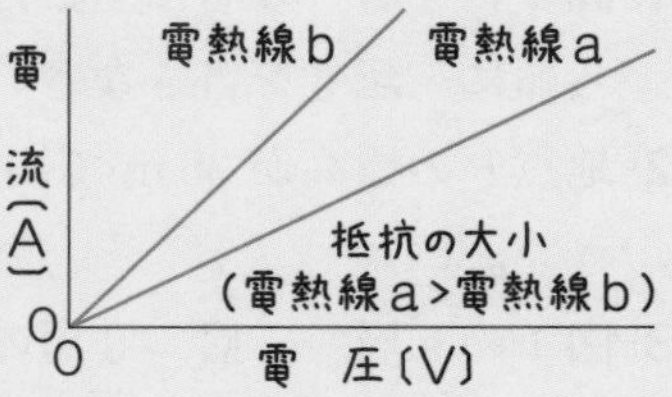

4 電力・電力量

1秒あたりに使う電気エネルギーの量を電力といい，使用した電気エネルギーの量を電力量という。
└単位 J，Ws，Wh，kWh

電力〔W〕＝電圧〔V〕×電流〔A〕

電力量〔J〕＝電力〔W〕×時間〔s〕

5 発熱量

1 W の電力を 1 秒間使ったときに生じる熱量を 1 J という。
└熱量〔J〕=電力〔W〕×時間〔s〕

確認問題

時間 30分　合格点 75点　得点 /100点

解答▶ 別冊 p.19

1 **電流回路** 抵抗の値が 5 Ω である電球Pと，3 Ω である電球Qを図1，図2のようにつないだ。次の問いに答えなさい。ただし，電球の抵抗の値《あたい》は実験中変わらないものとする。（10点×4）〔富山－改〕

〔図1〕

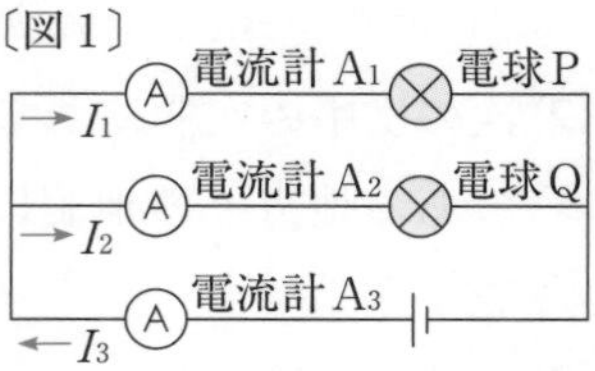

〔図2〕

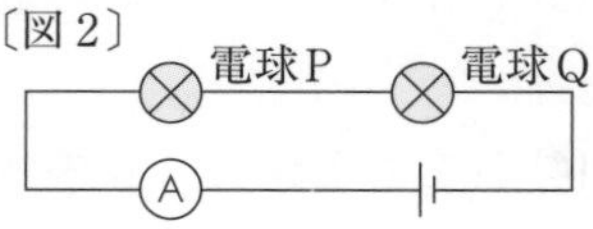

(1) 図1の電流計 A_1，A_2，A_3 には，それぞれ I_1，I_2，I_3 の電流が流れた。I_1，I_2，I_3 を解答欄《かいとうらん》の不等号を利用して小さい順に並べなさい。〔　　＜　　＜　　〕

(2) 図1で，電球Pに流れる電流を 0.3 A にするためには，電源の電圧を何Vにすればよいか，求めなさい。〔　　〕

(3) 図2で，電球Pの両端の電圧を 4 V にするには，電源の電圧を何Vにすればよいか，求めなさい。〔　　〕

(4) 図1と図2の回路で電源の電圧を同じにして，すべての電球を点灯させた。4個の電球のうち，最も明るいものを，次のア～エから1つ選び，記号で答えなさい。〔　　〕

ア 図1の電球P　イ 図1の電球Q　ウ 図2の電球P　エ 図2の電球Q

2 電力と電力量 図のドライヤーは，消費電力を 1200 W と 600 W の 2 つの状態に切りかえることができる。このドライヤーを，家庭のコンセントにつないで使用したときについて，次の問いに答えなさい。ただし，家庭のコンセントの電圧の大きさは 100 V とする。(10点×2)　〔宮城－改〕

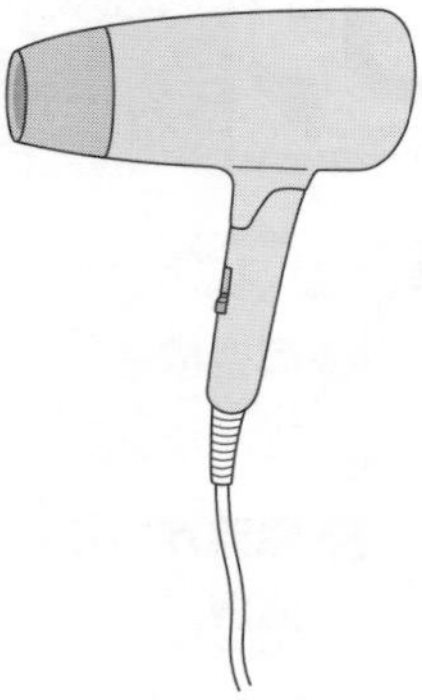

(1) このドライヤーを，消費電力が 1200 W の状態で使用したときに流れる電流の大きさは，消費電力が 600 W の状態で使用したときの何倍になるか，求めなさい。〔　　　　〕

(2) このドライヤーを，消費電力が 600 W の状態で 30 秒間使用したとき，消費する電力量は何 J か，求めなさい。〔　　　　〕

3 電流による発熱 電熱線の発熱量と電熱線の電力表示との関係を調べるために，2 つの導線つき電熱線 a，b を用いて，次の実験を行った。これについて，あとの問いに答えなさい。ただし，電熱線で発生した熱はすべて水温の上昇《じょうしょう》に使われるものとする。(10点×4)　〔島根〕

〔実験〕 ①発泡《はっぽう》ポリスチレンのカップを 2 つ用意して，それぞれのカップに同量の水を入れた。室温と同じくらいの温度になるまで放置しておき，そのときの水温を調べて記録した。

②6.0 V の電圧を加えたとき，9.0 W の電力を消費する電熱線 a (6 V－9 W と表示)を用いて，図のような回路をつくり，6.0 V の電圧を加えて電流を流した。

③水をガラス棒でときどきかき混ぜながら，1 分ごとに水温を記録し，5 分間測定した。

④電熱線 b についても，発泡ポリスチレンのカップをかえて②，③を同様に行った。

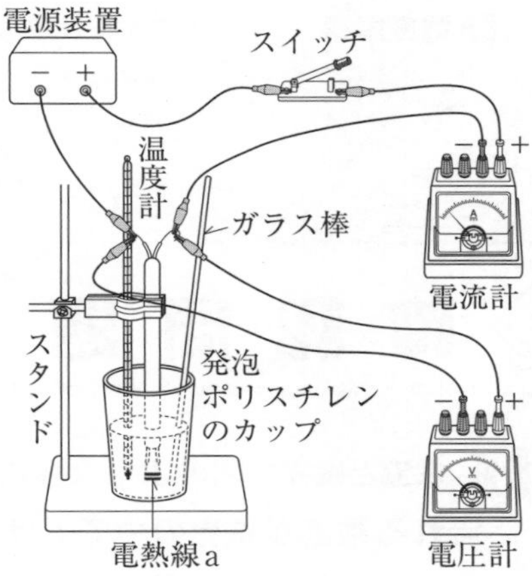

電流を流した時間〔分〕		0	1	2	3	4	5
水温〔℃〕	電熱線 a	22.0	22.8	23.7	24.4	25.2	26.0
	電熱線 b	22.0	24.4	26.8	29.1	31.6	34.0

(1) ②で，電熱線 a に流れた電流の大きさは何 A か，求めなさい。〔　　　　〕

(2) ②で，電熱線 a が 5 分間に発生する熱量は何 J か，求めなさい。〔　　　　〕

(3) 結果から，電熱線 a に電流を流し始めてから 5 分間の，電流を流した時間〔分〕と水の上昇温度〔℃〕との関係を表すグラフを右に描《か》きなさい。グラフの縦軸《たてじく》の空欄《くうらん》には適切な数値を入れなさい。

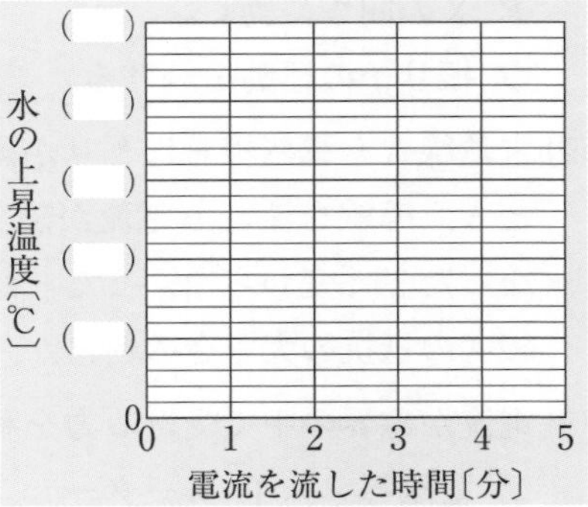

(4) 結果から，電熱線 b の表示として最も適当なものを，次のア～エから 1 つ選び，記号で答えなさい。〔　　〕

ア 6 V－6 W　　**イ** 6 V－12 W

ウ 6 V－18 W　　**エ** 6 V－27 W

電流のはたらき

POINT

1 真空放電

真空放電で見られる電子線(陰極線《いんきょくせん》)は電子の流れで，－極から＋極に移動している。
↳電流の向きと逆

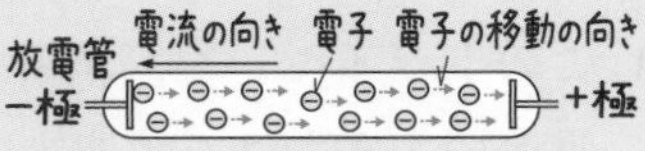

2 電流がつくる磁界

導線に電流を流すと，そのまわりに磁界が生じる。このときの磁界の向きは，電流の向きにより決まる。

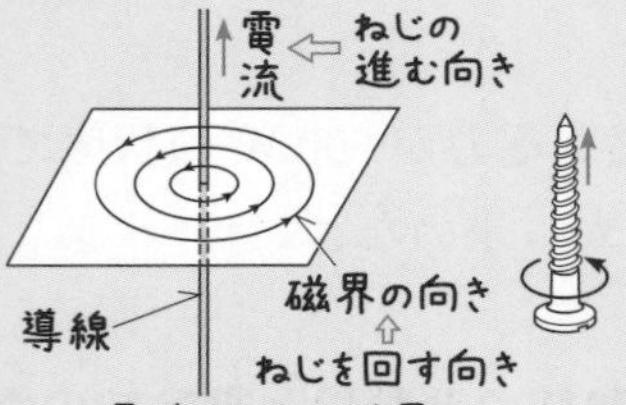

電流がつくる磁界

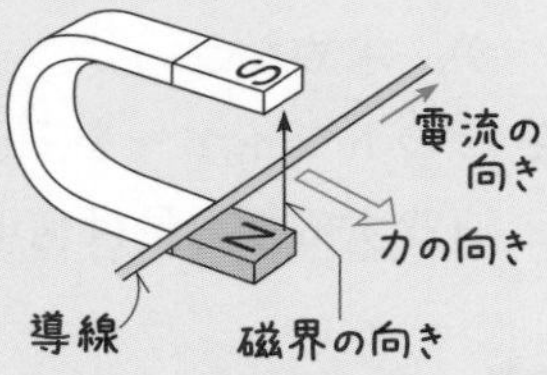

電流が磁界から受ける力

3 電流が磁界から受ける力

磁界の中で電流が流れると，電流は磁界から力を受ける。このときの力の向きは電流の向きと磁界の向きにより決まる。
↳モーターに利用

4 電磁誘導《でんじゆうどう》

コイルの中の磁界が変化すると，コイルに電流が流れる。この現象を電磁誘導といい，流れる電流を誘導電流《ゆうどうでんりゅう》という。N極，S極を近づけると，それぞれの電流の向きは逆になる。

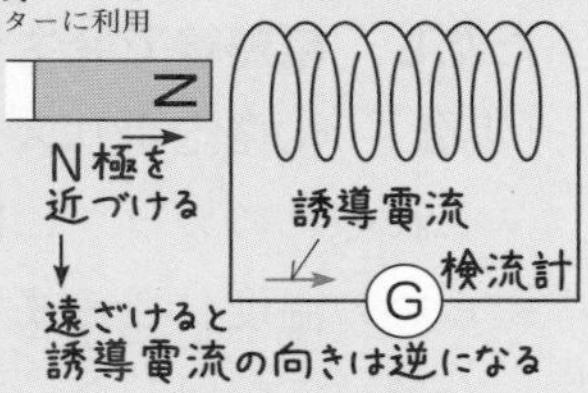

確認問題

時間 30分
合格点 75点
得点 /100点

解答▶ 別冊 p.19

よく出る **1** **電流と磁界** 図のような装置を用いて，導線を流れる電流が磁界の中で受ける力を調べる実験をした。次の問いに答えなさい。ただし，電源装置の電圧の大きさは一定とする。〔福岡〕

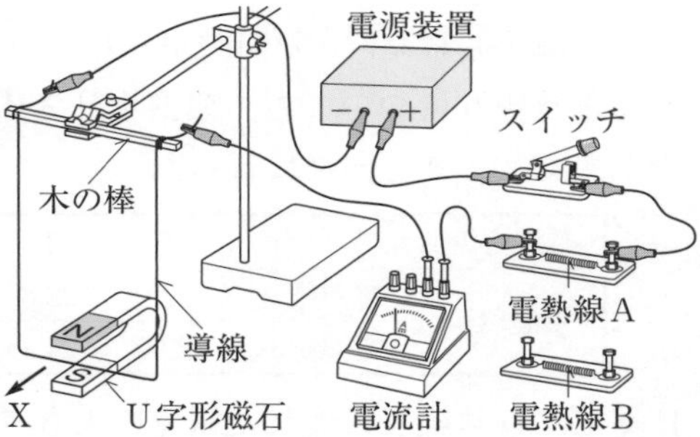

(1) 図の状態で，スイッチを入れると，導線はXの向きに動いた。図の状態から，電流の向きとU字形磁石の磁界の向きをどちらも逆にしてスイッチを入れると，導線はどのようになるか，次のア～エから1つ選び，記号で答えなさい。(12点)

ア Xの向きに動く。　**イ** Xの向きと逆向きに動く。
ウ 振《ふ》り子の運動を続ける。　**エ** 動かない。　〔　　〕

(2) 電熱線Aを電熱線Bにとりかえたところ，回路に流れる電流の大きさが2倍になった。このとき，導線を流れる電流が磁界の中で受ける力はどうなったか，「大きくなった」，「小さくなった」，「変わらなかった」から1つ選びなさい。また，電熱線Bの抵抗《ていこう》の大きさは，電熱線Aの抵抗の大きさの何倍か，書きなさい。(10点×2) 力〔　　〕 抵抗〔　　〕

(3) 電流が磁界の中で受ける力を利用しているものを，次のア～エから1つ選びなさい。(8点)

ア 電磁石　**イ** モーター　**ウ** 電球　**エ** 化学電池(乾電池《かんでんち》)　〔　　〕

2 **電磁誘導** **次の実験について，あとの問いに答えなさい。**（10点×3）　〔宮崎－改〕

〔実験〕　図のような回路をつくり，棒磁石のN極をコイルに近づけたときの検流計の指針の振れを調べた。

〔結果〕　検流計の指針は左に振《ふ》れた。

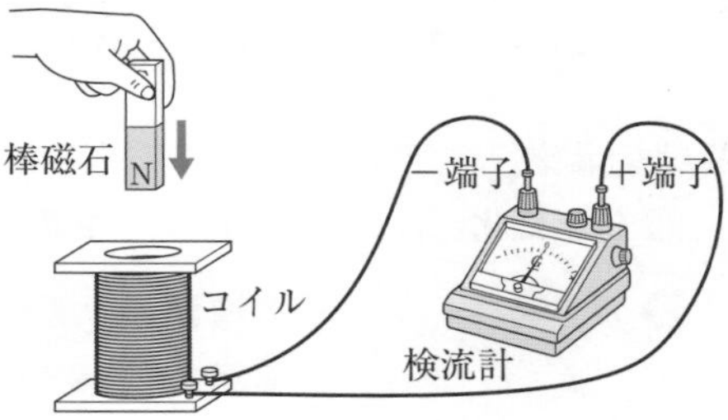

(1) 結果から，棒磁石をコイルに近づけたとき，コイルに電流が流れたことがわかった。このとき流れた電流を何というか，書きなさい。　〔　　　　　〕

記述式
(2) 棒磁石をさらに近づけていき，棒磁石をコイルの中に入れた。棒磁石をコイルの中に入れたままにして，両方とも動かさなかったとき，電流は流れなかった。その理由について述べた次の文の空欄《くうらん》にあてはまる適切な内容を書きなさい。

〔　　　　　　　　　　　　　　　　　　　〕

棒磁石とコイルの両方を静止させたとき，電流が流れなかったのは，コイルの中の［　　　］からである。

(3) この実験の後，図の棒磁石の上下を逆にして動かし，発生する電流の大きさや向きについて調べた。実験のときより，検流計の指針が大きく左に振れたのは，どの操作を行ったときか。次の**ア**～**エ**から１つ選び，記号で答えなさい。　〔　　　〕

ア　S極をはやくコイルに近づけた。
イ　S極をはやくコイルから遠ざけた。
ウ　S極をゆっくりコイルに近づけた。
エ　S極をゆっくりコイルから遠ざけた。

3 **電子線** **図のように，スリットがあり空気の圧力が非常に低い放電管の電極Kと電極Pの間に数万Vの電圧を加えると，電極Kから蛍光板《けいこうばん》上に明るく光る直線が現れた。その後，上下の電極Aと電極Bの間に数百Vの電圧を加えると，蛍光板上の明るく光る直線が下のほうに曲げられた。次の問いに答えなさい。**　〔徳島－改〕

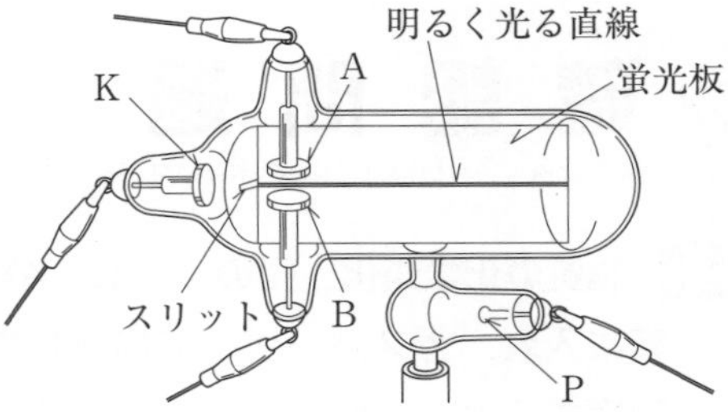

(1) この実験について述べた次の文の，空欄にあてはまる記号または言葉をそれぞれ書きなさい。（8点×3）

①〔　　　　〕　②〔　　　　〕　③〔　　　　〕

> 電極Kは，＋極と－極のうち（①　　）極で，電極Aは，光る直線の曲がった方向から（②　　）極であることがわかる。また，電極Kから出ている光線のようなものを（③　　）という。

(2) 図の電極Kから出ている光線のようなものは，ある粒《つぶ》の流れである。この粒は何か，書きなさい。（6点）　〔　　　　〕

第7日

理科

月　日

化学変化と原子・分子

POINT

1 化学変化　物質が，性質の違《ちが》う別の物質に変化することを化学変化(化学反応)という。

2 分　解　1種類の物質が2種類以上の物質に分かれる化学変化を分解という。また，電流のはたらきによって分解することを電気分解という。
└水→水素+酸素

3 酸化と燃焼《ねんしょう》　物質が酸素と結びつく反応を酸化といい，酸化によってできる物質を酸化物という。また，光や熱を出しながら酸素と結びつくことを燃焼という。

4 還《かん》　元《げん》　酸化物から酸素をうばう化学変化を還元といい，還元と酸化は必ず同時に起こる。

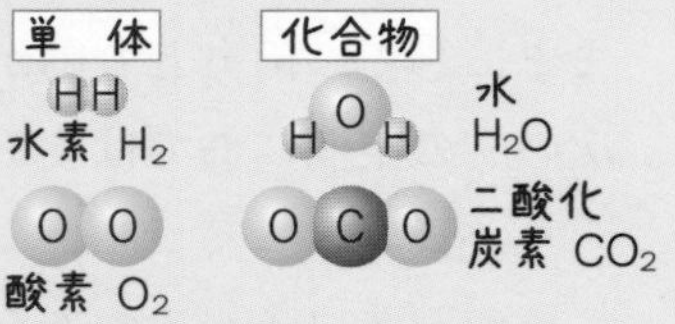

5 化学式　物質を元素記号で表したものを化学式という。1種類の元素からなり，それ以上分解できない物質を単体，2種類以上の元素からなり，分解できる物質を化合物という。

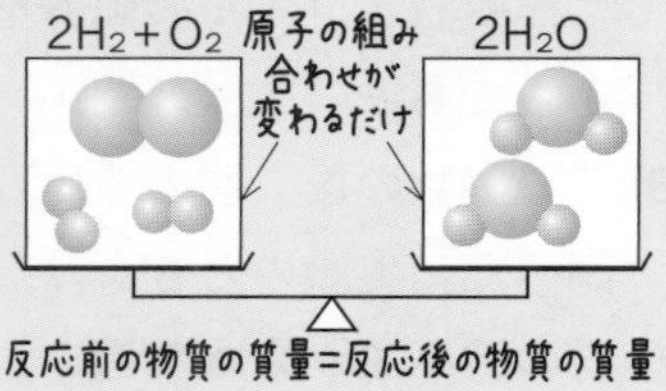

6 質量保存の法則　化学変化の前後で，物質全体の質量の和が変化しないことを質量保存の法則という。

7 化学変化の質量比　化学変化において，反応に関係する物質の質量比は一定である。

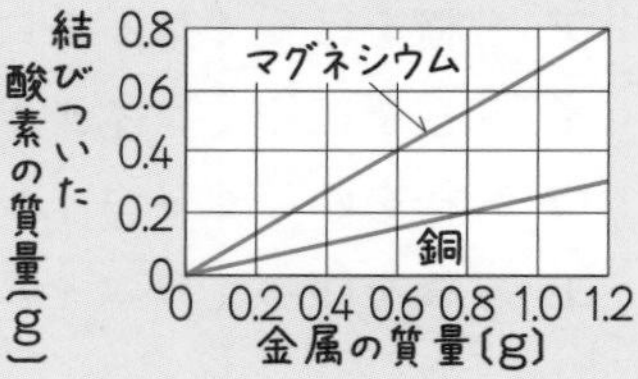

8 化学反応式　化学変化を，化学式を使って表した式を化学反応式という。
式の左側と右側で原子の数と種類は変わらない↵

水の電気分解　$2H_2O \longrightarrow 2H_2+O_2$

銅の酸化　$2Cu+O_2 \longrightarrow 2CuO$

確認問題

時間 30分　合格点 75点　得点　/100点

解答▶ 別冊 p.19

よく出る **1** **物質の化学変化**　図のように，鉄粉と硫黄《いおう》の粉末の混合物を試験管に入れ，ガスバーナーで加熱して反応させた。反応後冷えてから観察すると，試験管の中に鉄や硫黄と異なる黒色の物質ができていた。次の問いに答えなさい。(10点×2)　〔徳島－改〕

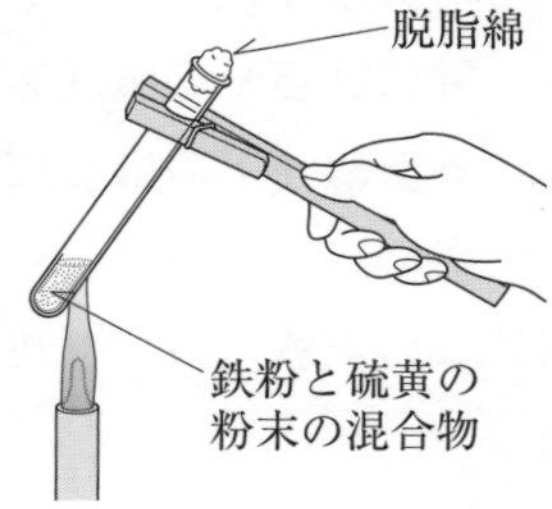

(1) 鉄粉と硫黄の粉末が反応して，黒色の物質ができるときの化学反応式を書きなさい。〔　　　　　　　　　　〕

(2) この実験のように，2種類の物質が結びついて，別の1種類の物質ができる化学変化が起こるものを，次の**ア**～**エ**から1つ選び，記号で答えなさい。〔　　〕

ア 酸化銀を加熱する。　**イ** うすい水酸化ナトリウム水溶液《すいようえき》に電流を流す。

ウ 炭酸水素ナトリウムをガスバーナーで加熱する。

エ 銅をガスバーナーで加熱する。

よく出る **2** **還元** **図のように酸化銅と炭素の粉末の混合物を加熱したところ，気体が発生し，銅が生じた。また，発生した気体は石灰水《せっかいすい》を白く濁《にご》らせた。次の問いに答えなさい。** 〔沖縄〕

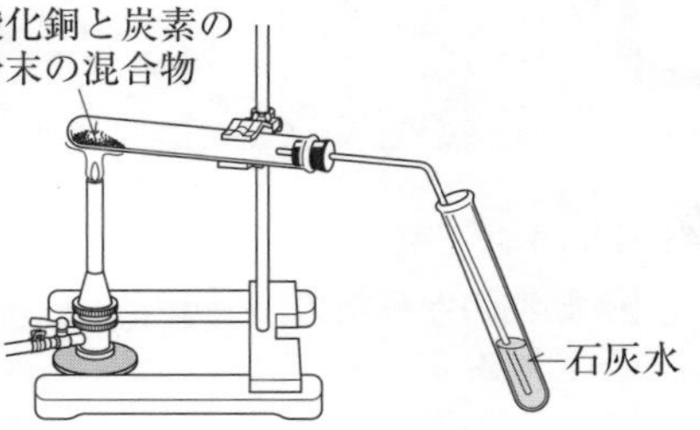

(1) 発生した気体は何か，化学式で書きなさい。(13点)　〔　　　　〕

(2) 酸化銅と炭素に起きた化学変化について正しく説明している文を，次の**ア**～**エ**から１つ選び，記号で答えなさい。(14点)　〔　　〕

ア 酸化銅は酸化され，炭素は還元された。　**イ** 酸化銅は酸化され，炭素も酸化された。

ウ 酸化銅は還元され，炭素は酸化された。　**エ** 酸化銅は還元され，炭素も還元された。

(3) この反応を原子のモデルで表したとき，正しいものを，次の**ア**～**エ**から１つ選び，記号で答えなさい。ただし，●は銅，●は酸素，●は炭素とする。(13点)　〔　　〕

ア 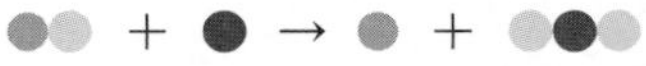　**イ** 

ウ 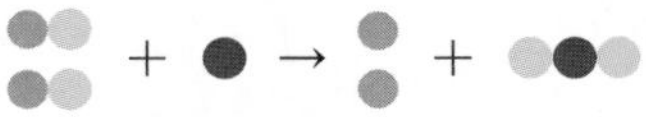　**エ** 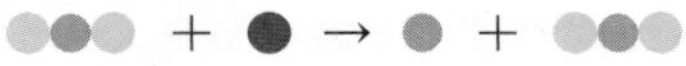

3 **化学変化と物質の質量** **次のような実験を行った。これについて，あとの問いに答えなさい。** 〔北海道－改〕

図１のようにマグネシウムの粉末0.3 gをステンレス皿にうすく広げ，１回目の加熱をしたところ，粉末が激しく熱や光を出しながら酸化されて白色になるようすが観察された。冷えてから質量を測定したところ，粉末の質量は0.4 gに増加していた。その後，ステンレス皿の中の粉末をよくかき混ぜてから加熱し，質量を測定する操作を何回かくり返した。図２は，加熱した回数と加熱後の粉末の質量との関係をグラフに表したものである。なお，加熱後の粉末の質量は４回目から0.5 gで変化しなかった。

〔図１〕

〔図２〕

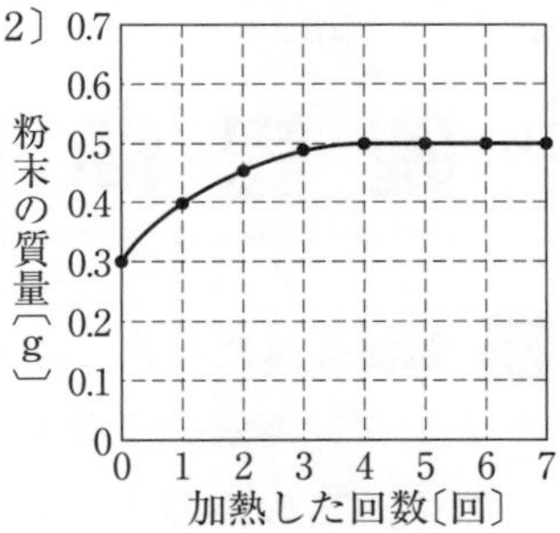

(1) 下線部の化学変化を化学反応式で表しなさい。(10点)　〔　　　　　　　〕

(2) 図２のグラフから，１回目の加熱で，マグネシウムの粉末の何％が酸化したと考えられるか，書きなさい。(15点)　〔　　　〕

差がつく **(3)** 酸化銀2.9 gを試験管に入れて加熱したところ，酸素が発生した。酸素が発生しなくなってから，加熱をやめて試験管の中を調べたところ，酸化銀は完全に分解されており，白色(灰色)の銀が残っていた。この銀の質量を測定したところ，2.7 gであった。この結果と，上の実験の結果から，一定の質量の酸素と結びつく，銀の質量とマグネシウムの質量の比を求め，最も簡単な整数で書きなさい。(15点)

銀：マグネシウム＝〔　　　　〕

生物のからだのつくり

POINT

❶ 動物のからだのしくみ

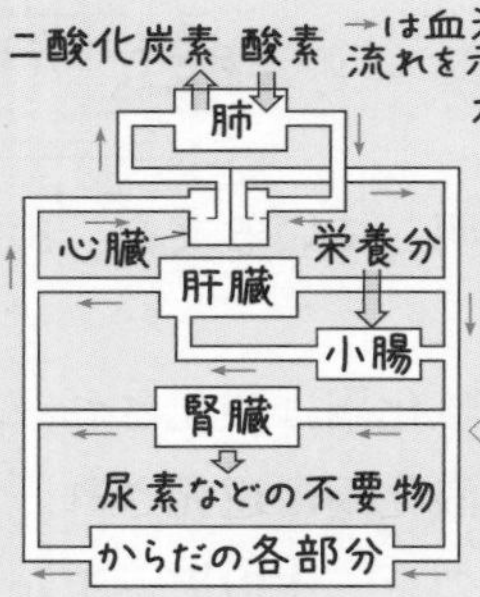

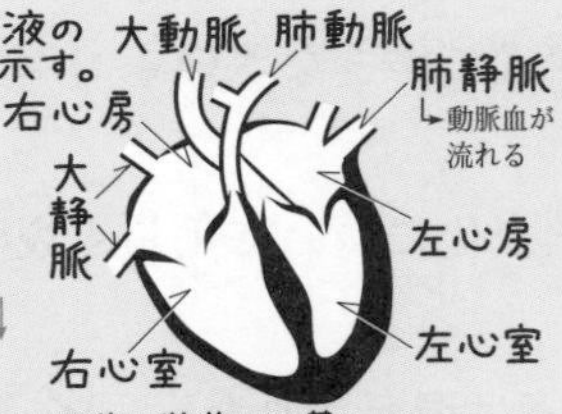

⇦肝臓は栄養分を蓄えたり，アンモニアを尿素に変えたりする。

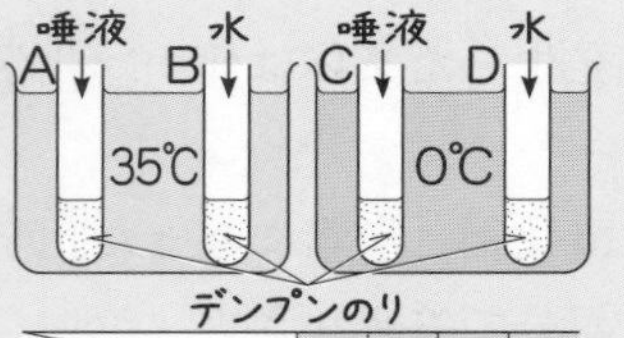

	A	B	C	D
ヨウ素液	−	+	+	+
ベネジクト液	○	×	×	×

唾液は，デンプンを麦芽糖などに分解する消化酵素を含んでいる。⇨
・青紫色になる(+)，ならない(−)
・赤褐色の沈殿ができる(○)，できない(×)

❷ 植物のからだのしくみ

葉のはたらき

日光を受け，細胞《さいぼう》の中にある葉緑体で光合成を行う。気孔《きこう》は，蒸散による水蒸気，光合成や呼吸（酸素をとり入れ，二酸化炭素を出す）による二酸化炭素や酸素の出入り口である。

根や茎《くき》のはたらき

根は，からだを支えたり，水を吸収したりする。根で吸収された水や葉でつくった栄養分は，根や茎にある維管束《いかんそく》（道管と師管が集まった束）を通って運ばれる。

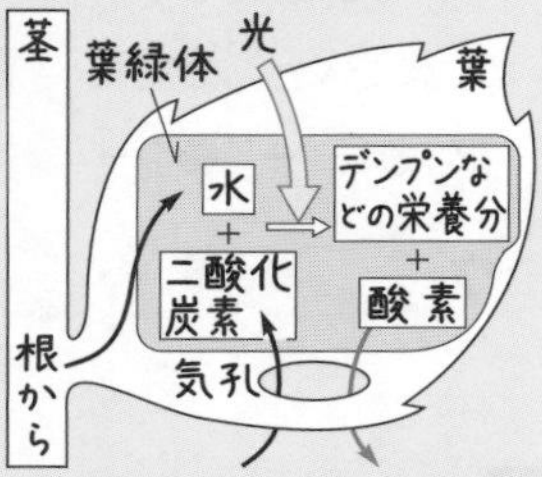

光合成の模式図

（双子葉類）維管束が輪状に配列

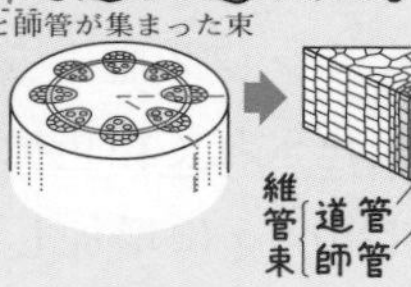

（単子葉類）維管束が茎全体に散在

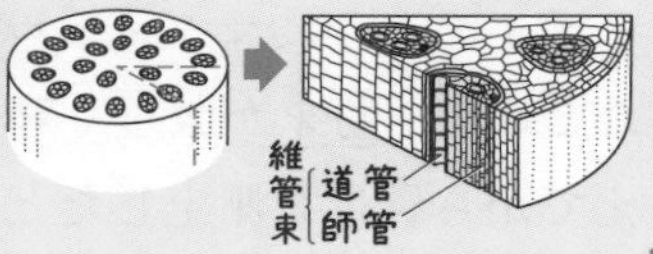

確認問題

時間 30分　合格点 75点　得点 /100点

解答▶ 別冊 p.20

1 **唾液《だえき》のはたらき** 唾液によるデンプン溶液《ようえき》の変化を調べるために，右の表のA～Dのような組み合わせで試験管1と試験管2の溶液を混ぜ合わせ，40 ℃の湯につけて十分な時間をおいた。デンプン溶液が変化したかどうかを確かめるため，AとBはヨウ素液を加えて色の変化を観察した。CとDはベネジクト液を加え，振《ふ》り混ぜながら加熱して色の変化を観察した。次の問いに答えなさい。(10点×2)　〔島根〕

	試験管1	試験管2	デンプン溶液の変化を確かめるために加えた溶液
A	デンプン溶液 5 cm³	水でうすめた唾液 1 cm³	ヨウ素液
B	デンプン溶液 5 cm³	水 1 cm³	ヨウ素液
C	デンプン溶液 5 cm³	水でうすめた唾液 1 cm³	ベネジクト液
D	デンプン溶液 5 cm³	水 1 cm³	ベネジクト液

(1) 唾液に含《ふく》まれるデンプンを分解する消化酵素《しょうかこうそ》は何か，書きなさい。〔　　　　〕

(2) 次のア～エのうち，色の変化がみられた組み合わせを1つ選び，記号で答えなさい。

ア AとC　イ AとD　ウ BとC　エ BとD　〔　　〕

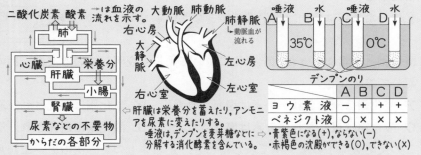

よく出る

2 血液循環《じゅんかん》 右の図は，ヒトの血液循環の経路を模式的に示したものである。次の問いに答えなさい。〔新潟〕

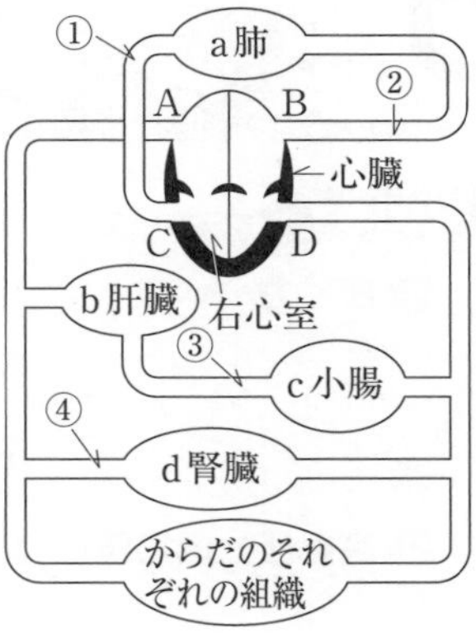

(1) 図中の血管①～④のうち，酸素を最も多く含む血液が流れる血管はどれか，その番号を書きなさい。（5点） 〔　　〕

(2) 心臓に血液が流れこむ所は，図のＡ～Ｄのどこか，次の**ア**～**エ**から正しい組み合わせを１つ選び，記号で答えなさい。（5点） 〔　　〕

ア ＡとＢ　**イ** ＢとＣ
ウ ＣとＤ　**エ** ＡとＤ

記述式
(3) 肺の内部は，小さな袋《ふくろ》状の肺胞《はいほう》からできているので，内部の表面積が大きくなっている。肺がこのようなつくりになっている利点を簡潔に書きなさい。（7点）
〔　　〕

(4) 血液中の尿素《にょうそ》などの不要物をこしとる器官はどれか，図のａ～ｄから１つ選び，記号で答えなさい。（7点） 〔　　〕

3 植物のはたらき 次の実験について，あとの問いに答えなさい。〔福島－改〕

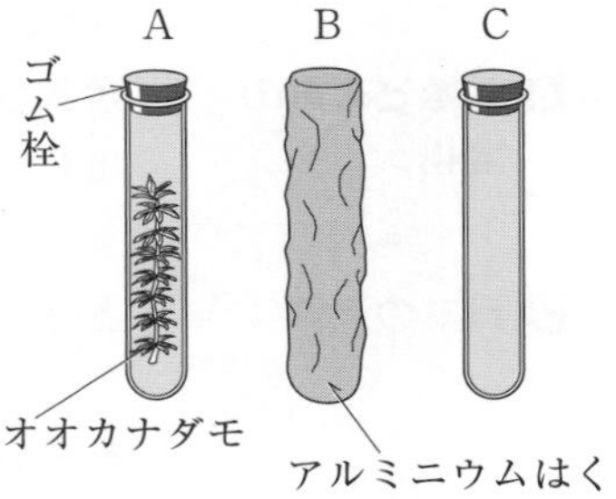

Ⅰ　青色のＢＴＢ液に呼気を吹《ふ》きこんで緑色にし，これを３本の試験管Ａ～Ｃに入れた。
Ⅱ　図のように，試験管ＡとＢにはオオカナダモを入れ，３本の試験管をゴム栓《せん》で密閉した。また，試験管Ｂは試験管に光があたらないようにアルミニウムはくを巻いた。
Ⅲ　３本の試験管を十分に明るい場所に置き，30分後にＢＴＢ液の色を観察したところ，結果は次のようになった。

	試験管Ａ	試験管Ｂ	試験管Ｃ
30分後のＢＴＢ液の色	青色	黄色	緑色

記述式
(1) 試験管Ｃを用意して実験を行った理由は何か。試験管Ａと試験管Ｃを比較《ひかく》し，「光」，「オオカナダモ」という２つの言葉を用いて，「試験管Ａの溶液の色の変化は，」という書き出しに続けて書きなさい。（16点）
〔試験管Ａの溶液の色の変化は，　　〕

(2) 試験管Ｃのように，調べたい条件以外の条件を同じにして行う実験を何というか，書きなさい。（10点） 〔　　〕

(3) 次の文は，結果について考察したものである。Ｘ～Ｚにあてはまる言葉をそれぞれ選び，記号で答えなさい。（10点×3） Ｘ〔　　〕 Ｙ〔　　〕 Ｚ〔　　〕

試験管Ａでは，溶液中の二酸化炭素がＸ（**ア** 増加　**イ** 減少）したため，溶液がＹ（**ア** アルカリ性　**イ** 酸性　**ウ** 中性）に変化したと考えられる。試験管Ｂでは，溶液中の二酸化炭素がＺ（**ア** 増加　**イ** 減少）したため，試験管Ａとは異なる結果になったと考えられる。

天気とその変化

POINT

1 圧　力

ふれ合う面を垂直におす単位面積($1\,m^2$)あたりの力の大きさを圧力という。
↳力がはたらく面積が小さいほど，大きい

$$圧力〔N/m^2(Pa)〕=\frac{面を垂直におす力〔N〕}{力がはたらく面積〔m^2〕}$$

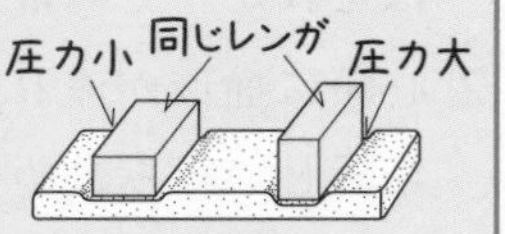

2 高気圧と低気圧

まわりより気圧が高い所を高気圧，低い所を低気圧という。
↳（高気圧）下降気流によって雲ができにくい
↳（低気圧）上昇気流によって雲ができやすい

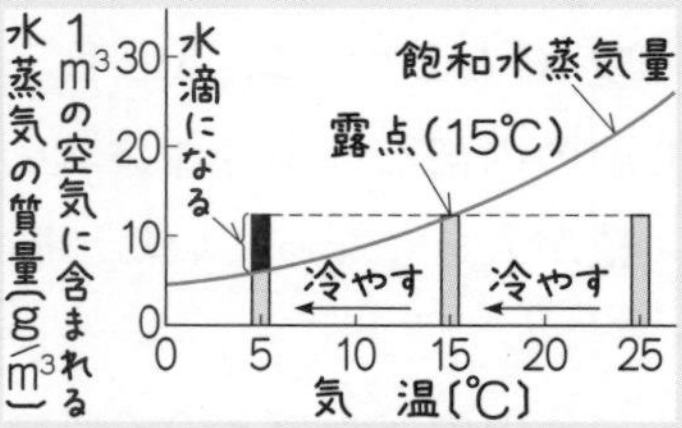

3 飽和《ほうわ》水蒸気量

空気 $1\,m^3$ 中に含《ふく》むことができる水蒸気の最大量を飽和水蒸気量という。

4 湿《しつ》　度《ど》

$$湿度〔\%〕=\frac{1\,m^3 の空気中に含まれる水蒸気の質量〔g/m^3〕}{その気温での飽和水蒸気量〔g/m^3〕}\times 100$$

5 気団と前線

空気がその場に長くとどまり，特有の性質をもつ大きなかたまりを気団という。

6 前線と天気の変化

寒気団と暖気団の境目が地表と接する所を前線という。前線付近では天気が悪くなることが多い。

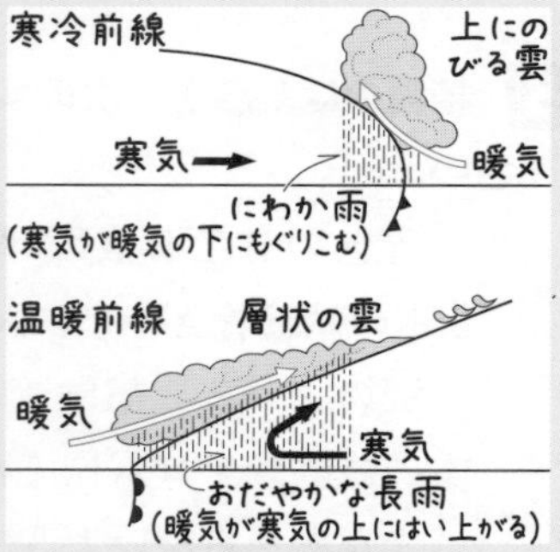

7 日本の天気

夏は小笠原気団《おがさわらきだん》の影響《えいきょう》で高温多湿。冬はシベリア気団の影響で西高東低の気圧配置。
↳（シベリア気団）寒冷・乾燥
春・秋は移動性高気圧のため天気が変わりやすい。梅雨《つゆ》のころは停滞前線《ていたいぜんせん》が生じ，長雨が続く。
↳（停滞前線）オホーツク海気団と小笠原気団がぶつかってできる

確認問題

時間 30分
合格点 75点
得点　　／100点

解答▶ 別冊 p.20

1 圧力　図1は，質量 3 kg の直方体を示している。100 g の物体にはたらく重力の大きさを 1 N とし，次の問いに答えなさい。(10点×3)

〔新潟一改〕

〔図1〕

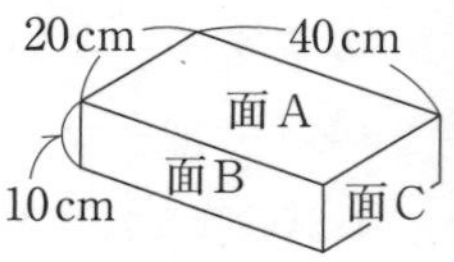

(1) 面Cを下にして図1の直方体を水平面上に置いたとき，この直方体にはたらく重力は何 N か，求めなさい。〔　　　〕

(2) 図1の直方体を，面Cを下にして水平面上に置いたとき直方体が水平面におよぼす圧力は，面Bを下にして置いたとき直方体が水平面におよぼす圧力の何倍か，求めなさい。〔　　　〕

〔図2〕

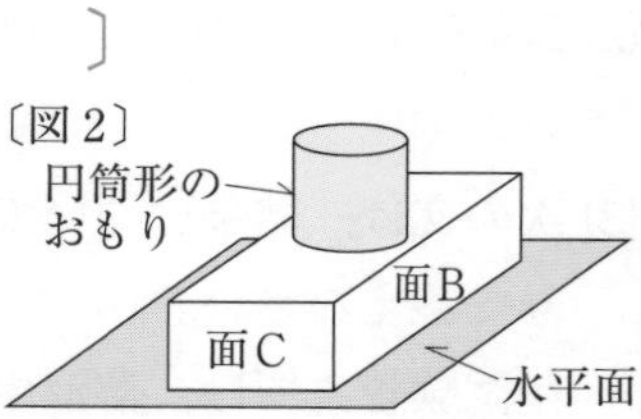

(3) 図2のように，図1の直方体の面Aを下にして水平面上に置き，その上に円筒形《えんとうけい》のおもりを置いたところ，直方体が水平面におよぼす圧力は 600 Pa であった。このとき，円筒形のおもりの質量は何 kg か，求めなさい。〔　　　〕

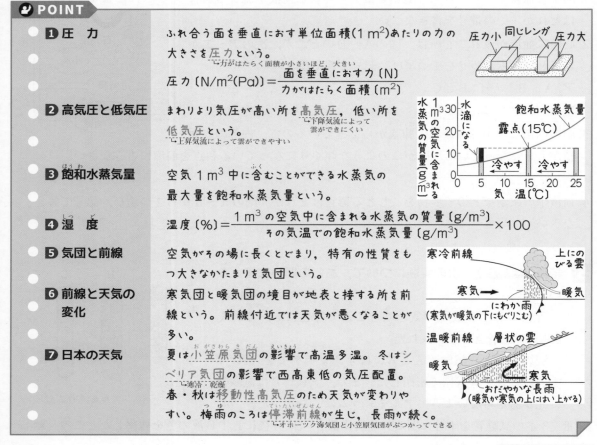

よく出る

2 **日本の天気** **図1と図2は，日本の6月ごろと12月ごろに見られる特徴的《とくちょうてき》な気圧の配置について，それぞれ天気図で示したものである。次の問いに答えなさい。**(6点×5)　〔和歌山ー改〕

〔図1〕
(6月ごろ)

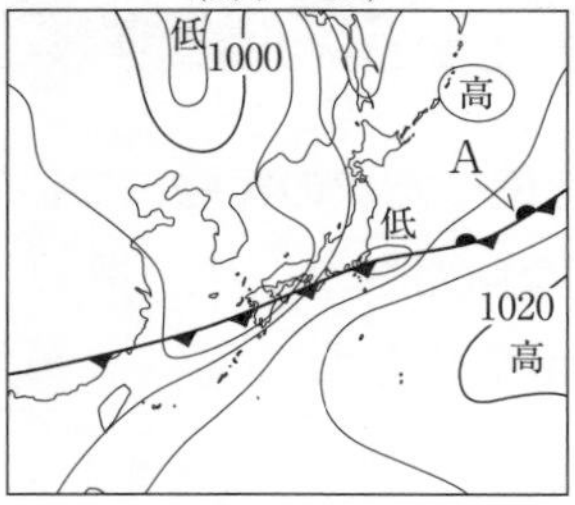

〔図2〕
(12月ごろ)

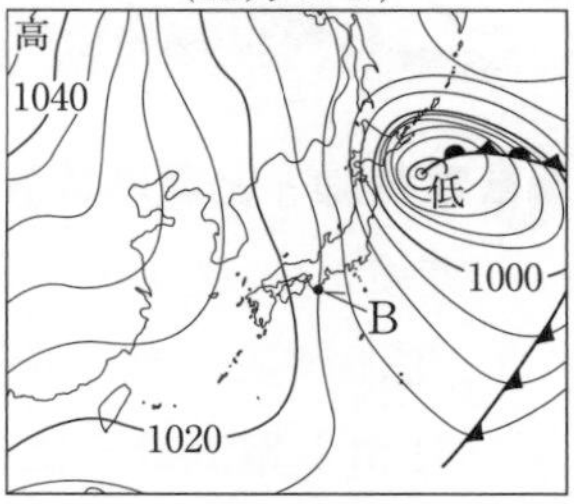

(1) 図1のAで示したの前線を何といいますか。　〔　　　〕

(2) 図2の地点Bの気圧は何hPaですか。　〔　　　〕

(3) 図2の大陸上の高気圧が発達してできる気団を何といいますか。　〔　　　〕

(4) 12月ごろに見られる気圧配置を次の**ア**，**イ**から，季節風の向きを次の**a**～**d**からそれぞれ1つずつ選び，記号で答えなさい。　気圧配置〔　　〕　季節風の向き〔　　〕

ア　南高北低　　**イ**　西高東低

a　北東　　b　北西　　c　南東　　d　南西

3 **湿度** **よく晴れた日，教室で気温と湿度を調べた。図1は，6時における乾湿計《かんしつけい》のようすの一部を示したもので，表1は，8時から14時までの2時間おきの記録をまとめたものである。表2は湿度表，図2は，気温と飽和水蒸気量との関係を表したグラフである。次の問いに答えなさい。**(10点×4)　〔愛媛ー改〕

〔図1〕

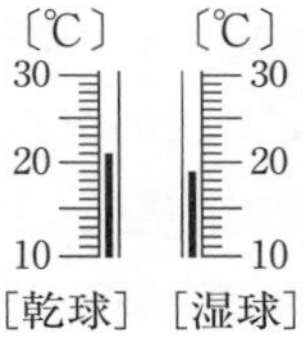

〔表1〕

時刻	気温〔℃〕	湿度〔%〕
8時	24.5	65
10時	26.8	56
12時	28.4	54
14時	28.5	51

(1) 図1の乾湿計の示度から求められる湿度は何%か，答えなさい。　〔　　　〕

(2) 容器に入れて密閉した25℃の空気を20℃までゆっくりと冷却《れいきゃく》したところ，冷却している途中《とちゅう》で容器の内側がくもった。容器内の空気が20℃になったとき，容器内の湿度は何%か，求めなさい。　〔　　　〕

〔表2〕

乾球の示度〔℃〕	乾球と湿球の示度の差〔℃〕					
	1.0	2.0	3.0	4.0	5.0	6.0
25	92	84	76	68	61	54
24	91	83	75	67	60	53
23	91	83	75	67	59	52
22	91	82	74	66	58	50
21	91	82	73	65	57	49
20	91	81	72	64	56	48
19	90	81	72	63	54	46

〔図2〕

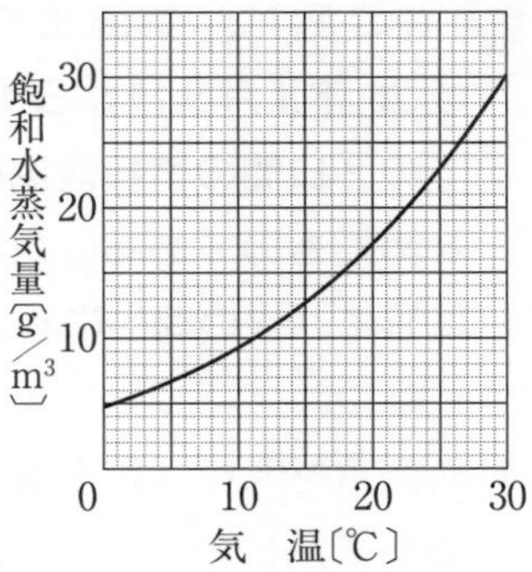

(3) 表1の8時における露点《ろてん》は何℃か，次の**ア**～**エ**のうち，最も適切なものを1つ選び，記号で答えなさい。　〔　　　〕

ア　14℃　　**イ**　17℃　　**ウ**　20℃　　**エ**　23℃

記述式

(4) 表1の8時より10時の湿度が低くなった理由を，「気温」，「飽和水蒸気量」という2つの言葉を用いて書きなさい。

〔　　　　　　　　　　　　　　　　　　　　〕

第10日

理科

仕上げテスト

月　日

時間 30分　合格点 80点　得点　/100点

解答▶ 別冊 p.21

1 電熱線 a と電熱線 b を使った次の実験について，あとの問いに答えなさい。（8点×3）〔鹿児島〕

〔実験1〕 図1のような回路をつくり，電源装置の電圧を 8.0 V にした。電圧計と電流計を使って，それぞれの電熱線に加わる電圧と流れる電流の大きさを測定し，表1の結果を得た。

〔図1〕

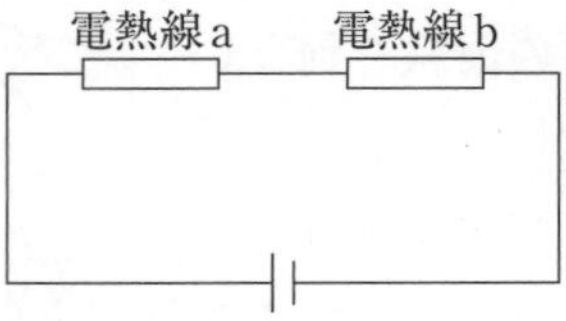

〔表1〕

	電圧〔V〕	電流〔mA〕
電熱線 a	6.4	80
電熱線 b	1.6	80

〔実験2〕 図2のような回路をつくり，電源装置の電圧を 8.0 V にした。電圧計と電流計を使って，それぞれの電熱線に加わる電圧と流れる電流の大きさを測定し，表2の結果を得た。

〔図2〕

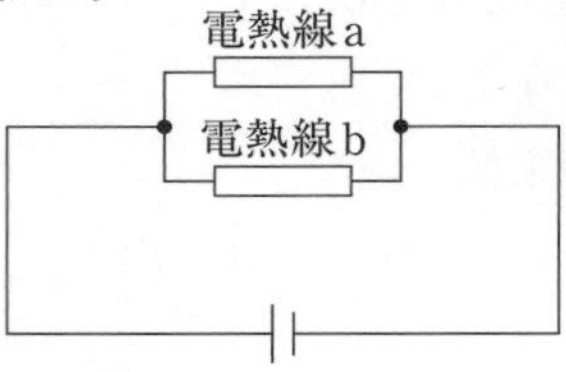

〔表2〕

	電圧〔V〕	電流〔mA〕
電熱線 a	8.0	100
電熱線 b	8.0	400

(1) 電熱線 a の抵抗《ていこう》の大きさは何Ωか，求めなさい。

(2) 実験2のとき，回路全体の抵抗の大きさは何Ωか，求めなさい。

(3) 実験1と実験2で，次の**ア**～**エ**の電熱線を，一定時間の発熱量が大きい順に並べなさい。

ア 実験1のときの電熱線 a　**イ** 実験1のときの電熱線 b

ウ 実験2のときの電熱線 a　**エ** 実験2のときの電熱線 b

(1)	(2)	(3)

2 右の図は，新潟市《にいがたし》における平成 26 年 4 月 9 日から 4 月 10 日までの 2 日間の気象観測の結果をまとめたものである。この図をもとにして，次の問いに答えなさい。

（8点×3）〔新潟一改〕

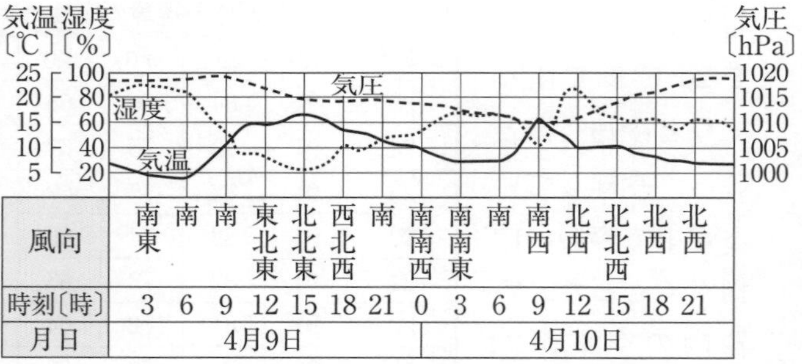

風向	南東	南	南	東北東	北北東	西北西	南	南南西	南南東	南	南西	北西	北北西	北西	北西
時刻〔時〕	3	6	9	12	15	18	21	0	3	6	9	12	15	18	21
月日	4月9日							4月10日							

(1) 新潟市を寒冷前線が通過している時間帯として，最も適切なものを，次の**ア**～**エ**から１つ選び，記号で答えなさい。

ア 4 月 9 日　6 時から 9 時　**イ** 4 月 9 日　15 時から 18 時

ウ 4 月 10 日　3 時から 6 時　**エ** 4 月 10 日　9 時から 12 時

(2) 寒冷前線が通過するとき，急速に発達する雲は何か，その名称《めいしょう》を書きなさい。

(3) 日本の春と秋は，同じ天気が長く続かず，晴れとくもりや雨の天気が周期的に変化する。その理由を，「移動性高気圧」という用語を用いて書きなさい。

(1)	(2)	(3)

3 **右の図のように，炭酸水素ナトリウムを加熱したところ，気体が発生して石灰水《せっかいすい》が白く濁《にご》った。気体の発生がとまった後，ガラス管の先を石灰水からとり出し，加熱をやめた。試験管を観察すると，内側に液体がつき，白色の固体が残っていた。残っていた固体を調べたところ，それぞれ水と炭酸ナトリウムであることがわかった。このことについて，次の問いに答えなさい。**（8点×3）　〔宮城－改〕

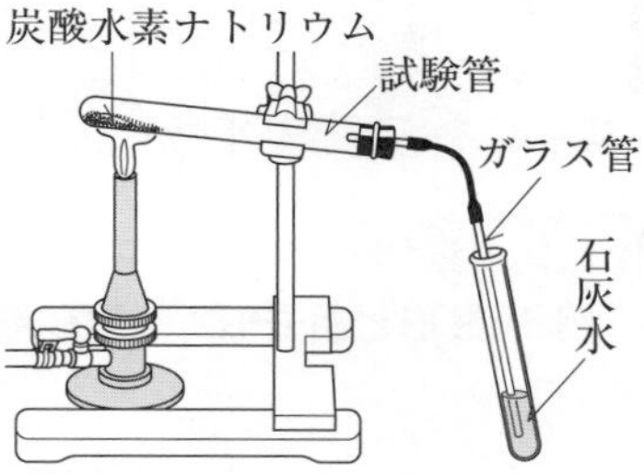

(1) この実験で見られるような1種類の物質が2種類以上の物質に分かれる化学変化を何というか，書きなさい。

(2) 下線部の気体の化学式を書きなさい。

(3) 加熱をやめる前に，ガラス管の先を石灰水からとり出す理由を説明しなさい。

(1)	(2)	(3)

4 **刺激《しげき》に対するヒトの反応について調べるために，次の実験を行った。あとの問いに答えなさい。**（7点×4）　〔群馬〕

〔実験〕　右の図のように，15人が輪になって手をつなぐ。1人目がストップウォッチのスタートボタンをおすと同時に，もう一方の手で隣の人の手を握《にぎ》る。2人目以降，手を握られた人は，すぐに次の人の手を握る。15人目は手を握られたら，すぐにもう一方の手でストップウォッチのストップボタンをおし，2人目以降の反応にかかる時間を測定する。これを3回くり返し，結果を表にまとめた。

回数	1回目	2回目	3回目
時間〔秒〕	3.41	3.38	3.29

(1) 皮膚《ひふ》のように，刺激を受けとる器官を何というか，書きなさい。

(2) 次の文は，実験結果についてまとめたものである。文中の空欄《くうらん》にあてはまる数値を，それぞれ書きなさい。

表から，3回の測定時間の平均値を算出すると（①　　）秒となる。このことから，1人あたりの反応にかかるおよその時間は，およそ（②　　）秒となることがわかった。

(3) 下線部のような，ヒトが意識して起こす反応について，皮膚が刺激を受けとってから，筋肉が反応するまでに信号が伝わる経路として最も適切なものを，次の**ア**～**エ**から選びなさい。

ア 皮膚→脊髄《せきずい》→筋肉
イ 皮膚→脊髄→脳→筋肉
ウ 皮膚→脳→脊髄→筋肉
エ 皮膚→脊髄→脳→脊髄→筋肉

(1)	(2) ①	②	(3)

動詞(be 動詞・一般動詞)

POINT

1 現在形と過去形

《現在形》 John is an English teacher.
↳現在形
(ジョンは英語の先生です。)

《過去形》 He was in America last year.
↳過去形
(彼は去年，アメリカにいました。)

be動詞には
「〜にいる」「〜にある」
の意味もあるよ！

2 疑問文と否定文

Are you free now? (あなたは今，ひまですか。)
↳主語の前に

My pen wasn't in this box. (私のペンはこの箱の中にありませんでした。)
↳=was not

3 現在形

《主語が I，you，複数のとき》 I walk to school.
↳現在形
(私は歩いて学校へ行きます。)

《主語が 3 人称単数のとき》 He goes to school by bike.
↳主語が 3 人称単数・現在のときは s, es をつける
(彼は自転車で学校へ行きます。)

4 過去形

《規則動詞》 Mr. Yamada worked for the bank.
↳動詞に ed をつける
(ヤマダさんは銀行で働いていました。)

《不規則動詞》 She ran with her dog in the park yesterday.
↳ran は run の過去形
(彼女は昨日，彼女のイヌと公園で走りました。)

5 疑問文

Did you watch TV last night? — Yes, I did.
↳Did を主語の前に置いて，動詞は原形
(あなたは昨夜，テレビを見ましたか。— はい，見ました。)

did を使って
答えるよ！

6 否定文

He didn't clean his room this morning.
↳=did not　↳動詞は原形
(彼は今朝，彼の部屋を掃除しませんでした。)

確認問題

時間 30分
合格点 70点

得点
/100点

解答▶ 別冊 p.22

1 be 動詞の使い分け ( )内から適当な語を選び，記号を○で囲みなさい。(4点×2) よく出る

(1) Maiko, Haruna, and Yukari (ア is　イ are　ウ am　エ was) junior high school students.
〔沖縄ー改〕

(2) I had a dog.　He (ア is　イ are　ウ was　エ were) very cute.

2 be 動詞・一般動詞を用いた表現 次の各組の文がほぼ同じ内容を表すように，＿＿に適当な語を入れなさい。(5点×2) よく出る

(1)
It rained yesterday.
It ＿＿＿＿＿ rainy yesterday.
〔青雲高〕

(2)
Ms. Tanaka was our French teacher.
Ms. Tanaka ＿＿＿＿＿ ＿＿＿＿＿ French.

3 不規則動詞の使い方 日本文に合うように，____に適当な語を入れなさい。(6点×3)

(1) 私は先月京都でとても楽しい時を過ごしました。 〔中京高〕

I ________ a very ________ time in Kyoto last month.

(2) 彼らには 1 人も子どもがいませんでした。 〔駒込高－改〕

They ________ ________ have ________ children.

(3) 彼がその窓を割りました。

________ ________ the window.

記述式 **4 be 動詞の書きかえ** 次の文を〔　〕内の指示に従って，書きかえなさい。(8点×4)

(1) I am from Osaka. 〔否定文に〕

____

(2) My notebook is on the desk. 〔an hour ago をつけ加えて〕

____

(3) Your parents were at home. 〔疑問文に〕

____

差がつく (4) There was a child in the garden. 〔a を some にかえて〕 〔高知学芸高〕

____

記述式 **5 一般動詞を用いた表現** ニューヨーク出身の留学生のビル(Bill)さんについて新聞記事を書くことになりました。インタビューの項目から 4 つを選び，書き出しの文(He is from New York.)に続けて，ビルさんを紹介する記事を完成しなさい。ただし，ビルさんがインタビューに答えた内容については自由に想像して書くこと。(8点×4) 〔富山〕

〈インタビュー項目〉

- 富山へ来た日
- 家族について
- 好きなもの[こと]
- 日曜日の過ごし方
- 日本に来た理由
- 富山の印象

〈新聞記事〉

Our New Friend, Bill

He is from New York.

____

____

____

____

____

____

____

____

月　日

進行形

POINT

❶ 現在進行形

John and his dog **are running** on the beach.
↳〈be動詞＋～ing〉be動詞は主語に合わせる
(ジョンと彼のイヌは海岸を走っています。)

❷ 過去進行形

We **were eating** lunch together.
↳〈was[were]＋～ing〉
(私たちはいっしょに昼食を食べていました。)

❸ 疑問文

Are you **reading** a book?
↳be動詞を主語の前に置く
(あなたは本を読んでいるのですか。)

— Yes, I **am**.
(はい，読んでいます。)

No, **I'm** not.
↳＝I am
(いいえ，読んでいません。)

❹ 否定文

She **wasn't** making a cake.
↳＝was not
(彼女はケーキを作っていませんでした。)

running, swimmingはよく出題されるよ！

確認問題

時間 30分　合格点 70点　得点　／100点

解答▶ 別冊 p.23

1 よく出る　**進行形の作り方**　(　)内の語を適当な形に直しなさい。(5点×4)

(1) Tom and his friend are (walk) across the road.　＿＿＿＿＿＿

(2) While she was (cook), her brother came home.　＿＿＿＿＿＿　〔実践学園高〕

(3) He was (swim) in the river.　＿＿＿＿＿＿

(4) I am (study) for my English test.　＿＿＿＿＿＿　〔沖縄－改〕

2 よく出る　**進行形の文の形**　(　)内から適当な語句を選び，記号を○で囲みなさい。(5点×4)

(1) He is always (ア does　イ do　ウ did　エ doing) a lot of practice.　〔沖縄－改〕

差がつく (2) She is (ア lying　イ laying　ウ lies　エ lays) on the grass.　〔日本大学高〕

(3) *A*: I called you this morning, but there was no answer.　〔千葉〕
B: Really?　Maybe you called when I (ア was playing　イ will play　ウ am going to play　エ was played) tennis with my family.

(4) *A*: Come downstairs as soon as possible.　Dinner is ready.　〔東大寺学園高〕
B: OK., I'm (ア going　イ coming　ウ running　エ getting).

3 **進行形を用いた表現** 次の絵を見て，状況に合うように____に適当な動詞を語群から選び，現在進行形に直して入れなさい。(5点×4)

(1) It ________________ outside.

(2) A man and a lady ________________ on the road.

(3) A boy ________________ TV on the sofa.

(4) His mother ________________ the room now.

語群〔watch, snow, rain, sit, read, talk, clean, run〕

記述式

4 **進行形への書きかえ** 次の文を進行形に書きかえなさい。(6点×4)

(1) We walked along a street in New York. 〔相愛高〕

____

(2) My father doesn't use a computer.

____

(3) The lions slept on the grass. 〔土佐女子高〕

____

(4) Did Ken help Kumi with her homework?

____

差がつく 記述式

5 **進行形の使い方** 日本文に合うように，下線部に注意して，英文を正しく書き直しなさい。(8点×2)

(1) 私はその男の子を知っています。

I am knowing the boy.

____

(2) 生徒たちはそのとき，昼食を食べていました。

The students had lunch then.

____

第3日　英語　月　日

疑問詞・前置詞

POINT

1 疑問詞

Where did he go?
↳〈疑問詞＋疑問文の語順〉
(彼はどこへ行きましたか。)

— He went to the library.
(彼は図書館へ行きました。)

Who washed the dishes?
↳疑問詞が主語のときは，疑問文の語順にならない
(だれが皿を洗いましたか。)

— My father did.
(私の父が洗いました。)

壁や天井に
くっついている
状態のときは
on を使うよ！

2 前置詞

Look at the fly on the ceiling.
(天井にくっついているハエを見なさい。)

3 前置詞を用いた表現

It takes 30 minutes from my house to the station.
↳from ～ to ...＝「～から…まで」
(私の家から駅まで，30分かかります。)

確認問題

時間 30分　合格点 70点　得点 /100点

解答▶ 別冊 p.24

1 よく出る **疑問詞の意味**　(　)内から適当な語を選び，記号を○で囲みなさい。(4点×5)

(1) "(ア When　イ Who　ウ What　エ Where　オ Why) were you late?"
"Because my bus broke down on the way."

(2) "(ア Why　イ How　ウ When　エ What　オ Which) did you arrive at the airport?"
"Yesterday."　〔以上　仙台育英学園高〕

(3) "(ア Which　イ What　ウ When　エ How　オ Who) do you like better, tea or coffee?"
"I like tea better."

(4) "Mark, (ア who　イ what　ウ where　エ how) were you?　I was looking for you."
"Oh, I was studying at my friend's house."　〔福島〕

(5) You know a lot of English words. (ア What　イ Why　ウ Who　エ How) did you learn these words?　〔関西学院高－改〕

2 よく出る **前置詞の使い分け**　(　)内から適当な語を選び，記号を○で囲みなさい。(4点×3)

(1) 私はこのかばんを長い間使いたいと思っています。
I want to use this bag (ア at　イ for　ウ to) a long time.　〔大阪－改〕

(2) What do you call it (ア in　イ by　ウ on　エ at) Japanese?　〔沖縄－改〕

(3) There are two pictures (ア in　イ to　ウ on　エ at) the wall.　〔高知－改〕

3 疑問詞の使い方 次の対話文が成り立つように，____に適当な語を入れなさい。(5点×4)

(1) *A*: ________ ________ does it start? 〔大分－改〕
B: At nine o'clock.

(2) *A*: ________ ________ years are there in a century? 〔愛媛－改〕
B: There are one hundred years.

(3) *A*: How ________ do the buses come? 〔福島－改〕
B: They come every fifteen minutes.

差がつく (4) *A*: How ________ is it from your house to the station?
B: It is about five kilometers.

4 前置詞の使い分け 次の各文の____に適当な前置詞を入れなさい。(6点×3)

(1) Please wait here. I'll be back ________ a few minutes.

(2) "Did you have a good weekend?" "Yes, I went shopping ________ my sister." 〔群馬〕

(3) A stranger spoke to me ________ my way home. 〔青雲高〕

5 前置詞の使い分け 次の絵を参考にして，次の説明文の下線部(1)，(2)にそれぞれ適当な 2 語の英語を入れなさい。(6点×2) 〔長崎－改〕

Ken's father took this picture. The snowman is between Tom and Sachiko. Ken is standing (1)________ ________ her. Shiro is sitting (2)________ ________ of the snowman.

記述式 6 疑問詞の並べかえ ( )内の語を並べかえて，英文を完成しなさい。(9点×2)

(1) (to, how, I, can, get) the station? 〔宮崎〕

________________________________ the station?

(2) (flowers, kind, what, can, of) I bring?

________________________________ I bring?

助動詞・be going to

POINT

1 will

I will play baseball with Tom.（私はトムと野球をします。）
↳〈助動詞＋動詞の原形〉 will は「未来」を表す

Will you go by taxi? — No, I won't.
↳will を主語の前に置いて，動詞は原形　↳＝will not
（あなたはタクシーで行きますか。— いいえ，行きません。）

2 can と may

I can play the piano.（私はピアノをひくことができます。）
↳can＝「～することができる」

May[Can] I use this pen?（このペンを使ってもいいですか。）
↳May[Can] I ～?＝「～してもいいですか。」

3 must と have to

You must help Ken.（あなたはケンを手伝わなければなりません。）
↳must＝「～しなければならない」

You have to help Ken.（あなたはケンを手伝わなければなりません。）
↳have to ～＝「～しなければならない」

You must not cross the street.（通りを横断してはいけません。）
↳must not は「禁止」を表す

You don't have to get up early today.
↳don't have to ～＝「～する必要がない」
（あなたは今日，早く起きる必要はありません。）

4 Shall I[we] ～?

Shall we go together?（いっしょに行きませんか。）
↳Shall we ～?＝「～しませんか。」

Yes, let's. Shall I drive a car?
↳Shall I ～?＝「私が～しましょうか。」
（はい，行きましょう。私が車を運転しましょうか。）

5 be going to

I am going to visit Tom tomorrow.（私は明日トムを訪ねる予定です。）
↳〈be going to＋動詞の原形〉＝「～する予定である」

Are you going to eat udon today? — No, I'm not.
↳be 動詞を主語の前に置く　答え方は be 動詞の疑問文への応答と同じ
（あなたは今日うどんを食べる予定ですか。— いいえ，食べる予定ではありません。）

I am not going to play tennis today.（私は今日テニスをしない予定です。）
↳be 動詞の後ろに not を置く

確認問題

時間 30分　合格点 70点　得点 ／100点

解答▶ 別冊 p.25

1 助動詞・be going to を用いた表現　（　）内から適当な語句を選び，記号を○で囲みなさい。（よく出る）
(6点×3)

(1) *A*:（ア Must　イ Shall　ウ Will　エ Are）we go swimming next Saturday?　〔沖縄〕
B: That's a good idea.

(2) I'm（ア going　イ going to　ウ will　エ won't）make dinner tomorrow.

(3) *A*: Must I come back early?　〔駒込高〕
B: No, you（ア don't come　イ must not　ウ don't have to　エ can't）.

2 助動詞の意味　日本文に合うように，＿＿に適当な語を入れなさい。(6点×2)（よく出る）

(1) 私は東京駅で電車を乗りかえなければなりませんでした。
I ＿＿＿＿＿ ＿＿＿＿＿ change trains at Tokyo Station.

(2) 彼は先生かもしれません。　He ＿＿＿＿＿ be a teacher.

3 **助動詞を用いた対話文** 次の対話文が成り立つように，（　）にあてはまるものを下のア～エから選び，記号を○で囲みなさい。（8点×2）

(1) *A*: You have so many bags, Mr. Sato.　(　　　　　)　〔徳島〕

B: Yes, please.

ア Shall I help you?　イ Could you help me, please?

ウ May I help him?　エ Would you like to help him?

(2) *A*: Yuki, do you have a pen now?　〔富山〕

B: Yes, I do.

A: (　　　　　)

B: Of course. Here you are.

ア Will you use your pen?　イ Can I use your pen?

ウ Do you use my pen?　エ May I use my pen?

4 **助動詞・be going to を用いた文の書きかえ** 次の各組の文がほぼ同じ内容を表すように，＿＿に適当な語を入れなさい。（8点×3）

(1) She will join the party.
She ＿＿＿＿ ＿＿＿＿ to join the party.

(2) Don't play baseball here.　〔東邦高〕
You ＿＿＿＿ ＿＿＿＿ play baseball here.

(3) Please open the window.
＿＿＿＿ ＿＿＿＿ open the window?

記述式 **5** **助動詞・be going to の文の並べかえ** （　）内の語句を並べかえて，英文を完成しなさい。

（10点×3）

(1) 私は今日テレビを見ない予定です。

(watch, going, I, not, TV, am, to) today.

＿＿＿＿＿＿＿＿＿＿＿＿＿＿＿＿＿＿＿＿＿＿＿＿ today.

差がつく (2) 失敗を恐れてはいけません。

You (afraid of, not, mistakes, must, be).

You ＿＿＿＿＿＿＿＿＿＿＿＿＿＿＿＿＿＿＿＿＿＿＿＿.

(3) 私たちは日曜日に学校に行かなくてもよい。（１語不要）　〔沖縄〕

We (have, go to, must, don't, to) school on Sunday.

We ＿＿＿＿＿＿＿＿＿＿＿＿＿＿＿＿＿＿＿＿ school on Sunday.

第5日 英語

月　日

不定詞・動名詞

POINT

1 名詞の働きをする不定詞・動名詞

《主語》 Speaking[To speak] English is important.
└「～すること」動名詞でも不定詞でも同じ意味
（英語を話すことは大切です。）

《目的語》 I want to sing a song.
└want のあとは〈to＋動詞の原形〉
（私は歌を歌いたいです。）

I like singing.
└動詞の～ing 形（動名詞）
（私は歌うことが好きです。）

目的語に不定詞を使う動詞と動名詞を使う動詞は決まっているよ！➡解答編p.26

2 形容詞の働きをする不定詞

This is the ticket to enter the museum.
└「～するための」…ticket を修飾する
（これは博物館へ入るためのチケットです。）

3 副詞の働きをする不定詞

He came here to see me.
└「～するために」
（彼は私に会うためにここへ来ました。）

I'm glad to see him.
└「～して」
（私は彼に会えてうれしいです。）

確認問題

時間30分　合格点70点　得点　/100点

解答▶ 別冊 p.26

1 よく出る　**名詞の働き**　（　）内から適当な語句を選び，記号を○で囲みなさい。（4点×3）

(1) My father is a doctor. （ア Help　イ Helps　ウ Helped　エ Helping）sick people is his job.　〔沖縄〕

(2) What did you want（ア doing　イ do　ウ to do　エ did）here?

(3) My teacher said, "Keep（ ア practice　イ practicing　ウ practiced　エ to practice） basketball very hard every day."

2 よく出る　**形容詞・副詞の働きの不定詞**　日本文に合うように，____に適当な語を入れなさい。（5点×3）

(1) 京都には訪れるところがたくさんあります。

There are a lot of __________ __________ visit in Kyoto.

(2) 私の娘は音楽を学ぶためにニューヨークへ行きました。

My daughter went to New York __________ __________ music.

差がつく (3) この家の中には食べるものが何もありません。　〔真和高〕

There is __________ __________ eat in this house.

3 **不定詞・動名詞の使い分け**　(　)内の語を適当な形に直しなさい。２語になることもあります。(5点×5)

(1) I have a lot of homework (do) today.　　______________

(2) I'm looking forward to (see) my uncle in Okinawa.　　______________

(3) My mother was sad (hear) the news.　　______________

(4) They stopped (write) and looked at their teacher.　　______________

(5) Mike and John enjoyed (swim) in the sea.　　______________　〔駒込高〕

4 **不定詞・動名詞の意味**　次の各組の文がほぼ同じ内容を表すように，____に適当な語を入れなさい。(6点×4)

(1) I'm very busy this evening.　〔広島大附高〕
I have a lot of things ________ ________ this evening.

(2) We played soccer yesterday.　We enjoyed it.　〔駒込高〕
We ________ ________ soccer yesterday.

(3) She was very happy because she saw him again.　〔実践学園高〕
She was very happy ________ ________ him again.

差がつく (4) Why don't you make a necklace with a shell?
How ________ ________ a necklace with a shell?

記述式 **5** **不定詞・動名詞の表現**　次の(1)〜(3)について，____の内容を，英語でどのように言えばよいか，書きなさい。(8点×3)

(1)「飲み物はいりますか」とたずねられて，何か冷たいものが飲みたいと答える場合。

____

(2)「将来の夢は何ですか」とたずねられて，私の夢は歌手になることですと答える場合。

____

(3)「あなたは昨日の放課後に何をしましたか」とたずねられて，写真を撮るために公園に行きましたと答える場合。　〔島根〕

____

接続詞

POINT

1 時 when

I use this dictionary when I read an English book.
└when=「〜(する)とき」，〈接続詞+主語+動詞〉の語順

When I read an English book, I use this dictionary.
└接続詞を前に置く場合は，カンマを入れる　when=「〜(する)とき」

(私は英語の本を読むとき，この辞書を使います。)

2 条件 if

I will help you if you are busy tomorrow.
└未来のことでも現在形で表す

If you are busy tomorrow, I will help you.
└接続詞を前に置く場合は，カンマを入れる　if=「もし〜ならば」

(もしあなたが明日忙しいなら，お手伝いしますよ。)

3 理由 because

I like him because he is honest.
└because=「〜なので」

Because he is honest, I like him.
└接続詞を前に置く場合は，カンマを入れる

(彼は正直なので，私は彼が好きです。)

4 that

I think that she is kind. (私は，彼女は親切だと思います。)
└that=「〜だと，〜ということ」

I think she is Mary. (私は，彼女がメアリーだと思います。)
└省略できる

確認問題

時間30分　合格点70点　得点　／100点

解答▶ 別冊 p.27

1 接続詞の使い方　日本文に合うように，＿＿に適当な語を入れなさい。(5点×3)　よく出る

(1) 私はふつう夕食後に勉強しますが，今日は夕食前に勉強しました。　〔栃木一改〕

I usually study after dinner, ＿＿＿＿＿ today I studied before dinner.

(2) このイヌはあなたのですか，それとも彼女のですか。

Is this dog yours ＿＿＿＿＿ hers?

(3) 昨日私が電話をしたとき，あなたは何をしていましたか。

What were you doing ＿＿＿＿＿ I called you yesterday?

2 接続詞の意味　(　)内から適当な語を選び，記号を○で囲みなさい。(5点×3)　よく出る

(1) I went to bed early (ア if　イ but　ウ because　エ so) I was tired.

(2) Let's play baseball (ア or　イ if　ウ so　エ but) the weather is nice tomorrow.　〔沖縄〕

(3) Ryo tried to use a computer, (ア but　イ if　ウ because　エ or) his father was using it. So he started reading a book.　〔秋田〕

3 **接続詞を用いた文の書きかえ**　次の各組の文がほぼ同じ内容を表すように，＿＿に適当な語を入れなさい。(6点×3)

(1) 〔学習院高〕
Wake up, and you will be in time for school.
＿＿＿＿ ＿＿＿＿ ＿＿＿＿ wake up, you will be late for school.

(2) 〔久留米大附高〕
My uncle died when he was fifty years old.
My uncle died ＿＿＿＿ the ＿＿＿＿ of fifty.

(3)
You'll pass the test if you study hard.
Study hard, ＿＿＿＿ you won't pass the test.

4 **理由・条件などを表す節**　次の(1)～(4)の文のあとに続けるのに最も適当なものを下のア～エから選び，記号で答えなさい。ただし，同じものを2度使わないこと。(7点×4)

〔十文字高〕

(1) He didn't go out　(　　)

(2) He is absent from school　(　　)

(3) Don't come too close to the dog,　(　　)

(4) If you want to be a good baseball player,　(　　)

ア or it will bite you.　イ keep practicing hard.
ウ because it was raining hard.　エ because he is sick.

記述式 **5** **接続詞を用いた表現**　日本文に合うように，(　)内の語句を並べかえなさい。(8点×3)

(1) あなたのお父さんはあなたの新しい夢を知る必要があると思います。〔福岡一改〕
I think that (father, needs, your, know, to) your new dream.
I think that ＿＿＿＿＿＿＿＿＿＿＿＿ your new dream.

(2) 子どもの頃，私はよく父と公園へ行きました。
I often (I, the park, my father, a child, when, with, went to, was).
I often ＿＿＿＿＿＿＿＿＿＿＿＿.

差がつく (3) もし晴れたら，私はユミとテニスをするつもりです。〔高知〕
I'm going to play tennis with Yumi (fine, is, if, it).
I'm going to play tennis with Yumi ＿＿＿＿＿＿＿＿＿＿＿＿.

比較の文

POINT

1 as＋原級＋as

Your pencil is as long as mine.
↳「同じくらい長い」
(あなたのえんぴつは私のものと同じくらいの長さです。)

Soccer is not as popular as tennis in my class.
↳「…ほど人気がない」
(私のクラスではサッカーはテニスほど人気がありません。)

2 比較級＋than

Kana studies English harder than Risa.
↳hard の比較級
(カナはリサよりも一生懸命英語を勉強します。)

This computer is more expensive than that one.
↳expensive の比較級
(このコンピュータはあのコンピュータよりも高いです。)

3 the＋最上級

Lake Biwa is the largest lake of the three.
↳large の最上級
(びわ湖は3つの中でいちばん大きな湖です。)

He is one of the most famous baseball players in Japan.
↳famous の最上級
(彼は日本で最も有名な野球選手のうちの1人です。)

4 比較の疑問文

Who plays the piano better, Tomoko or Nanako?
↳well の比較級
(トモコとナナコでは，どちらのほうが上手にピアノをひきますか。)

確認問題

時間30分　合格点70点　得点 /100点

解答▶ 別冊 p.28

よく出る **1** **比較変化の使い分け**　(　)内から適当な語句を選び，記号を○で囲みなさい。(5点×3)

(1) Mt. Fuji is (ア high　イ higher　ウ highest　エ the highest) mountain in Japan.

(2) You can run (ア fast　イ faster　ウ fastest　エ the fastest) than John.

(3) I can cook as (ア well　イ warmer　ウ better　エ best) as my father.　〔千葉〕

2 **比較を用いた対話文**　次の対話文が成り立つように，____に適当な語を入れなさい。

(5点×2)

(1) *A*: Do you have any brothers or sisters?　〔山形〕

B: Yes.　I have two older brothers, so I am the ________ of the three.

(2) *A*: How about this cap?　〔鳥取〕

B: It looks nice.　But it's too large for me.

A: How about that one?　It's ________ than this one.

よく出る

3 比較表現の言いかえ　次の各組の文がほぼ同じ内容を表すように，＿＿に適当な語を入れなさい。（7点×3）

差がつく

(1) I like Kyoto best of all the cities in Japan.　〔実践学園高〕
I like Kyoto ________ than ________ other city in Japan.

(2) My hair is longer than yours.　〔大阪女学院高〕
Your hair is ________ ________ long as ________.

(3) This question is easier than that question.
That question is ________ ________ than this question.

記述式

4 比較の文の並べかえ　（　）内の語を並べかえて，英文を完成しなさい。（8点×3）

(1) Which (do, the, season, you, best, like)?　〔群馬〕

Which ____?

(2) (is, large, box, as, as, that) this one.

____ this one.

(3) Soccer (most, sport, is, the, exciting) to me.

Soccer ____ to me.

記述式

5 比較級・最上級を用いた表現　次の絵を参考にして，(1)～(3)に合う英文を書きなさい。

（10点×3）

(1) Emi と Kazuo の身長を比べる文

______________________________ than Kazuo.

(2) Emi と Shinji の年齢を比べる文

______________________________ than Shinji.

(3) Shinji の身長を 3 人の中で比べる文

______________________________ three.

Emi 5歳　Kazuo 14歳　Shinji 16歳

月　日

受け身

POINT

❶ 受け身の文

《ふつうの文》 People speak English here. （現在形）
（人々はここでは英語を話します。）

《受け身の文》 English is spoken here.
└〈be 動詞の現在形＋過去分詞〉「～される」
（ここでは英語が話されます。）

《ふつうの文》 They used these chairs yesterday. （過去形）
（彼らは昨日，これらのいすを使いました。）

《受け身の文》 These chairs were used yesterday.
└〈be 動詞の過去形＋過去分詞〉「～された」
（これらのいすは昨日使われました。）

❷〈by＋行為者〉

This TV program is watched by many people.
└by ～＝「～によって」
（このテレビ番組は多くの人に見られます。）

❸ by 以外の受け身

That mountain is covered with snow.
└be covered with ～＝「～でおおわれている」
（あの山は雪でおおわれています。）

This glass was filled with water.
└be filled with ～＝「～でいっぱいである」
（このグラスは水でいっぱいでした。）

確認問題

時間 30分　合格点 70点

得点　／100点

解答▶ 別冊 p.29

1 受け身の文とふつうの文の使い分け （　）内から適当な語句を選び，記号を○で囲みなさい。 （5点×3）

(1) We were (ア invite　イ inviting　ウ invited　エ to invite) to Tomoko's birthday party.

よく出る (2) *A*: Excuse me, is this watch (ア making　イ make　ウ made　エ makes) in Japan?
B: Yes, it is.　It's very popular among young people. 〔愛媛一改〕

(3) My sister (ア make　イ made　ウ is made　エ was made) this cake yesterday.

よく出る **2 過去分詞の使い方** （　）内の語を適当な形に直しなさい。（6点×3）

(1) The song is (sing) by many children all over the world. ＿＿＿＿＿＿ 〔沖縄一改〕

(2) The book was (write) by a Japanese man. ＿＿＿＿＿＿ 〔京都〕

(3) *A*: This bridge looks very old.
B: Yes.　It was (build) about 100 years ago. ＿＿＿＿＿＿

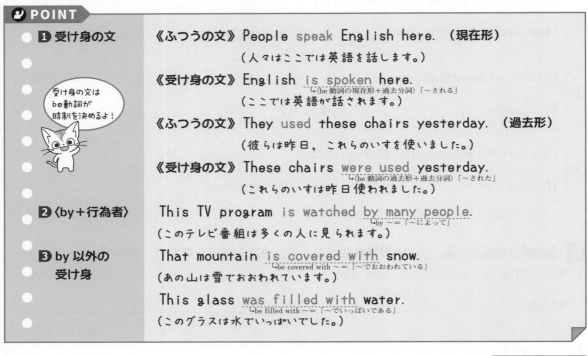

3 **受け身の文の書きかえ** 次の各組の文がほぼ同じ内容を表すように，____に適当な語を入れなさい。(7点×5)

(1) My father doesn't use this computer on Sunday.
This computer ______ ______ ______ my father on Sunday.

(2) Were you helped by the girl? 〔上宮高〕
______ the girl ______ you?

(3) Using cell phones sometimes causes traffic accidents. 〔高知学芸高ー改〕
Traffic accidents ______ sometimes ______ by using cell phones.

(4) What did Nancy find in the pond? 〔郁文館高〕
What ______ ______ by Nancy in the pond?

差がつく (5) English is interesting to me.
I ______ ______ ______ English.

記述式 **4** **受け身の文の並べかえ** (　)内の語句を並べかえて，英文を完成しなさい。(8点×2)

(1) カナダでは何語が話されていますか。
(in, is, language, spoken, what) Canada?

______________________________ Canada?

差がつく (2) 先日，駅へ行く途中で見知らぬ人に話しかけられました。 〔中央大杉並高ー改〕
The other day I (a stranger, to, was, on, spoken, the way, by) to the station.

The other day I ______________________________ to the station.

記述式 **5** **受け身の文の表現** 次の日本文を，受け身を使って英文に直しなさい。(8点×2)

(1) 私の部屋は昨日，私の母によって掃除されました。

____

差がつく (2) この写真はトム(Tom)が撮ったものではありません。

This picture ______________________________.

第9日

英語 月 日

現在完了

POINT

❶完 了

I have already finished my homework.
↳〈have[has]＋動詞の過去分詞〉＝「～してしまった」 already＝「(肯定文で)すでに」
(私はすでに宿題を終えました。)

Have you finished your homework yet?
↳主語の前にHave[Has]を置く yet＝「(疑問文で)もう」
(あなたはもう宿題を終えましたか。)

— No, I haven't.
↳=have not
(いいえ，まだ終えていません。)

❷継 続

We have lived here for ten years.
↳継続して行っていることや状態について述べる
(私たちはここに10年間住んでいます。)

We have lived here since last spring.
since ～＝「～から，以来」
(私たちはこの前の春からここに住んでいます。)

❸経 験

Tom has eaten sushi before.
↳経験したことがあることについて述べる
(トムは以前寿司を食べたことがあります。)

Tom has never eaten sushi before.
↳have[has] の後ろに never を置く
(トムは以前一度も寿司を食べたことがありません。)

確認問題

時間 30分 合格点 70点

得点
/100点

解答▶ 別冊 p.30

よく出る 1 現在完了の作り方 次の(　)内の動詞を適当な形に直しなさい。(5点×4)

(1) I have (visit) Okinawa before. ＿＿＿＿＿＿＿＿

(2) Has John (clean) his room yet? ＿＿＿＿＿＿＿＿

(3) Meg and I have (be) good friends for two years. ＿＿＿＿＿＿＿＿

(4) I have never (make) a cake before. ＿＿＿＿＿＿＿＿

よく出る 2 動詞の形 次の(　)内から適当な語を選び，記号を○で囲みなさい。(5点×4)

(1) I have (ア write　イ writes　ウ wrote　エ written) a letter to him before.

(2) Has she (ア come　イ comes　ウ coming　エ came) back?

(3) We have (ア play　イ plays　ウ playing　エ played) the guitar together before.

(4) I have (ア am　イ been　ウ were　エ was) busy since yesterday.

3 **対話文の内容理解** 次の____に適当な動詞を１語入れて，対話文を完成しなさい。(5点×4)

(1) *A*: I ________ never been to Canada.

B: Oh, you should go there.

(2) *A*: Have you talked with the new student yet?

B: No, I ________.

(3) *A*: ________ you ever seen the movie?

B: Yes, I saw it two years ago.

差がつく (4) *A*: You are interested in anime, right?

B: Right.　I have been interested in it ________ I was a child.

4 **現在完了の使い方** 日本文に合うように，____に適当な語を入れなさい。(6点×4)

(1) ジョンは先月から忙しいです。

John ________ ________ busy since last month.

(2) あなたはもう昼食を食べましたか。

________ you eaten lunch ________?

差がつく (3) 私たちは以前英語で電子メールを書いたことがあります。

We ________ ________ e-mails in English before.

差がつく (4) サムはこれまでに一度もその店で花を買ったことがありません。

Sam ________ ________ bought any flowers at the store before.

記述式 **5** **否定文・疑問文の語順** (　)内の語を並べかえて，英文を完成しなさい。(8点×2)

(1) (tried, you, Japanese, ever, have) food?

____ food?

(2) (has, My sister, Chinese, never, studied) before.

____ before.

仕上げテスト

月　日

時間30分　合格点70点　得点 /100点

解答▶ 別冊 p.31

1 (　)内から適当な語句を選び，記号で答えなさい。(5点×3)

(1) All the guests at the party enjoyed (ア to sing　イ sing　ウ singing　エ for singing) until midnight.　〔中央大杉並高一改〕

(2) Have you ever (ア learn　イ learned　ウ learning　エ to learn) about your own country?

(3) Lake Biwa is larger than (ア any other lakes　イ any another lake　ウ any other lake　エ any another lakes) in Japan.　〔愛光高〕

(1)	(2)	(3)

2 (　)内に最もよくあてはまるものを，ア〜エから選び，記号で答えなさい。(5点×3)

(1) *A*: Did you watch TV yesterday?　〔徳島〕
B: (　　) I watched a soccer game on TV.
ア Yes, I was.　イ No, I wasn't.
ウ Yes, I did.　エ No, I didn't.

(2) When (　　) these beautiful pictures?　〔函館ラ・サール高一改〕
ア did you take　イ were you having
ウ are you seeing　エ will you look

(3) *A*: Where did you get that watch?　I really like it.　〔実践学園高〕
B: (　　) My mother gave it to me.
ア I didn't buy it.　イ At the store next to the bank.
ウ I can't find my watch.　エ Yours is bigger.

(1)	(2)	(3)

3 次の各組の文がほぼ同じ内容を表すように，____に適当な語を書きなさい。(6点×2)〔愛光高〕

(1) I will be free tomorrow.
I will have ______ ______ do tomorrow.

(2) The boy continued to talk with the girl.
The boy didn't ______ ______ with the girl.

(1)		
(2)		

❹ ＿＿に適当な英語を 1 語ずつ入れて，英文の意味が通じるようにしなさい。(7点×3)

(1) *A*: We ＿＿＿＿＿ known each other for ten years.
　B: That's good.

(2) I have five children: four sons and one ＿＿＿＿＿.　〔法政大第二高－改〕

(3) *A*: How old is Ken?　Is he ＿＿＿＿＿ than John?　〔島根〕
　B: Yes.　Ken is fifteen years old and John is twelve.

(1)	(2)	(3)

❺ シホは，英語の授業で，「私の姉」というテーマでスピーチをすることになりました。次のメモは，シホがスピーチをする項目と内容をまとめたものです。あなたがシホなら，メモにある(1)～(3)をどのように英語で表しますか。下の原稿を完成させなさい。(7点×3)　〔三重－改〕

【メモ】

	項目	内容
(1)	姉の職業	昨年，医者になった。
(2)	姉の働く様子	病気の人々を助けるために一生懸命働いている。
(3)	姉が言うこと	「他の人に親切にしなさい」と私にしばしば言う。

【原稿】

Hello, everyone.　I'm going to tell you about my sister.
(1) ＿＿＿＿＿＿＿＿＿＿＿＿＿＿＿＿＿＿＿＿
(2) ＿＿＿＿＿＿＿＿＿＿＿＿＿＿＿＿＿＿＿＿
(3) She often says to me, "＿＿＿＿＿＿＿＿＿＿＿＿＿＿＿＿."
Thank you.

(1)
(2)
(3)

❻ 次の条件に従い，自分の行きたい場所について自分の考えや気持ちなどを含め，まとまった内容の文章を英文で書きなさい。(8点×2)　〔埼玉－改〕

〈条件〉
(1) if という語を使い，「もし日曜日が晴れたならば，～に行きたい。」という文を，書きなさい。「～」には自分の行きたい場所を書きます。
(2) なぜそこに行きたいのかが伝わるように，書きなさい。2 文以上でもよい。

(1)
(2)

にくれて肩を抱《だ》き合ったり、固い握手《あくしゅ》を交《か》わしたりする光景は見られない。ぼくの知る始走式では、人々はただ、走った、走った、と声をあげて試作台車を追っただけであり、あとは構内を遠ざかって行くその車の後ろ姿を腕《うで》を組んでじっと見つめているにとどまった。人々の示したのは一種寡黙《かもく》な感動であった。それだけに重みが感じられた。口に出し、身体に現さずとも、心の内にあるものは自然にわかり合っているのだ、という暗黙《あんもく》の了解《りょうかい》がお互《たが》いの間を満たしているかのようだった。

　この重みは、感動の中心にあるのが労働であったからに違いない。特別の決意や際立《きわだ》った忍耐《にんたい》を必要とはしない、日常作業の目には見えぬ無限の積み上げが到達《とうたつ》した成果には、日々の生活自身の重みがゆったりと詰め込《こ》まれていたのだろう。だから、始走式の場にいた人々は、天にも昇《のぼ》るような気持ちは抱《いだ》かなかったかわりに、③しみじみと自らの仕事をかみしめていたに違いないのである。そしてかかる感動を大きく育てあげたのは、同じ思いが肩触《ふ》れ合って立っている人々の中にも動いているのだ、といった連帯への静かな認識《にんしき》であったと思われる。

（黒井千次《くろいせんじ》「働くということ」）

＊ピット＝自動車の整備や修理をするところ。
＊進水式＝新しく造った船を水上に浮《う》かばせるときに行う儀式《ぎしき》。
＊ぼうだと＝とめどなく流れ出るさま。

(1) ——線部①「その動きを共有することができた」とあるが、筆者がこのときに抱いた感覚を、たとえを用いて表した一文が本文中にある。その一文を抜《ぬ》き出して、最初の四字を答えなさい。（30点）

(2) ——線部②「それ以上の重みがある」と筆者が思った理由として最も適切なものを次から選び、記号で答えなさい。（35点）

ア 人々の心には、始走式を迎《むか》えてやっと単調な日常作業から解放されたという喜びのほかに、一つの仕事を成し遂げたという共感が渦巻いていたように感じられたから。

イ 人々の心には、みんなで力を合わせて完成させたという感動だけでなく、始走式は日々の労働の積み重ねによる成果だという共通の思いがあるように感じられたから。

ウ 喜びの涙を流して肩を抱き合ったり固い握手を交わしたりしなくても、人々には労働のつらさに耐《た》えながら日々生活を送っているという連帯感があるように感じられたから。

エ みんなでなにか一つのことを成し遂げたという感動はあっても、人々にはそれを口に出したり身体に現したりしてはいけないという暗黙の了解があるように感じられたから。

〔　　〕

(3) ——線部③「しみじみと自らの仕事をかみしめていた」とあるが、このときの人々の心情を説明した次の文の□に入る適切な言葉を、第一段落から第二段落までの本文中から五字で抜き出して答えなさい。（35点）

試作にかかわったすべての人たちは、それぞれが完成した一台の台車を□としてとらえ、静かな喜びと達成感を覚えている。

（愛知）

第10日

国語

仕上げテスト

時間30分　合格点80点　得点　/100点　月　日

解答▼別冊p.36

❶ 次の文章を読んで、あとの問いに答えなさい。

ある日、ついにその台車が完成した。試作のためにはでな催《もよお》しはできないが、それでもひっそりとした始走式が行われる運びとなった。工場の幹部と関連職場の者が見守る中で、*ピットの上にのせられていた台車にエンジンがかけられ、ピットの両側につけられた鉄の台の上を車はゆるゆると動き出し、やがて傾斜《けいしゃ》を滑《すべ》り降りるとそのまま曇《くも》り空の工場の外へよたよたと進み出た。走った、走った、と声をあげ、その場にいた作業服の人々が一斉《いっせい》に車の後を追って駆《か》け出した。リヤカーとも大型の乳母車《うばぐるま》ともつかぬ、義理にも格好が良いなどとはいえぬ台車であったのだが、エンジンの甲高《かんだか》い音を放って懸命《けんめい》に塗装《とそう》工場の前を走って行くそれを見ると、なんともいえぬ気持ちに襲《おそ》われた。と同時に、車を追って思わずどっと駆け出した人々の動きが、まるで自分の血のように身体の中に脈打っているのを感じてもいた。それまでに経験したことのない、なにか大きな分厚いものに背後から押《お》し包まれるのに似た感動をぼくは味わっていた。

流れの生産にはいる前の実験用の台車であり、新しい技術的な試みを積んだうまく走るか走らぬかわからぬような一台だけのあの車は、試作に携《たずさ》わったすべての人々にとっての自分の作品であったのかもしれない。そして振《ふ》り返ってみると、ぼくが感動をさそわれたのは、あのぶざまでかれんな車の走る姿であるというより、むしろそれを追って一斉に駆け出した人々の大きな動きの方ではなかったか、と思われるのである。あるいは、車を追って駆け出す人々と、ぼくが①その動きを共有することができたための感動であったのかもしれない。

後になってから始走式の思い出話を職場でしていると、造船所で働いていたという中年のエンジニアが、船の*進水式というのはなぜかむしょうに涙《なみだ》が出て仕方がないものだ、と照れたように笑いながら話してくれた。彼《かれ》にしても、もしたった一人で進水式をやったのだとしたらそれほど涙は流れなかったのではあるまいか。船という巨大《きょだい》なものを製造するのに参加した多くの人々と肩《かた》を並べて、おもむろに動き出す船体を見つめるからこそ、涙は*ぼうだと下ったのではなかったか。そこには一つの仕事に結ばれた人々の共感が重く渦《うず》巻《ま》いていたのに違《ちが》いない。

多数の人々が集ってなにか一つのことを成し遂《と》げた時、そこに感動の生まれるのはよくあることだ。優勝したスポーツチームの選手が泣くのは珍《めずら》しくないし、力を合わせて準備した催し物が成功した時に胸が熱くなったりする経験はだれにも多少はあるだろう。けれど、労働の場における始走式や進水式の感動には、なにか②それ以上の重みがあるように思えてならない。進水式には参加した体験がないのでそちらの方はわからないが、少なくとも試作車の始走式などでは、よく映画やテレビドラマにでも出てきそうな場面、喜びの涙

ア たくましく力強い　　**イ** 温厚で落ち着いている
ウ 純粋《じゅんすい》で生き生きとしている　　**エ** 美しく華《はな》やか　〔　　〕

(5) 記述式 **指示内容** ――線部④「そういう光景」とは、どのような光景か。これより前の本文中の言葉を用いて具体的に説明しなさい。(10点)

〔　　〕

(岡山―改)

2 次の古文を読んで、あとの問いに答えなさい。

山形領に立石寺《りふしやくじ》といふ山寺あり。慈覚大師《じかくだいし》の開基にして、ことに清閑《せいかん》の地なり。一見すべきよし、人々のすすむるによりて、尾花沢《をばなざは》よりとつて返し、その間七里ばかりなり。日いまだ暮れず。ふもとの坊《ばう》に宿借りおきて、山上の堂にのぼる。岩にいはほ(巌)を重ねて山とし、松柏《しようはく》年旧《ふ》り、土石老いて苔《こけ》なめらかに、岩上の院々扉《とびら》を閉ぢて、物の音きこえず。岸をめぐり、岩を這《は》ひて、仏閣を拝し、佳景《かけい》寂寞《じやくまく》として心澄《す》みゆくのみおぼゆ。

閑《しづか》さや岩にしみ入る蟬《せみ》の声

(松尾芭蕉《まつおばしよう》「おくのほそ道」)

(1) **現代語訳** ――線部「日いまだ暮れず」の現代語訳を答えなさい。(20点)

〔　　〕

(2) **季語** 古文中の俳句の季語と季節を答えなさい。(5点×2)

季語〔　　〕　季節〔　　〕

(石川)

3 次の漢詩を読んで、あとの問いに答えなさい。

*江楼《かうろう》にて感を書す　　趙嘏《てうか》

独リ①上レバ江楼ニ思ヒ*渺然タリ
月光如クㇾ水ノ水連ナルㇾ天ニ
同ニ来ツテ*翫ビシㇾ月ヲ人ハ*何レノ処ゾ
②風景*依稀トシテ似タリ㆓去年㆒ニ

独り江楼に上れば思ひ渺然《べうぜん》たり
月光水のごとく水天に連なる
同《とも》に来《きた》つて月を翫《もてあそ》びし人は何《いづ》れの処《ところ》ぞ
風景依稀《いき》として去年に似たり

*江楼＝川辺にある高い建物。　*渺然＝はるかに、果てしないこと。
*翫＝心の慰《なぐさ》めとして愛好する。　*何処＝どこ。
*依稀＝よく似ているさま。

(1) **詩型** この漢詩の詩型を次から選び、記号で答えなさい。(5点)

ア 五言絶句　**イ** 五言律詩　**ウ** 七言絶句　**エ** 七言律詩　〔　　〕

(2) **返り点** ――線部①「上レバ江楼ニ」に、書き下し文の読み方になるよう返り点をつけなさい。(5点)

〔上レバ江楼ニ〕

(3) **表現理解** ――線部②の句の効果を、詩の内容を踏《ふ》まえて説明したものとして最も適切なものを選び、記号で答えなさい。(10点)

ア 去年と変わっていない美しい風景によって、晴れ晴れとした作者の気持ちをたとえている。
イ 変わることなくどこまでも続く風景を描《えが》き、小さなことに悩《なや》む人間のつまらなさと対比している。
ウ 再び去年と同じ風景が見られることを述べ、作者のおかれた状況《じょうきょう》にも変化がないことを暗示している。
エ 去年と変わらない風景が目の前に広がっていることを述べ、一人残された作者の孤独《こどく》な思いを強調している。〔　　〕

(群馬)

確認問題

時間 30分　合格点 80点

得点　　／100点

解答▼別冊p.36

1 **次の文章を読んで、あとの問いに答えなさい。**

花をのみ待つらん人に山里の雪間《ゆきま》の草の春を①見せばや

これは、*藤原家隆《ふじわらのいえたか》が詠《よ》んだ歌で、私のたいへん好きな歌である。百人一首で有名な「風そよぐならの小川の夕暮れは*みそぎぞ夏のしるしなり②ける」も家隆の作で、季節は夏でも早春の歌と同じすがすがしさを感じさせる。

花ばかり待ちこがれている人たちに、淡雪《あわゆき》の中に芽を吹《ふ》いている野草の美しさを［A］。そういっているにすぎないが、［B］と［C］の対照が鮮《あざ》やかなだけでなく、「春の草」ではなしに「草の春」といって、ささやかな芽生えに「春」を見いだしているところが新鮮《しんせん》に聞こえる。それはまた、③自分自身の生き方、歌人としての在り方を暗示しているように見えなくもない。

私は武蔵野《むさしの》の雑木林の中に住んでいるので、早春になると、しばしば④そういう光景にめぐりあう。外はまだ寒いのに、風の匂《にお》いにはほのかに春の気配が感じられ、気がついてみると、残りの雪の陰《かげ》に野草が小さな芽を出している。雨も降らないのにどこからともなく山水が湧《わ》き、林のくぼみを音を立てて走っていく。その流れに沿って、せり、なずな、野みつばなどが新芽を吹く日も遠くはない。

（白洲正子《しらすまさこ》「雪月花」）

＊藤原家隆＝鎌倉《かまくら》時代前期の歌人で、「新古今和歌集《しんこきんわかしゅう》」の編集に関わった。
＊みそぎ＝水で心身を清めること。

(1) **現代語訳** ――線部①の現代語訳として［A］に入る最も適切なものを次から選び、記号で答えなさい。(8点)

ア　見せることはできない　イ　見せてもらいたい
ウ　見せることができる　エ　見せてやりたい
〔　　〕

(2) よく出る **係り結び** ――線部②「ける」は、「係り結び」の「結び」にあたる言葉である。これと対応する助詞を「風そよぐ……」の歌の中から抜《ぬ》き出して答えなさい。(8点)
〔　　〕

(3) **語句補充** ［B］・［C］に入る最も適切な色彩《しきさい》を表す漢字一字を、それぞれ答えなさい。(8点×2)

B［　］　C［　］

(4) 差がつく **内容把握《はあく》** ――線部③「自分自身の……暗示している」とあるが、暗示されている家隆の生き方や歌人としてのあり方として最も適切なものを次から選び、記号で答えなさい。(8点)

POINT

①和歌においては、比喩《ひゆ》や倒置《とうち》、体言止めなどの技法の他に、枕詞《まくらことば》・掛《かけ》詞《ことば》などの技法の理解も深めよう。
②絶句と律詩、五言《ごごん》と七言を区別して、漢詩の形式を覚えよう。
③基本となる返り点の読み方を押《お》さえ、正しく書き下し文を書こう。

2 次の古文を読んで、あとの問いに答えなさい。

*成通卿《なりみちきやう》、年ごろ（長年）*鞠《まり》を好み給《たま》ひけり（好まれていた）。その徳やいたりにけむ（おかげがあったということか）、ある年の春、鞠の精、*懸《かか》りの柳《やなぎ》の枝にあらはれて見えけり。*みづら①結《ゆ》ひたる小児、十二三ばかりにて、青色の*唐装束《からさうぞく》して、いみじくうつくしげにぞありける（たいへん美しいさまであった）。

なにごとをも始《はじ》むとならば、②底をきはめて（奥深《おくぶか》いところまで極《きわ》めて）、③かやうのしるし（このような不思議な現象）をもあらはすばかりにぞ、せまほしけれど（したいものであるが）、かかるためし（このような例）、いとありがたし（たいへん難しく簡単にはできないことである）。

されば、④学ぶ者は牛毛のごとし。得る者は*麟角《りんかく》のごとしともあり。

また、することかたきにあらず（難しいのではない）。よくすることのかたきなりともいへる。げにもとおぼゆるためしありけり（本当にそのとおりだと思われることは世間にはいっぱいあるものだなぁ）。

（「十訓抄《じっきんしょう》」）

＊成通卿＝藤原成通《ふじわらのなりみち》のこと。
＊鞠＝宮廷《きゅうてい》での遊びの一つで、数人で鞠を蹴《け》り続ける遊戯《ゆうぎ》。
＊懸り＝鞠の場の四隅《よすみ》に植えた木。
＊みづら＝髪《かみ》を中央で分け、両耳のあたりで束ねた少年の髪型。
＊唐装束＝中国から渡来《とらい》した織物で作った晴れ着。
＊麟角＝中国で聖人の出る前に現れるといわれる神獣《しんじゅう》である麒麟《きりん》の角。

(1) よく出る **仮名遣い** ——線部①「結ひたる」を、現代仮名遣いに改めて、すべてひらがなで答えなさい。（10点）

〔　　　〕

(2) **内容把握《はあく》** ——線部②「底をきはめて」とあるが、「底をきはめる」と同様の意味で用いられている言葉を、本文中から四字で抜《ぬ》き出して答えなさい。（10点）

(3) **内容把握** ——線部③「かやうのしるし」とは、この場合どのような現象をいうのか。十字以内の現代語で答えなさい。（10点）

(4) 差がつく **表現理解** ——線部④「学ぶ者は牛毛のごとし。得る者は麟角のごとし」とあるが、この比喩《ひゆ》はどのようなことを述べているか。最も適切なものを次から選び、記号で答えなさい。（20点）

ア 学ぼうとする者は未熟であるが、道を極める者は完璧《かんぺき》である。
イ 学ぼうとする者は失敗が多いが、道を極める者は失敗しない。
ウ 学ぼうとする者は数多くいるが、道を極める者は希少である。
エ 学ぼうとする者は信念をもつが、道を極める者は信念を貫《つらぬ》く。

〔　　　〕

（徳島）

古典の読解①

月　日

POINT

①歴史的仮名遣《かなづか》いの使い方や読み方に慣れよう。
②主語や助詞の省略、係り結びなど、文語表現の特徴《とくちょう》を理解しよう。
③現代語訳を手がかりにして内容を読み取ろう。
④昔の人のものの見方や考え方に広く触《ふ》れよう。

確認問題

時間 35分　合格点 80点　得点　/100点

解答▼別冊p.35

1 次の古文と現代語訳を読んで、あとの問いに答えなさい。

月日は①百代《はくたい》の過客《くわかく》にして、行き交《か》ふ年もまた□人なり。舟《ふね》の上に生涯《しやうがい》を浮《う》かべ、馬の口②とらへて老いを迎《むか》ふる者は、日々旅にして旅をすみかとす。③古人も多く旅に死せるあり。

（松尾芭蕉《まつおばしょう》「おくのほそ道」）

〈現代語訳〉　月日は（　　　）の旅客であり、往《ゆ》き交う年もまた、□人である。舟の上で生涯を送る船頭も、馬のくつわを取って、老いを迎える馬子も、その日その日が旅であり、旅をすみかとしている。古人も旅に死んだ者が多い。

(1) **語意**　現代語訳の（　　　）に入る、――線部①「百代」の意味として最も適切なものを次から選び、記号で答えなさい。（5点）

ア 百年間　**イ** 百年目　**ウ** 時代　**エ** 永遠

〔　　〕

(2) **語句補充《ほじゅう》**　古文と現代語訳の□に共通して入る語句として最も適切なものを次から選び、記号で答えなさい。（5点）

ア 舟　**イ** 老　**ウ** 旅　**エ** 古

〔　　〕

(3) よく出る **仮名遣い**　――線部②「とらへて」を、現代仮名遣いに改めて答えなさい。（10点）

〔　　　　〕

(4) **古典常識**　――線部③「古人」の例として挙げられるのは誰《だれ》か。次から選び、記号で答えなさい。（10点）

ア 放浪《ほうろう》の途中《とちゅう》で和歌を詠《よ》んだ西行《さいぎょう》。
イ 旅の途中で歌物語を書いた業平《なりひら》。
ウ 俗《ぞく》世間から離《はな》れ随筆《ずいひつ》を書いた兼好《けんこう》。
エ 任地への移動中に日記を書いた貫之《つらゆき》。

〔　　〕

(5) **解釈《かいしゃく》**　全体に流れる芭蕉の考えはどのようなものか。最も適切なものを次から選び、記号で答えなさい。（20点）

ア 月日はすぐに過ぎるので、旅の途中であっても気に入った所があればそこに住んでよいという考え。
イ いっさいのものが流れるところに人生があり、人生はさすらう旅のようなものであるという考え。
ウ 一人一人の人生は小さいが、それが集まって川のような人間全体の大きな歴史を作っているという考え。
エ 不運にも旅の途中で死ぬこともあるので、後悔《こうかい》することがないよう日々を大切に生きたいという考え。

〔　　〕

〔沖縄〕

2 次の短歌を読んで、あとの問いに答えなさい。

A　ひぐらしの一つが啼《な》けば二つ啼き
　　山みな声となりて明けゆく　四賀光子《しがみつこ》

B　湧《わ》き上がりあるいは沈《しず》みオーロラの＊
　　赤光緑光闇《しゃくこうりょくこうやみ》に音なし　秋葉四郎《あきばしろう》

C　地《つち》ひくく咲《さ》きて明《あき》らけき菊《きく》の花
　　音あるごとく冬の日はさす　佐藤佐太郎《さとうさたろう》

＊オーロラ＝北極や南極に近い地方の空に見られる、帯や幕のような光。

(1) **内容把握《はあく》** 目の前に大きく広がる情景を表現することで、動と静の両面を持つ壮大《そうだい》な自然への感動を詠《よ》んだ短歌はどれか。A～Cのうち最も適切なものを選び、記号で答えなさい。（10点）

(2) **語句補充** 次の文章は、A～Cの中の一つの短歌の鑑賞文である。この鑑賞文を読んで、□に入る最も適切な言葉を、その短歌の中から八字で抜き出して答えなさい。（20点）

　この短歌では、時間の経過とともに、次第《しだい》に力強くなってゆく生き物の声によって、それらを取り囲む自然が、まるで量を増して大きくなっていくように感じられる様子が「□」という言葉にいきいきと表現されている。

（福島）

3 次の俳句と鑑賞文を読んで、あとの問いに答えなさい。

かたまって薄《うす》き光の菫《すみれ》かな　渡辺水巴《わたなべすいは》

　山上の日当たりのよいところにかたまって咲いている菫を見ての感慨《かんがい》である。淡《あわ》い紫色《むらさきいろ》の花がやわらかな光を浴びて、可憐《かれん》に咲いているのを「薄き光の」とやわらかく言いとった。「□」は無造作な言いようだが、地に接するように群がり咲く菫の特徴《とくちょう》を的確にとらえている。「薄き光」は淡い花の色とともに、そこにさす陽光のやわらかさを言うのであろう。山菫の可憐なありようを、あたりのなごんだ空気ともども美しく言いとった一句である。

（小室善弘《こむろぜんこう》「鑑賞現代俳句」）

(1) よく出る **季語** 俳句の中から季語を抜き出して答えなさい。（5点）

(2) **語句補充** □に入る最も適切な言葉を、俳句の中から抜き出して答えなさい。（5点）

(3) 記述式 **解釈《かいしゃく》** ――線部「薄き光の菫かな」は、何がどのような様子であることを表現しようとしたのか。鑑賞文を参考にして説明しなさい。（20点）

（静岡）

POINT
① 詩の形式(定型詩・自由詩・散文詩)、用語(口語詩・文語詩)、内容(叙情《じょじょう》詩・叙景詩・叙事詩)による分類を理解しよう。
② 短歌・俳句の形式(五七五七七・五七五)を理解しよう。
③ 描《えが》かれている情景や心情を感じ取ろう。

確認問題

時間 35分　合格点 80点　得点　/100点

解答▼別冊p.35

1 次の詩と鑑賞《かんしょう》文を読んで、あとの問いに答えなさい。

残像　　串田孫一《くしだまごいち》

池に映る天幕*が慄《ふる》える①
ゆうべの星の残像が
細やかな朝風の中を飛び交《か》う
山を背にしてさざ波を見るものと
池をうしろに山を仰《あお》ぐものとが
なお続く山旅の夢の中にいる
べにひかげ*の秋の知らせに
山のみどりは藍《あい》に近い

*天幕＝テント。
*べにひかげ＝高い山に生息するチョウの一種。

〈鑑賞文〉 作者は、池のそばに立ち、天幕の映る水面を見つめており、水面にかがやく［A］をゆうべの星の残像のように感じている。
そうした情景の中に、山に背を向ける姿と山に向かおうとする姿②が浮《う》かんでくる。それらはとりもなおさず、いつ終わるとも知れない旅を続ける自分自身の姿なのであろう。
作者は、ふと見かけた「べにひかげ」から、［B］ことを知り、現実の世界へと引き戻《もど》される。そして、山々を見渡《みわた》しているのである。

(1) **語句補充《ほじゅう》** ――線部①「池に映る天幕が慄える」ように見える理由を説明した次の文の［　］に入る適切な言葉を、詩の中の言葉を用いて答えなさい。(10点)
朝風が吹《ふ》いて、池に［　］から。
〔　　〕

(2) **語句補充** 鑑賞文中の［A］・［B］に、それぞれ自分で考えた適切な言葉を答えなさい。(5点×2)
A〔　　〕
B〔　　〕

(3) **表現吟味《ぎんみ》** ――線部②「山に向かおうとする姿」は、詩の中では何と表現されているか。抜《ぬ》き出して答えなさい。(10点)
〔　　〕

(4) 差がつく **心情吟味** この詩から読み取れる心情を表した言葉として最も適切なものを次から選び、記号で答えなさい。(10点)
ア 焦心《しょうしん》　イ 旅情　ウ 惜春《せきしゅん》　エ 自戒《じかい》
〔　　〕(兵庫)

自分の母国語である英語を*流暢《りゅうちょう》にしゃべる日本の英語教師でも、どこかで自分を「ガイジン」として扱っていること、そう考えて会話をしていることが感じとれたが、四国で出会ったおばあさんは、一切それを感じさせなかった。自分の顔を明らかに正視したにもかかわらず、「いわゆるガイジンの顔」をしていることなど意に介《かい》さず、日本人と接するのとまったく分け隔《へだ》てすることなく、「ごく自然に」扱ってくれたことは驚きであったし嬉《うれ》しかった、というのでした。

（吉村恭二《よしむらきょうじ》「地球時代の日本人」）

＊流暢＝言葉がなめらかで、よどみがないこと。

(1) 記述式 **内容把握《はあく》** ――線部①とあるが、「あるアメリカ人」は具体的にどのようなことが理解できなかったのか。本文中の言葉を用いて答えなさい。（20点）

［　　］

(2) よく出る **空欄補充《くうらんほじゅう》** 本文中の□に入る言葉として最も適切なものを次から選び、記号で答えなさい。（10点）

ア あるいは　イ すると　ウ だから　エ たとえば

［　　］

(3) **表現吟味《ぎんみ》** 「あるアメリカ人」の日本語は、――線部②「お世辞にも上手とはいえない」ものであるが、これと同じ内容を表す言葉を、本文中から抜《ぬ》き出して答えなさい。（15点）

［　　］

(4) 差がつく 記述式 **理由吟味** ――線部③は、「あるアメリカ人」の「横浜から」との答えに対して、驚く人が多いということを意味している。この場合、「横浜から」との答えに驚く人は「どこから？」とたずねるときにどのような答えを予想していると考えられるか。そのように予想する理由を踏《ふ》まえて答えなさい。（25点）

［　　］

(5) 記述式 **要約** 「あるアメリカ人」にとって、「本当の国際人」とはどのようなことができる人か。四国で出会ったおばあさんと、それまでに出会った多くの日本人との態度の違《ちが》いがわかるように、五十字程度で説明しなさい。（30点）

（静岡）

文学的文章の読解②

月　日

確認問題

時間 30分　合格点 80点

得点　／100点

解答▼別冊p.34

1 **次の文章を読んで、あとの問いに答えなさい。**

あるアメリカ人が、それこそ、「本場の英語」を教えるために日本に招かれ、「教育の国際化」に貢献《こうけん》するために日本にやってきたのでしたが、高校での英語教師として任期が終わり、日本を離《はな》れる直前に四国に旅をしました。

日本の「田舎《いなか》」といわれるところを旅してアメリカに帰りたいと思っていた彼《かれ》の念願がかなって、日本の友人たちのすすめで旅行先を四国に選んで一週間の旅をしたそうです。帰って来た彼は、目を輝《かがや》かして「日本を離れる直前に本当に国際人だな、と思う日本人に会えましたよ。」と真顔で語りはじめたので、つい引き込《こ》まれて彼の物語にしばし耳を傾《かたむ》けました。

彼は一週間の旅程を終えて、最後の日、本州に戻《もど》る小さな船に乗るため、ある漁村で港に行くバスを待っていたそうです。歩き疲《つか》れたので、バス停らしき標識が立っているところで、バスが来るのを待つことにしましたが、①上り下りの感覚がよく理解できないで困っていたそうです。□一人の年老いた女性が、野良着《のらぎ》姿でバス停にやって来てバスを待つ様子で横に並びました。

そこで片言の日本語で「すみません、港に行くのは、どっちの側のバス停で待てばよいのですか。」とたずねたところ、「あっち側だよ。」と指差してくれて「さっき出たばかりなのでもうしばらくは来ないよ。」と方言がまじったわかりにくい日本語で教えてくれたそうです。そして、そのおばあさんは、「どこから来なすったかね。」と聞くので、「横浜《よこはま》です。」と答えると、「ああ遠いところから来なすったね。四国の旅行は楽しかったかね。」と話しはじめ、自分のバスが来るまで約十五分ぐらいいろいろな話をしたそうです。

そのアメリカ人の日本語は②お世辞にも上手とはいえないものですが、そのおばあさんは一度も「日本語がしゃべれるのか。」と驚《おどろ》いた言葉も出なかったし、そういう表情もしなかったというのです。

会話のなかで「ハシは使えるのか。」「サシミは食べられるか。」など、必ずといってよいほど問われつづけた質問は一切《いっさい》なく、明らかに西洋人であるとわかるのに、淡々《たんたん》として③「どこから?」という問いに「横浜から」との答えにも驚かず、まったく一人の人間として扱《あつか》ってくれたことは信じられないほどの驚きだったということでした。

高校の英語教師の仲間、高校生、一般《いっぱん》市民などは必ずといってよいほど「サシミ」や「ハシ」「日本語がしゃべれる」ことなどを話題にし「ガイジン」教師として絶えず意識をされていたのに四国の漁村で、「本当の国際人」に出会った、それは自分を自然に受け入れてくれた素朴《そぼく》な一人の年老いた日本人だった、というのでした。

POINT

① 取り上げられている話題と筆者の主張を確実に押《お》さえよう。
② 話題をどのような視点でとらえているかを確かめながら読み進めよう。
③ 自然描写《びょうしゃ》や情景描写、登場人物や筆者の心情の推移をたどりながら、主題を読み取ろう。

「とうちゃん、これ」

かれが、拾い物を差し出すと、父親は回数券だけを受け取り、後は大事に取っておけ、と返す。

「筆は小学校に上がるまで、万年筆は中学校まで。母さん、この子には買ってやらなくてもすむべよ、この子は安上がりだっちゃなや」

「んだねえ」

と母親も笑って頷《うなず》く。

「これが、早起きは三文の得っていうやつだ」

といって笑いあっている両親を見て、かれも意味はわからないが得意になる。

そのときから、かれは、「はやおきはさんもんのとく」と呪文《じゅもん》のようにいいながら、自転車を漕《こ》ぐようになった。

（佐伯《さえき》一麦《かずみ》「あんちゃん、おやすみ」）

(1) 差がつく **内容吟味《ぎんみ》** 本文に描《えが》かれている「かれ」の早起きについて、次の問いに答えなさい。（20点×3）

① 他と比較《ひかく》することで、「かれ」の早起きを強調している一文を探し、最初の五字を抜《ぬ》き出して答えなさい。

② 「かれ」の早起きの目的を、次のようにまとめた。［A］・［B］に入る適切な言葉を、あとの指示にしたがって答えなさい。

人々が［A］ような時間帯に、［B］を練習場所にして、だれにもじゃまされずに自転車に乗ること。

・［A］は、五字以上十字以内の言葉で答えること。
・［B］は、七字の言葉を本文中から抜き出して答えること。

A

B

(2) 記述式 **心情吟味** ——線部「『はやおきはさんもんのとく』と呪文のようにいいながら」とあるが、「かれ」は父親が口にしたこのことわざを、どのように受け取ってとらえているのか。「…と受け取ってとらえている」に続くように、十五字以上二十字以内で答えなさい。（20点）

と受け取ってとらえている。

(3) よく出る **人物像把握《はあく》** 本文全体を通した「かれ」の描《えが》かれ方として適切なものを次から二つ選び、記号で答えなさい。（10点×2）

ア 目の前のことに集中する。
イ 他人との協調を心がける。
ウ 無欲であっさりしている。
エ 大人の顔色をうかがう。
オ 神経がこまやかである。
カ 体裁《ていさい》を取り繕《つくろ》わない。

〔　〕〔　〕

（秋田）

国語

文学的文章の読解①

月　日

POINT

①まず登場人物と場面の状況《じょうきょう》をしっかり確認《かくにん》しよう。
②主人公を中心とした描写《びょうしゃ》から、作者の表現意図をつかもう。
③ストーリーを押《お》さえ、登場人物の心情の移り変わりをとらえよう。
④風景の描写にも登場人物の心情のヒントがあるので注目しよう。

確認問題

時間 30分　合格点 80点

得点　/100点

解答▼別冊 p.34

1 **次の文章を読んで、あとの問いに答えなさい。**

朝、白み始めたばかりの時、表の路地で「ガーラガーラ」「ゴトゴト」と砂利《じゃり》が鳴る音が聞こえている。

ときおりあたりをつんざく「キー」と軋《きし》むような音は、かれが自転車のブレーキをかけた音だ。近所の人たちの眠《ねむ》りを妨《さまた》げやしないかと思うほど甲高《かんだか》い。

かれが、補助つきの自転車を乗り回している。数日前に、父親が、仕事仲間からただで譲《ゆず》り受けてきた、かなり年代物の自転車だ。

タイヤはすっかりすり減っていて表面がツルツルだし、おまけにパンクをしていてぺっちゃんこ。父親が休日に修理をしてくれるというが、それを待ち切れずに、朝日が昇《のぼ》る前から起き出して自転車乗りの練習をしている。

新聞配達人よりも牛乳配達人よりも朝起きのかれに、かなう者といったら、近所の養鶏場《ようけいじょう》の鶏《にわとり》たちぐらいだ。

かれは、まず朝めしどきまで、人気《ひとけ》のない路地で、たっぷりと一《ひ》と練習を済ませる。

「坊主《ぼうず》、ガタガタとずいぶんしずねえ自転車っこさ乗ってんだなや」

早起きの老人が、竹箒《たけぼうき》で落葉掃《は》きをしながら、皮肉まじりにかれにいう。

かれは、老人に目もくれずに、通り過ぎていく。彼《かれ》の目下《もっか》の思いは、先の角を何とか止まらずに曲がり切ることができるか――それだけだ。

道は砂利が敷《し》いてあってでこぼこだから、補助輪が片方ずつしか地面に触《ふ》れず、バランスを取るのだけでも結構難しい。

ブレーキをかけるのが遅《おそ》いと曲がれずに突《つ》き当たってしまうし、早すぎると曲がりかけたところで止まってしまう。そのブレーキをかけるタイミングを、かれはあれこれと工夫《くふう》している。

朝食のときに、母親は近所迷惑《めいわく》だから、とかれを叱《しか》る。父親も、パンクを直すまで待ってろ、という。だが、その言葉も、かれの朝の練習を妨げられない。

「だったらあんちゃんみたいに、ぼくにも最初から新しい自転車買ってくれよ」

それで、親たちは口をつぐむことになる。

やっとパンクを直してもらった自転車に乗っているかれは、一心に少し前方の地面を見つめ続けている。そこに、落とし物があったら、見逃《みのが》さない。ビー玉、軸《じく》が割れているがペン先は使える万年筆、軸に少し罅《ひび》が入っているだけの筆、茶色に白い斑点《はんてん》のあるほろほろ鳥の羽根、バスの回数券……。

的な輪郭線を思いつくことは容易になるはずである。ところが天空に散る星くずが対象となると、与えられているのは光の点ばかりであって、連続する線というものを見る助けはない。思うだに③驚《おどろ》くべきことだが、古代人はあの星くずを見てその間を想像上の線でつなぎ、白鳥や大熊《おおぐま》や神話の中の英雄《えいゆう》など、おびただしい星座の絵を描いたのである。

そのときから数千年、人類はいまだに星座という架空《かくう》の形態を手がかりにして、時間ごとに移り変わる星の位置を見定めている。もっと重要なことだが、その星の位置を座標として人間は自己の位置を確認している。このことは④砂漠《さばく》の旅人や大洋の航海者を助けただけでなく、空想を逞《たくま》しくすれば、風景の中の相対的なものの位置とは別に、無限空間のなかの絶対的な位置という観念がありうることを、人類に教えたかもしれない。（山崎正和《やまざきまさかず》「大停滞《ていたい》の時代を超《こ》えて」）

＊イデア・エイドス＝どちらもギリシャ語で「姿・形」の意。哲学《てつがく》では、「存在の本質」を表す。

＊日月星辰＝太陽と月と星。

(1) **内容把握《はあく》** ——線部①とあるが、筆者はこれをどのような能力と考えているか。最も適切なものを次から選び、記号で答えなさい。（20点）

ア あらゆる現実について、言葉で表現すると同時に、外界からの無数の感覚刺激を基《もと》に、夢想したり幻想したりする能力。

イ あらゆる現実について、言葉で表現する前段階で、外界からの無数の感覚刺激を認識の対象として一つにまとめる能力。

ウ あらゆる現実について、言葉で表現したあとに、外界からの無数の感覚刺激を的確に表現し得たかどうかを分析《ぶんせき》する能力。

エ あらゆる現実について、言葉で表現した上で、外界からの無数の感覚刺激をどの程度まで統合できたかを検証する能力。

〔　　〕

(2) よく出る **指示内容** ——線部②「これ」の指し示す内容を、本文中から五字で抜《ぬ》き出して答えなさい。（20点）

(3) **理由吟味《ぎんみ》** ——線部③「驚くべきことだが」とあるが、筆者が「驚くべきこと」と述べているのはなぜか。次の文がその理由を説明したものとなるように、A には四字、B には五字の言葉を、それぞれ本文中から抜き出して答えなさい。（15点×2）

古代人は、A の感覚能力の助けを借りることなく、連続する B を用いて天空の星くずを結びつけ、たくさんの星座の絵を描いたから。

A

B

(4) 記述式 **内容把握** ——線部④とあるが、この「砂漠の旅人や大洋の航海者」が置かれていた状況《じょうきょう》はどのような状況か。本文中の言葉を用いて、二十五字以内で答えなさい。（30点）

（山口）

説明的文章の読解②

月　日

POINT

①文と文のつながりに注意して、論理の展開をとらえよう。
②指示語が指す内容を探すときは、指示語の直前や前の部分に着目しよう。また、指示語の内容を押《お》さえながら読み進めよう。
③同じ内容を言い換《か》えている表現を押さえながら読もう。

確認問題

時間 30分　合格点 80点

得点　／100点

解答▼別冊p.34

1 次の文章を読んで、あとの問いに答えなさい。

太古、人類は頭で「知る」ということを、まずはものを目で「見る」ことと同一視していたと考えられる。いまでは知ることは耳で聞くこと、手で触《ふ》れること、さらには行動で関わることによっても可能だとわかっているが、最初の知的認識《にんしき》はとくに視覚の働きから誕生したと推察することができる。示唆《しさ》深いのは、古代ギリシャでは真の知の対象は*イデアとか*エイドスとか呼ばれていたが、どちらも語源的には目で見ること、ものの形という言葉と同根だったということである。おそらくさらに古く、古代メソポタミアやエジプトや黄《こう》河《が》流域の昔から、この事情は同じだったにちがいない。なぜなら知的な認識は知る主体と知られる客体が向かい合い、主体が客体に距《きょ》離《り》を置いて、見渡《みわた》したり分解したり総合したりする仕事であるが、これはすぐれて視覚のおこなう営みに似ているからである。

そしてさらにいえば、そうした最初の知的認識を生んだ目の活動は、ほかならぬあの天空を見ることから始まったと考えてよいだろう。もちろん古代人の見るものには山も川も森も、日常の道具や収《しゅう》穫《かく》物もあったにちがいないが、それらはすべて視覚以外の感覚にも訴《うった》えかける存在であった。ただひとつあの大空の遠い姿だけが、*日《じつ》月星辰《げっせいしん》の形と運行だけが、手で触れることも足で分け入ることもできないままに、視覚に鮮烈《せんれつ》な印象を与《あた》えてくる存在であった。その天上の無限の彼方《かなた》を仰《あお》ぎ見ることによって、古代人は現実には感じられないが現実よりも、確実な存在があること、のちにイデアやエイドスと呼ばれた本質的な存在があることを、史上初めて予感する端緒《たんしょ》を得たとすら想像できるのである。

さらに天空の観察は人類に心の内の①想像力という能力に気づかせ、その働きを飛躍《ひやく》的に発展させることを教えたであろう。ちなみにここでいう想像力とは夢想や幻想《げんそう》の力ではなく、あらゆる現実についてそれを認識の対象として統一する能力をさしている。外から与えられる無数の感覚刺激《しげき》を形にまとめ、それに個物としての名前を与える準備をする力を意味している。たとえば球体を見てそれを丸い輪郭《りんかく》線で描《か》いたとすると、球面上にはそんな輪郭線などどこにもないのだから、②これは見る人の想像力の産物だということになる。その意味で、想像力は人間があらゆる現実を認識するための基礎《きそ》的な能力なのである。

だが、地上にある対象の場合は、それを確かめるために人間は別の感覚能力の助けを借りることができる。先の球体についていえば、その表面を指で撫《な》でてそれが連続する球面であることを確認することができる。そしてこの連続性の知覚を頼《たよ》りにすれば、同じく連続

(1) **空欄補充《くうらんほじゅう》** 本文中の□に入る言葉として最も適切なものを次から選び、記号で答えなさい。(10点)

ア 静的　イ 動的　ウ 標的　エ 私的

〔　〕

(2) **表現理解** ——線部①「敬語は人称を示す」とあるが、筆者はこれをどのように言い換《か》えているか。本文中から二十五字以内で抜《ぬ》き出して答えなさい。(15点)

(3) **語意** ——線部②「あながち」とあるが、同じような意味の言葉として最も適切なものを次から選び、記号で答えなさい。(10点)

ア 一概《いちがい》に　イ なおざり　ウ ほとほと　エ あまつさえ

〔　〕

(4) 記述式 **内容把握《はあく》** ——線部③「主語はほとんど省略される」とあるが、そうなる理由を本文中の言葉を用いて三十字以内で答えなさい。(20点)

(5) **内容把握** ——線部④「主語を明示する」とあるが、そうするのはなぜか。それを説明した次の文の□に入る言葉として最も適切なものを本文中から十一字で抜き出して答えなさい。(15点)

相手と話をしている場面で、□が分からなくなるのを避《さ》けるため。

(6) 差がつく **内容把握** ——線部⑤「敬語はこわくない」とあるが、敬語をこわがらないためには、「私たち」に何が必要なのか。本文中から四十字以上四十五字以内で探し、最初と最後の五字を抜き出して答えなさい。(15点)

〜

(7) よく出る **内容把握** この文章の内容に合っているものを次から選び、記号で答えなさい。(15点)

ア 日本語の人称代名詞を使うと、人間関係によそよそしい感じが生じる。

イ 日本語の人称代名詞は「I」や「YOU」とは違《ちが》って意味に広がりがなく、使い分けしにくい。

ウ 日本語の敬語はどの人称を示しているのかが理解しにくいので使いにくい。

エ 日本語の敬語を親しくない相手に使うと相手がどう対応してよいかが分からず困惑《こんわく》する。

〔　〕

第3日

国語

説明的文章の読解①

月　日

POINT
①文章の話題を押《お》さえて、全体の流れをとらえよう。
②事実と意見を区別して読み、筆者の考えを理解しよう。
③具体例に着目して、その例を用いた筆者の意図を読み取ろう。
④文章を通して筆者が述べたかったことを読み取ろう。

確認問題

時間 30分　合格点 80点　得点　　/100点

解答▼別冊p.33

1 次の文章を読んで、あとの問いに答えなさい。

『敬語はこわくない』（井上史雄《いのうえふみお》著）は、敬語を、社会制度の変化に応じて変わっていく□なものとして捉《とら》え、その変化をわかりやすく解説している。

この文中に、

「明治時代に日本語の敬語を研究した欧米《おうべい》の言語学者の中には、①敬語は人称《にんしょう》を示すと考えた人がいたくらいである。」

という記述があった。まず私の説明も、②あながち間違《まちが》ってはいなかったということだろう。

井上氏も書いていることだが、逆の見方をすれば、私たち日本人は、敬語を使用することによって、主語を明確にしているのだ。

特に、日本語の話し言葉においては、③主語はほとんど省略されるが、それでも意味が通じるのは、敬語（丁寧《ていねい》語などを含《ふく》む広い意味での）によって関係を明瞭《めいりょう》にしている点が大きい。

井上氏は、この点について、さらに次のように記している。

「ところが、自分と相手が同じ程度の敬語を相互《そうご》的に使って話すようになると、敬語で人称を示すことが難しくなる。コミュニケーションの場で誰《だれ》のことをいっているかが分かりにくくなり、誤解を避《さ》けるには④主語を明示する必要が生じる。」

（中略）

日本語は、「I」や「YOU」のような、単純で＊汎用《はんよう》性のある人称代名詞を持っていない。「私」「僕《ぼく》」「オレ」「あなた」「君」「おまえ」と、私たちはいつも使い分けに苦労する。親しくもない奴《やつ》に、急に「おまえ」よばわりされても困るし、「君」や「あなた」も、よそよそしい感じがする。

だが、もしかすると、敬語の変化のなかで、五〇年、一〇〇年のちには、もっと使いやすい（誰に対してでも使うことのできる）人称代名詞だって生まれてくるかもしれない。敬語も、丁寧語を中心として、外国人にも学びやすい、より体系的なものに変わっていくだろう。

肝心《かんじん》なことは、私たちが、他者を大事に思い、他者とのコミュニケーションを円滑《えんかつ》に進めたいと願う意思、気持ちの側にあるのだ。そこを出発点として、敬語の変化を捉えていくなら、まさに⑤「敬語はこわくない」のである。

（平田《ひらた》オリザ「対話のレッスン」）

＊汎用＝一つのものを広くいろいろの方面に用いること。

2 動詞の活用の種類　次の問いに答えなさい。

よく出る
(1) 次の文の——線部の動詞の活用の種類をそれぞれあとから選び、記号で答えなさい。(2点×5)

① 早朝に目が覚めた。　② 来るときは前もって教えてくれ。
③ 運動するなら準備体操をしよう。　④ 全力で運動場を走った。
⑤ もう起きる時間だ。

ア 五段活用　イ 上一段活用　ウ 下一段活用
エ カ行変格活用　オ サ行変格活用

①〔　　〕②〔　　〕③〔　　〕④〔　　〕⑤〔　　〕

(2) 次の文の——線部「眺《なが》め」と同じ活用の種類の動詞を含《ふく》むものをあとから選び、記号で答えなさい。(10点)

庭を眺め、宇宙の中にいる自分を観想*する。

*観想＝対象に心を集中し、静かに思いをこらすこと。

ア 家族みんなで食事をした。　イ 教室の外に出る。
ウ 大きな声で笑う。　エ 寒いので上着を着た。

〔　　〕(岐阜)

3 動詞の活用形　次の文の——線部「生じ」の活用形をあとから選び、記号で答えなさい。(10点)

ひとりで本を読むという意欲が幼児になかなか生じないという点にある。

ア 未然形　イ 連用形　ウ 連体形　エ 仮定形
オ 終止形　カ 命令形

〔　　〕(長崎)

4 形容詞・形容動詞の活用　次の文の□に入るひらがなを指定字数でそれぞれ答えなさい。(4点×3)

(1) あの映画はとてもおもしろ[二字]た。
(2) 夕方から寒[一字]なった。
(3) 早朝の公園は静か[二字]う。

5 敬語　次の問いに答えなさい。

(1) 次の文の——線部「うかがう」と同じ意味の「うかがう」を用いた文をあとから選び、記号で答えなさい。(8点)

先輩《せんぱい》からクラブの活動方針をうかがう。

ア 相手の顔色をうかがう。　イ 先生のお話をうかがう。
ウ 先生のお宅にうかがう。　エ ひそかに好機をうかがう。

〔　　〕(和歌山)

差がつく
(2) 次の言葉の尊敬語・謙譲語をそれぞれあとから選び、記号で答えなさい。(2点×8)

① 見る　尊敬語〔　　〕謙譲語〔　　〕
② する　尊敬語〔　　〕謙譲語〔　　〕
③ 食べる　尊敬語〔　　〕謙譲語〔　　〕
④ 言う　尊敬語〔　　〕謙譲語〔　　〕

ア 拝見する　イ なさる　ウ おっしゃる　エ 申す
オ いたす　カ いただく　キ 召《め》し上がる　ク ご覧になる

文法と敬語

POINT

①品詞の特徴《とくちょう》を理解して、品詞の識別ができるようにしよう。
②動詞の活用の種類を押《お》さえ、形容詞・形容動詞の活用も理解しよう。
③敬語の尊敬語と謙譲《けんじょう》語の用法を理解して、敬語を正しく使えるようにしよう。

確認問題

時間 20分　合格点 80点　得点 　/100点

解答▼別冊p.33

1 品詞識別　**次の問いに答えなさい。**

(1) 次の文の――線部「貴重な」と品詞が異なるものをあとから選び、記号で答えなさい。(6点)

読書のための貴重な明かりが確保できる。

ア いろんなやり方を試す。
イ 元気な声で返事をする。
ウ にぎやかな通りを歩く。
エ 緩《ゆる》やかな放物線を描《えが》く。

〔　　〕
〔富山〕

(2) 次の文の――線部「ない」のうち、他と品詞が異なるものを一つ選び、記号で答えなさい。(6点)

ア からかってはいけない。
イ うるさくて本が読めない。
ウ 仕方がないから、手伝うよ。
エ そんな風に言わないでよ。

〔　　〕

(3) 次の文の――線部ア～エのうち、他と品詞が異なるものを一つ選び、記号で答えなさい。(10点)

目を閉じると、アゆっくり背中を向ける沙耶《さや》ちゃんがうかんだ。(中略)それから、イ少しはなれてくるりとわたしにふり返り、ウ大きく一回手をふる姿……。

あの沙耶ちゃんともう会えない……エそう思ったとたん、今までこらえていた涙《なみだ》があふれてきた。

(薫《くん》くみこ「ぜんぶ夏のこと」)

〔　　〕
〔三重〕

(4) 次の文の――線部の品詞が名詞のものを一つ選び、記号で答えなさい。(6点)

ア 静かな公園を散歩する。
イ 学校から急いで戻《もど》りました。
ウ 練習からの帰りは気分がさわやかだ。
エ 午後になって少し寒くなってきた。

〔　　〕

(5) 次の文の――線部の品詞が助動詞のものを一つ選び、記号で答えなさい。(6点)

ア 十分早く駅に着いた。そこで、コンビニに入ることにした。
イ 母は教師である。
ウ 自転車で図書館に行く。
エ 彼の性格は穏《おだ》やかである。

〔　　〕

3 **多義語** 次の——線部「手」の意味として、「労働力」を表すものを選び、記号で答えなさい。（3点）

ア 彼《かれ》に手とり足とり教える。
イ 商売の手をひろげる。
ウ ねこの手も借りたい。
エ 何かよい手はないだろうか。

〔　　〕（岡崎城西高）

4 **類義語** 次の熟語の類義語をそれぞれ□の中から選び、漢字に書き直して答えなさい。（4点×4）

(1) 有数　(2) 方法　(3) 進歩　(4) 音信

しょうそく　くっし　しゅだん　こうじょう　どうい

(1)〔　　〕(2)〔　　〕(3)〔　　〕(4)〔　　〕

5 **対義語** 次の問いに答えなさい。

(1)「感情的」の対義語として最も適切なものを次から選び、記号で答えなさい。（4点）

ア 理性的　イ 意識的　ウ 建設的　エ 機械的

〔　　〕（山形）

(2)「故意」の対義語で、「不注意からよくない結果をまねくこと」という意味の二字熟語を答えなさい。（4点）

〔　　〕（兵庫）

6 差がつく **対義語と類義語** 「抽象」と「具体」は対義語の関係である。この関係とは異なる組み合わせを次から選び、記号で答えなさい。（4点）

ア 必然―偶然　イ 希薄―濃厚
ウ 危険―安全　エ 発想―着想

〔　　〕（和歌山）

7 よく出る **熟語の構成** 次の熟語の構成は、どの分類に属するか。最も適切なものをあとから選び、記号で答えなさい。（4点×6）

(1) 明暗〔　　〕　(2) 日没〔　　〕
(3) 不在〔　　〕　(4) 青空〔　　〕
(5) 上昇〔　　〕　(6) 登山〔　　〕

ア 意味の似通った字を重ねたもの。
イ 反対の意味の字を重ねたもの。
ウ 主語・述語の関係で成り立つもの。
エ 述語・目的語の関係で成り立つもの。
オ 上が修飾語として下を修飾するもの。
カ 否定の字をつけ、下を打ち消すもの。

（豊川高）

8 **送り仮名** 次の文の——線部の言葉を送り仮名をつけて漢字に直して答えなさい。（3点×4）

(1) 旅行で京都をおとずれる。〔　　〕
(2) 夜空に星が美しくかがやく。〔　　〕
(3) 責任のある仕事をまかせる。〔　　〕
(4) 彼はとてもほがらかだ。〔　　〕

第1日

国語

漢字と語句

月　　日

POINT

①同訓異字は、訓が同じで意味の異なる漢字。使い分けに注意しよう。
②同音異義語は、音が同じで意味の異なる語。意味で使い分けよう。
③対義語・類義語は、熟語の構成にも注意しよう。
④熟語の構成は意味のつながりをとらえよう。

確認問題

時間 30分　合格点 80点

得点　　　／100点

解答▼別冊p.32

1 同訓異字　次の問いに答えなさい。

(1) 次の文の――線部と同じ漢字を用いるのはどれか。それぞれ最も適切なものをあとから選び、記号で答えなさい。(3点×2)

① すべてをまるくオサめる。

ア 国をオサめる。
イ 学問をオサめる。
ウ 成功をオサめる。
エ 税金をオサめる。

② 列車が駅にツく。

ア 会長の職にツく。
イ 定刻にホテルにツく。
ウ 老人がつえをツく。
エ 間違《まちが》いに気がツく。

①〔　　〕　②〔　　〕

(2) 次の――線部の漢字として最も適切なものをあとから選び、記号で答えなさい。(3点×2)

① 会社経営の合理化をハカる。

ア 図　イ 測　ウ 計　エ 量

② 新たな人材をトる。

ア 取　イ 捕　ウ 撮　エ 採

①〔　　〕　②〔　　〕

2 同音異義語　次の問いに答えなさい。

(1) 次の文の――線部と同じ漢字を用いるのはどれか。それぞれ最も適切なものをあとから選び、記号で答えなさい。(3点×3)

① 教室の窓をカイホウする。

ア 快方　イ 開放　ウ 解放　エ 介抱

② カンショウ用の植物を購入《こうにゅう》する。

ア 観賞　イ 鑑賞　ウ 観照　エ 感傷

③ 星の動きを研究タイショウにする。

ア 対照　イ 対称　ウ 対象　エ 大将

①〔　　〕　②〔　　〕　③〔　　〕

(2) 次の文の――線部の漢字を、同音の正しい漢字に書き直しなさい。(3点×4)

① ゴールが決まり、勝利を革新した。〔　　〕

② 日本の歴史に感心がある。〔　　〕

③ 駅の窓口で旅費を生産する。〔　　〕

④ 福利構成が充実《じゅうじつ》している。〔　　〕

装丁・本文デザイン　ブックデザイン研究所
図　版　デザインスタジオエキス.／ユニックス
イラスト　京田クリエーション

中1・2 5科の完全復習

編著者　高校入試問題研究会
発行者　岡　本　泰　治
印刷所　寿　印　刷

発行所　受験研究社

〒550-0013 大阪市西区新町2丁目19番15号
注文・不良品などについて：(06)6532-1581(代表)／本の内容について：(06)6532-1586(編集)

Printed in Japan　高廣製本
落丁・乱丁本はお取り替えします。

学習記録表

中学1·2年／5科の完全復習

●テストの結果を棒グラフで記録していくと，自分の弱点項目が一目でわかります。

●弱点がわかったら，教科書・参考書で確認すること，そして多くの問題を確実に解くことが大切です。

●満点がとれなかった項目は必ず再学習をし，完全に理解しておきましょう。

数学	目次	時間	合格点	60点	70	80	90	100
第1日	数と式の計算	30分	75点					
第2日	1次方程式，連立方程式	30	75					
第3日	比例と反比例	30	70					
第4日	1 次 関 数	40	70					
第5日	平 面 図 形	30	70					
第6日	空 間 図 形	30	70					
第7日	平行と合同	30	70					
第8日	三角形と四角形	40	70					
第9日	データの活用，確率	30	70					
第10日	数学 仕上げテスト	40	70					

社会	目次	時間	合格点	60点	70	80	90	100
第1日	世界と日本のすがた	30分	70点					
第2日	世界のさまざまな地域	30	70					
第3日	地域調査，日本の地域的特色と地域区分	30	70					
第4日	日本の諸地域 (1)	30	70					
第5日	日本の諸地域 (2)	30	70					
第6日	古代～中世の日本	30	70					
第7日	近世の日本	30	70					
第8日	近・現 代 (1)	30	70					
第9日	近・現 代 (2)	30	70					
第10日	社会 仕上げテスト	30	70					

ひっぱると，はずして使えます。

中1・2 5科の完全復習

数学 社会 理科 英語 国語

解答編

受験研究社

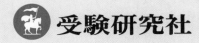

解答編

数学 Mathematics

第1日 数と式の計算

⇒p.4〜p.5

1 (1) 4 (2) -1 (3) -8 (4) $-\dfrac{1}{2}$ (5) $-\dfrac{3}{8}$
(6) -7 (7) 2 (8) -29

2 5つ

3 (1) $15x+7$ (2) $-2x-y$ (3) $10xy^3$
(4) $\dfrac{11a+5b}{6}$

4 (1) 8 (2) $3a+b>700$

5 87，96

6 (1) $N=22$，$S=47$ (2) $N=3k+4$
(3) $S=138$

解説

1 (1) $-5+2-(-7)=-5+2+7=4$

(2) $35\div(-7)-2\times(-2)=-5+4=-1$

(3) $-3+5\times(-1)^3=-3+5\times(-1)=-3-5=-8$

(4) $1+\left(-\dfrac{3}{4}\right)\times 2=1-\dfrac{3}{2}=-\dfrac{1}{2}$

(5) $\dfrac{1}{2}+\dfrac{3}{8}\div\left(-\dfrac{3}{7}\right)=\dfrac{1}{2}+\dfrac{3}{8}\times\left(-\dfrac{7}{3}\right)$
$=\dfrac{1}{2}-\dfrac{7}{8}=\dfrac{4}{8}-\dfrac{7}{8}=-\dfrac{3}{8}$

(6) $\left(\dfrac{2}{5}-3\right)\times 10+19=\dfrac{2}{5}\times 10-3\times 10+19$
$=4-30+19=-7$

(7) $\dfrac{4}{5}\div\left(-\dfrac{1}{10}\right)-\dfrac{5}{4}\times(-8)=\dfrac{4}{5}\times(-10)+10$
$=-8+10=2$

(8) $-2^3-\{5+4\times(-2)^2\}=-8-(5+4\times 4)$
$=-8-(5+16)=-8-21=-29$

弱点チェック 負の数の累乗《るいじょう》

指数の位置に注意する。
$(-3)^2=(-3)\times(-3)=9$
$-3^2=-(3\times 3)=-9$
また，答えの符号《ふごう》は，指数が偶数《ぐうすう》ならば＋，奇《き》数《すう》ならばーになる。
$(-2)^2=4$，$(-2)^3=-8$，$(-2)^4=16$，……

2 絶対値が2.5より小さい整数は，-2，-1，0，$+1$，$+2$の5つ

3 (1) $8x+14-7(1-x)$
$=8x+14-7+7x$
$=15x+7$

(2) $4(x+2y)-(6x+9y)$
$=4x+8y-6x-9y$
$=-2x-y$

(3) $15xy^2\div 6x^2y\times(-2xy)^2=15xy^2\div 6x^2y\times 4x^2y^2$
$=\dfrac{15xy^2\times 4x^2y^2}{6x^2y}=10xy^3$

(4) $\dfrac{5a-b}{2}-\dfrac{2a-4b}{3}=\dfrac{3(5a-b)-2(2a-4b)}{6}$
$=\dfrac{15a-3b-4a+8b}{6}=\dfrac{11a+5b}{6}$

4 (1)数を代入する前に，式を簡単にする。
$2a^2\div\left(-\dfrac{ab^2}{3}\right)\times\dfrac{ab}{6}=2a^2\times\left(-\dfrac{3}{ab^2}\right)\times\dfrac{ab}{6}$
$=-\dfrac{2a^2\times 3\times ab}{ab^2\times 6}=-\dfrac{a^2}{b}$
$a=4$，$b=-2$ を代入して，
$-\dfrac{4^2}{-2}=8$

(2) 1本a円の鉛筆《えんぴつ》3本の代金は$3a$円だから，
$3a+b>700$

5 Pの十の位の数をa，一の位の数をbとすると，この自然数Pは $10a+b$ となる。また，十の位の数と一の位の数を入れかえた自然数Qは $10b+a$ となる。よって，
$P+Q=10a+b+10b+a=11a+11b$
$=11(a+b)=165$
これより，$a+b=15$
これを満たすa，bの組で $P>Q$ となるものは，
$(a,\ b)=(8,\ 7)$，$(9,\ 6)$
よって，$P=87$，96

6 (1) 6番目までの表は次のようになる。

	1番目	2番目	3番目	4番目	5番目	6番目
N	7	10	13	16	19	22
S	12	19	26	33	40	47

(2) (1)の表から，Nは3ずつ増加していることがわかる。
よって，$N=7+3(k-1)=3k+4$

解き方のコツ　N の値について，

1 番目　2 番目　3 番目　……

$7 \underset{3}{\frown} 10 \underset{3}{\frown} 13$　……

3 番目の 13 は，$13=7+3+3=\mathbf{7+3\times2}$

よって，k 番目の N の値は，$\mathbf{N=7+3(k-1)}$

(3)(2)より，$N=61$ のとき，$3k+4=61$　$k=19$

(1)の表から，S は 7 ずつ増加していることがわかるから，k 番目の図形では，

$S=12+7(k-1)=7k+5$

19 番目の S の値を求めればよいから，

$S=7\times19+5=138$

第2日　1次方程式，連立方程式

⇒ p.6〜p.7

1　**(1)$x=-4$　(2)$x=-2$　(3)$x=10$**

2　**(1)52 秒　(2)120 戸**

3　**(1)$x=3$，$y=-2$　(2)$x=12$，$y=8$　(3)$x=2$，$y=-4$**

4　**(1)$a=6$，$b=4$　(2)$x=14$，$y=63$**

5　**(1)$\begin{cases}x+y=60\\1.3x+0.8y=68\end{cases}$**

(2)6 月：アルミ缶《かん》 40 kg，スチール缶 20 kg

7 月：アルミ缶 52 kg，スチール缶 16 kg

6　**容器A　300 g，容器B　400 g**

解説

1　(1)$ax=b$ になるように移項《いこう》する。

$-x-2x=16-4$　$-3x=12$　$x=-4$

(2)$2x-\dfrac{1-x}{3}=-5$

両辺を 3 倍して分母をはらうと，

$6x-(1-x)=-15$　$6x-1+x=-15$

$7x=-14$　$x=-2$

(3)$a:b=c:d$ は $ad=bc$ だから，$5(x-4)=3x$

$5x-20=3x$　$2x=20$　$x=10$

2　(1)

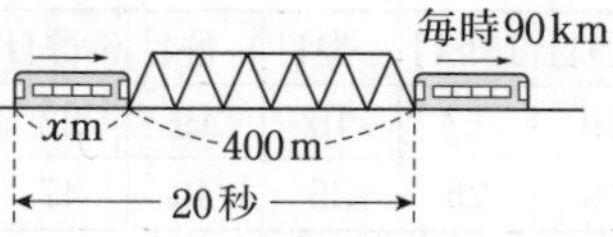

時速 90 km ＝秒速 90000÷3600＝25 (m) より，

列車の長さを x m とすると，$400+x=25\times20$

$400+x=500$　$x=100$

よって，(1200＋100)÷25＝52 (秒)

(2)設置している住宅戸数を x 戸とすると，

設置していない住宅戸数は，$(x+2160)$ 戸

設置している住宅戸数は全住宅戸数の 5% だから，

$x=\{x+(x+2160)\}\times0.05$

$x=(2x+2160)\times0.05$

両辺を 100 倍して，$100x=5(2x+2160)$

$100x=10x+10800$　$90x=10800$　$x=120$

3　(1)上の式を①，下の式を②とする。

$$\begin{array}{lrl} ①\times2 & 2x+6y & =-6 \\ ② & -)\ 2x-\ y & =\ 8 \\ \hline & 7y & =-14 \end{array}\qquad y=-2$$

②に代入して，$2x+2=8$　$2x=6$　$x=3$

(2)上の式を①，下の式を②とする。

①より，$\dfrac{5}{3}x-\dfrac{5}{4}y=10$……③

$$\begin{array}{lrl} ③\times12 & 20x-15y & =120 \\ ②\times3 & -)\ 9x-15y & =-12 \\ \hline & 11x\qquad & =132 \end{array}\qquad x=12$$

②に代入して，$36-5y=-4$　$-5y=-40$　$y=8$

(3)次の形に書きなおす。

$\begin{cases}3x+y=2 & ……①\\5x+2y=2 & ……②\end{cases}$

$$\begin{array}{lrl} ①\times2 & 6x+2y & =4 \\ ② & -)\ 5x+2y & =2 \\ \hline & x\qquad & =2 \end{array}$$

①に代入して，$6+y=2$　$y=-4$

4　(1)連立方程式に $x=1$，$y=-2$ を代入して，

$\begin{cases}a\times1-b\times(-2)=14 & ……①\\a\times1+b\times(-2)=-2 & ……②\end{cases}$

$$\begin{array}{lrl} ① & a+2b & =14 \\ ② & +)\ a-2b & =-2 \\ \hline & 2a\qquad & =12 \end{array}\qquad a=6$$

①に代入して，$6+2b=14$　$2b=8$　$b=4$

(2)x 人の生徒に 5 冊ずつ配ると 7 冊足りないので，

$5x-7=y$ ……①

x 人の生徒に 3 冊ずつ配ると 21 冊余るので，

$3x+21=y$ ……②

①を②に代入して，$3x+21=5x-7$

$-2x=-28$　$x=14$

①に代入して，$y=70-7=63$

5　(1)6 月に回収したアルミ缶とスチール缶の重さの合計は 60 kg だから，$x+y=60$ ……①

7 月に回収したアルミ缶とスチール缶の重さはそれぞれ，

アルミ缶…$x\times(1+0.3)=1.3x$ (kg)

スチール缶…$y\times(1-0.2)=0.8y$ (kg)

7 月の重さの合計は 68 kg だから，

$1.3x+0.8y=68$ ……②

(2)小数を整数になおして連立方程式を解く。

①×8　　　$8x+8y=480$

②×10　$-)\ 13x+8y=680$

　　　　$-5x \quad\quad =-200$　$x=40$

①に代入して，$40+y=60$　$y=20$

7 月に回収したアルミ缶とスチール缶の重さはそれぞれ，

アルミ缶…$40\times1.3=52$ (kg)

スチール缶…$20\times0.8=16$ (kg)

6　容器 A，B に，はじめ食塩水がそれぞれ x g，y g あったとする。x g の食塩水の $\frac{2}{3}$ を取り出し，y g の食塩水と混ぜると 600 g になるから，食塩水の重さの関係に着目して，

$\frac{2}{3}x+y=600$ ……①

$\frac{2}{3}x$ g の食塩水の濃《のう》度《ど》は 9%，y g の食塩水の濃度は 3% であり，混ぜると 5% の食塩水が 600 g できるから，食塩の重さの関係に着目して，

$\frac{2}{3}x\times\frac{9}{100}+\frac{3}{100}y=600\times\frac{5}{100}$

$\frac{6}{100}x+\frac{3}{100}y=30$ ……②

①×3　　　$2x+3y=1800$

②×100　$-)\ 6x+3y=3000$

　　　　$-4x \quad\quad =-1200$　$x=300$

①に代入して，$200+y=600$　$y=400$

解き方のコツ　食塩水の問題は，その中にふくまれる食塩の重さで立式すること。

食塩の重さ＝食塩水の重さ×$\frac{\text{食塩水の濃度 (\%)}}{100}$

第3日　比例と反比例

⇒p.8～p.9

1　(1) -12　(2) $p=4$

2　(1) $y=-3x$　(2) $y=-8$

3　$a=\frac{4}{3}$

4　$y=\frac{8}{x}$

グラフは右の図

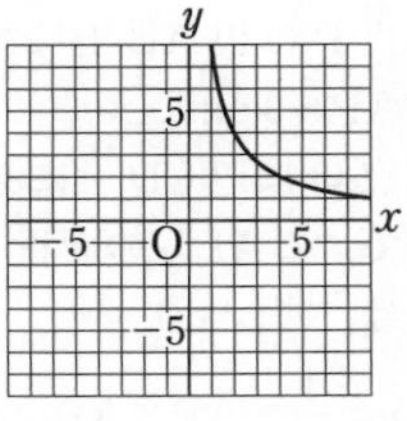

5　(1)㋐ $y=2x$

㋑ $y=\frac{8}{x}$

(2) 3 cm^2

6　(1) (6，0)　(2) $y=\frac{3}{4}x$

解説

1　(1) $3\div1=3$ より，$y=3x$ だから，

□$=3\times(-4)=-12$

(2) $1\times12=12$ より，$xy=12$ だから，

$p=12\div3=4$

2　(1) y は x に比例するから，$y=ax$ に

$x=-2$，$y=6$ を代入して，$6=-2a$

$a=-3$　よって，$y=-3x$

(2) y は x に反比例するから，$y=\frac{a}{x}$ に

$x=4$，$y=-4$ を代入して，$-4=\frac{a}{4}$

$a=-16$　よって，$y=-\frac{16}{x}$

この式に $x=2$ を代入して，$y=-\frac{16}{2}=-8$

3　右のグラフより，

$x=9$ のとき $y=a$ だから，

$y=\frac{12}{x}$ に代入して，

$a=\frac{12}{9}=\frac{4}{3}$

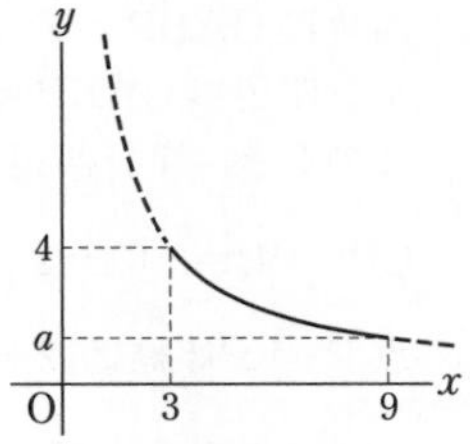

4　$xy=8$ だから，$y=\frac{8}{x}$

x，y は長方形の辺の長さだから，

$x>0$，$y>0$ である。

5　(1)関数㋐は比例のグラフだから，$y=ax$ に

$x=2$，$y=4$ を代入して，$4=2a$　$a=2$

よって，$y=2x$

関数㋑は反比例のグラフだから，$y=\frac{a}{x}$ に

$x=2$，$y=4$ を代入して，$4=\frac{a}{2}$　$a=8$

よって，$y=\frac{8}{x}$

(2)点 Q は $y=2x$ のグラフ上にあるから，

$y=2$ を代入して，

$2=2x$　$x=1$

よって，Q(1，2)

点 R は $y=\frac{8}{x}$ のグラフ上にあるから，$y=2$ を代入して，$2=\frac{8}{x}$　$x=4$

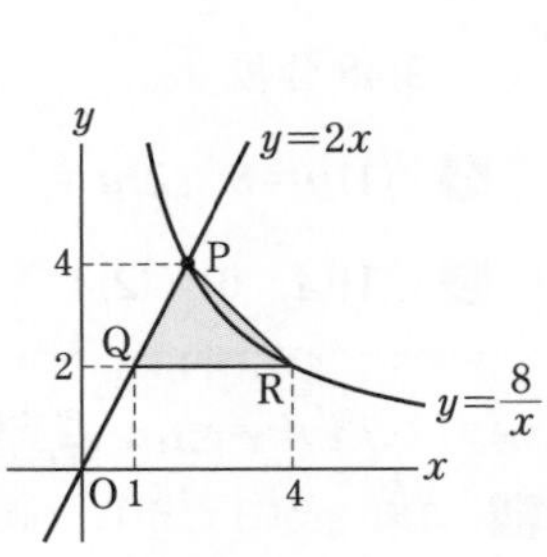

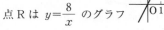

よって，R(4，2)

したがって，△PQR の面積は，

$\frac{1}{2}\times(4-1)\times(4-2)=\frac{1}{2}\times3\times2=3\,(\mathrm{cm}^2)$

> **解き方のコツ**　2 点 Q(1，2)，R(4，2) を結ぶ線分 QR の長さは，x 座標の差で求める。
> QR＝4−1＝3

6　(1)A は x 軸《じく》上の点なので，y 座標は 0

四角形 OABC は平行四辺形なので，OA＝CB

B，C の x 座標がそれぞれ 8，2 なので，

CB＝8−2＝6　よって，A(6，0)

(2)右の図のように，点 P を通り，辺 CO に平行な直線と x 軸との交点を Q とすると，四角形 OQPC，QABP は平行四辺形になる。△OPC＝① とすると，△OPQ＝①

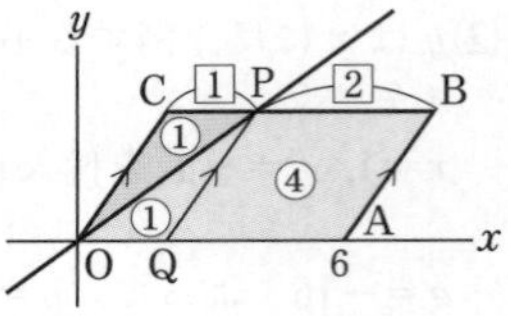

四角形 OABP＝①＋平行四辺形 QABP なので，

四角形 OABP＝⑤ となるには，

平行四辺形 QABP＝⑤−①＝④ となればよい。

このとき，平行四辺形 OQPC＝①＋①＝② より，

CP：PB＝2：4＝1：2　CP＝$\frac{1}{1+2}$CB＝$\frac{1}{3}\times6=2$

点 P の x 座標は 2＋2＝4，y 座標は 3 となるので，

$y=ax$ に代入して，$a=\frac{3}{4}$　よって，$y=\frac{3}{4}x$

第4日　1 次関数

⇒p.10〜p.11

1　(1)$y=3x+8$　(2)$y=2x-4$　(3)$y=2$
(4)$y=\frac{3}{5}x+3$

2　$2\leqq y\leqq4$

3　(1)毎分 $\frac{5}{2}$ L　(2)$y=-\frac{5}{2}x+120$
(3)48 分後

4　(1)$y=6$　(2)$y=-4x+24$　(3)$x=\frac{9}{2}$

5　(1)(4，0)　(2)4

解説

1　(1)傾《かたむ》きが 3 だから，直線の式は，$y=3x+b$

これが点 (−1，5) を通るから，$x=-1$，$y=5$ を式に代入して，$5=3\times(-1)+b$　$5=-3+b$　$b=8$

(2)求める直線の式を $y=ax+b$ とおく。

傾き $a=\frac{6-2}{5-3}=\frac{4}{2}=2$ より，$y=2x+b$

これが点 (3，2) を通るから，$x=3$，$y=2$ を式に代入して，$2=2\times3+b$　$2=6+b$　$b=-4$

(4)切片が 3 だから，式は $y=ax+3$

このグラフが x 軸上の点 (−5，0) を通るから，

$x=-5$，$y=0$ を式に代入して，

$0=-5a+3$　$a=\frac{3}{5}$

> **解き方のコツ**　グラフをかくと，
> 傾き $\frac{3}{5}$，切片 3 の直線
> であることがわかる。

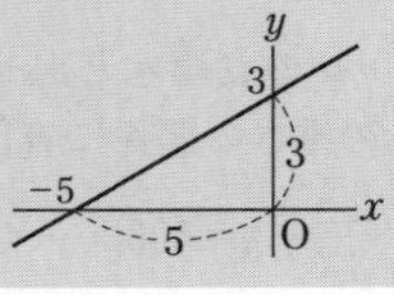

2　$y=2x-1$ に $x=2$ を代入して，$y=3$

よって，交点の座標は (2，3) となる。

$y=-x+a$ に $x=2$，$y=3$ を代入して，

$3=-2+a$　$a=5$

よって，$y=-x+5$

グラフは右のようになるので，

y の変域は，$2\leqq y\leqq4$

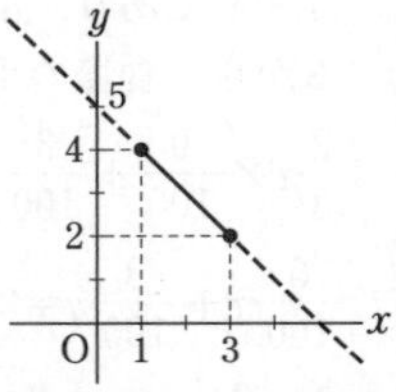

> **弱点チェック**　y の変域を $4\leqq y\leqq2$ としないように注意する。

3　(1)8 分後に水は 120−100＝20 (L) 抜《ぬ》けているから，毎分 $\frac{20}{8}=\frac{5}{2}$ (L)

(2)毎分 $\frac{5}{2}$ L ずつ抜けているので，傾きは $-\frac{5}{2}$

$x=0$ のとき，$y=120$ だから，切片は 120

よって，$y=-\frac{5}{2}x+120$

(3)水そうの水がなくなるのは，$y=0$ のときだから，

$y=-\frac{5}{2}x+120$ に $y=0$ を代入して，

$0=-\frac{5}{2}x+120$　$\frac{5}{2}x=120$　$x=48$

4　(1)$x=3$ のとき，

点 P は辺 AB 上にあり，

AP＝3 cm

点 Q は辺 CD 上にあるので，△APQ の面積 y cm^2 は，

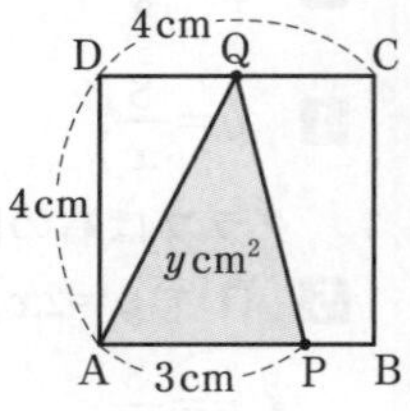

$y=\frac{1}{2}\times\mathrm{AP}\times\mathrm{AD}=\frac{1}{2}\times3\times4=6$

(2) x の変域が $4\leqq x\leqq 6$ のとき，点Pは点Bにあり，点Qは辺DA上にある。
点Qは毎秒2cmの速さで進むので，x 秒では $2x$ cm進む。

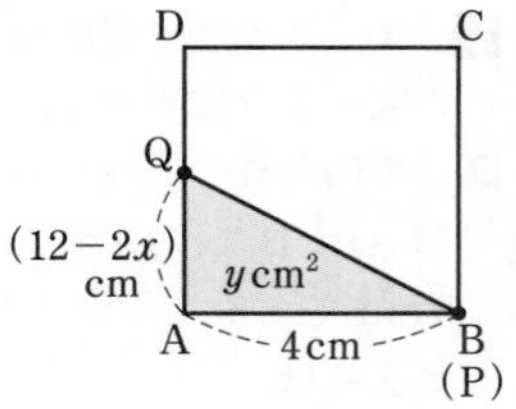

よって，$AQ=4\times3-2x=12-2x$ (cm) だから，

$$y=\frac{1}{2}\times AB\times AQ=\frac{1}{2}\times4\times(12-2x)=-4x+24$$

(3) x の変域が $4\leqq x\leqq 6$ のときだから，
$y=-4x+24$ に $y=6$ を代入して，

$6=-4x+24$　$4x=18$　$x=\frac{9}{2}$

> **解き方のコツ**　図形の周上を動く点によってできる三角形は，点がどの辺にあるかで，面積を表す式が変わる。x の変域に注意して，代入する式を決めるとよい。

5 **(1)** AD=5−1=4
点Pの座標を $(p,\ 0)$ とすると，$OP=p$
△OAP=△OAD で高さが等しい三角形だから，
OP=AD より，$p=4$
よって，(4, 0)

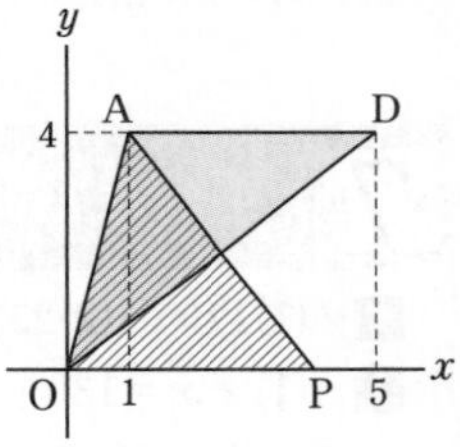

別解　AO∥DP ならば，△OAP=△OAD となることを利用しても解ける。
DPの傾き＝AOの傾き＝4
さらにD(5, 4)を通ることから，直線DPの式は $y=4x-16$ となる。直線DPと x 軸の交点がPとなる。

(2) 右の図より，
△OAEの面積は，
△OAP−△OEP
で求めることができる。

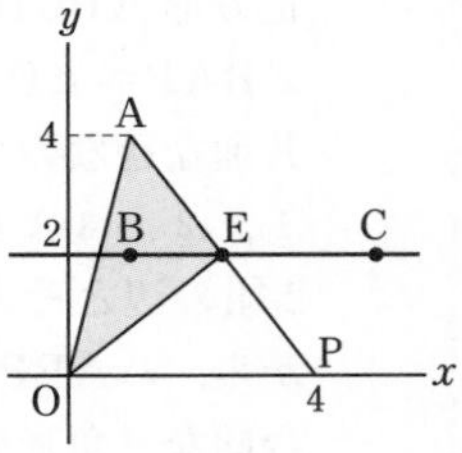

$\triangle OEP=\frac{1}{2}\times4\times2=4$

(1)より，

$\triangle OAP=\frac{1}{2}\times4\times4=8$

よって，△OAE=8−4=4

第5日　平面図形

⇒p.12〜p.13

1 **(1)**

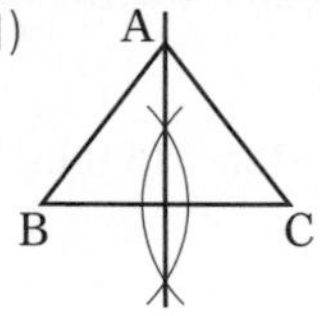

または,

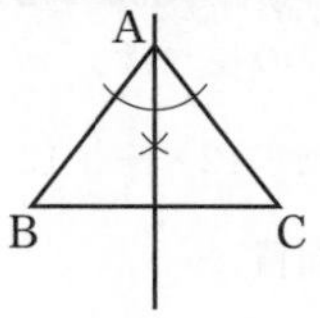

(2)

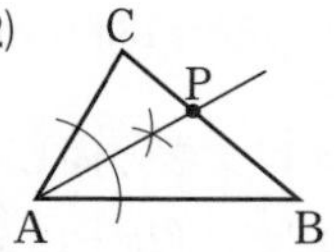

2 **(1)**

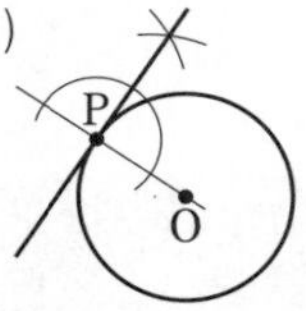

(2)

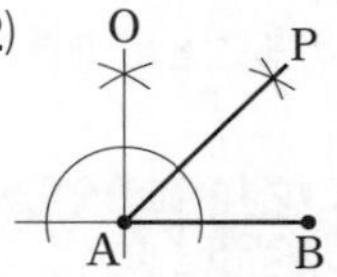

3 **(1)** (−4, −1)　**(2)** 180°

4 39°

5 **(1)** $\frac{3}{2}\pi$ cm²

(2) 周の長さ $(12\pi+12)$ cm，面積 18π cm²

解説

1 **(1)** AB=AC だから，辺BCの垂直二等分線を作図すればよい。また，二等辺三角形の頂角の二等分線は底辺を垂直に2等分することから，∠BACの二等分線をひいてもよい。

(2) ∠CABの二等分線と辺BCとの交点がPである。

2 **(1)** 直線OPをひき，点Pを通るOPの垂線をひけばよい。

(2) 点Aを通るABの垂線OAをひき，90°÷2=45°だから，∠OABの二等分線をひけばよい。

3 **(1)** 点E，点Fは点B，点Cを原点を中心に180°回転移動したものだから，E(−1, −1)より，
B(1, 1)
BCと x 軸は平行なので，C(4, 1)
よって，F(−4, −1)

(2) 180°の回転移動だから，
∠AOD=180°

4 対称《たいしょう》移《い》動《どう》の性質より，
$\angle AOX=\angle BOX=\angle a$
$\angle AOY=\angle COY=\angle b$ とおく。
$\angle BOC=2\angle a+2\angle b$ だから，
$2\angle a+2\angle b=78°$
$\angle a+\angle b=78°\div2=39°$
したがって，$\angle XOY=\angle a+\angle b=39°$

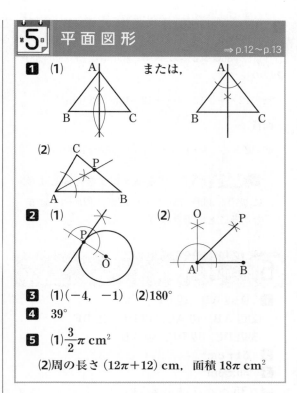

5 (1)おうぎ形の面積は，

$\pi\times2^2\times\dfrac{135}{360}=\dfrac{3}{2}\pi\ (\mathrm{cm}^2)$

(2)周の長さは，

$2\pi\times12\times\dfrac{1}{4}+12\pi\times\dfrac{1}{2}+12=12\pi+12\ (\mathrm{cm})$

面積は，

$\pi\times12^2\times\dfrac{1}{4}-\pi\times6^2\times\dfrac{1}{2}=36\pi-18\pi=18\pi\ (\mathrm{cm}^2)$

> **✔ 弱点チェック** 円周率 π は文字と同じように扱《あつか》う。$36\pi-18\pi=18\pi$ だが，$12\pi+12$ はまとめることはできない。

第6日 空間図形

⇒ p.14～p.15

1 (1)辺 AD，辺 CF
(2)辺 AB，辺 AC，辺 DE，辺 DF
(3)辺 DE，辺 DF，辺 AD

2 $54\pi\ \mathrm{cm}^3$

3 $36\pi\ \mathrm{cm}^2$

4 $\dfrac{15}{2}$ cm

5 (1)点 F，点 N (2)辺 FE (3)$36\ \mathrm{cm}^3$

6 (1)$36\ \mathrm{cm}^3$ (2)1 cm

解説

1 (3)辺 BC と平行な辺は，辺 EF
辺 BC と交わる辺は，辺 AB，辺 BE，辺 AC，辺 CF
よって，辺 BC とねじれの位置にある辺は，
辺 DE，辺 DF，辺 AD

2 円柱の底面の半径は，$6\div2=3\ (\mathrm{cm})$
よって，円柱の体積は，$\pi\times3^2\times6=54\pi\ (\mathrm{cm}^3)$

3 1 回転してできる立体は球であり，
半径は，$6\div2=3\ (\mathrm{cm})$ だから，
表面積は，$4\pi\times3^2=36\pi\ (\mathrm{cm}^2)$

4 円錐《えんすい》を展開すると，右の図のようになる。側面のおうぎ形の弧《こ》の長さは底面の円周と等しいので，底面の半径を r cm とすると，

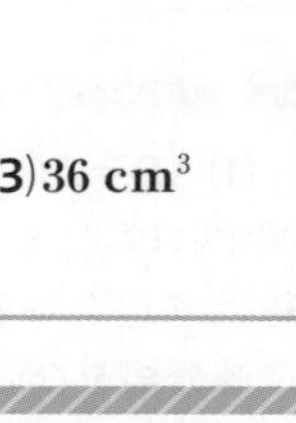

$2\pi\times15\times\dfrac{180}{360}=2\pi r$

$15\pi=2\pi r \quad r=\dfrac{15}{2}$

5 (1)，(2)各点や辺は右の図のように重なる。

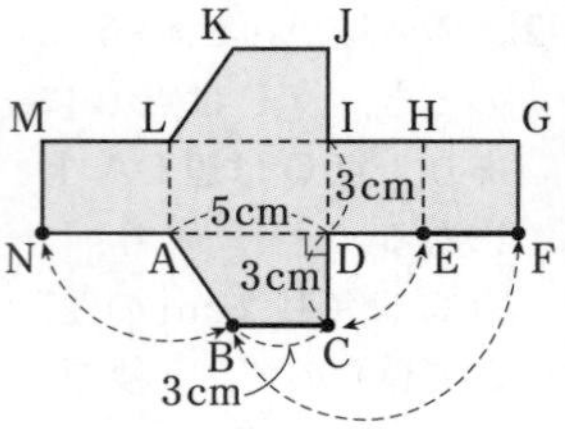

(3)この四角柱の底面は台形 ABCD で，高さは 3 cm である。
底面積は，

$\dfrac{1}{2}\times(5+3)\times3=12\ (\mathrm{cm}^2)$

体積は，$12\times3=36\ (\mathrm{cm}^3)$

6 (1)水の体積は，三角錐 A–EFH の体積と等しいから，

$\dfrac{1}{3}\times\triangle\mathrm{EFH}\times\mathrm{AE}=\dfrac{1}{3}\times\left(\dfrac{1}{2}\times6\times6\right)\times6$

$=36\ (\mathrm{cm}^3)$

(2)(1)より，水の体積は $36\ \mathrm{cm}^3$ なので，
底面 EFGH の面積×水面までの高さ＝36
底面 EFGH の面積は，$6\times6=36\ (\mathrm{cm}^2)$
だから，水面までの高さは，
$36\div36=1\ (\mathrm{cm})$

第7日 平行と合同

⇒ p.16～p.17

1 (1)110° (2)25° (3)47° (4)55°

2 (1)$\angle x=130°$，$\angle y=170°$
(2)117° (3)130°

3 合同な三角形…△ABE
合同条件…1 組の辺とその両端《りょうたん》の角がそれぞれ等しい

4 (1)△ABP と △ADP において，
仮定より，AB＝AD ……①
正方形 ABCD の対角線 AC なので，
∠BAP＝∠DAP＝45° ……②
共通な辺なので，AP＝AP ……③
①，②，③より
2 組の辺とその間の角がそれぞれ等しいから，△ABP≡△ADP
合同な三角形の対応する辺は等しいから，
BP＝DP
(2)(1)より，△ABP≡△ADP なので，
∠PBA＝∠PDA ……①
AB∥DC より，錯角《さっかく》は等しいので，
∠PBA＝∠CEB ……②
①，②より，∠CEB＝∠PDA
(3)42°

解　説

1　(1) $\angle x=47^\circ+63^\circ=110^\circ$

(2)正五角形の 1 つの内角は，
$180^\circ\times(5-2)\div5=540^\circ\div5=108^\circ$
$\triangle$CDP の内角の和は 180° だから，
$\angle x=180^\circ-(\angle\mathrm{PCD}+\angle\mathrm{CDP})$
$=180^\circ-(47^\circ+108^\circ)=25^\circ$

(3)右の図のように，ℓ，m に平行な直線 n をひくと，平行線の錯角は等しいから，

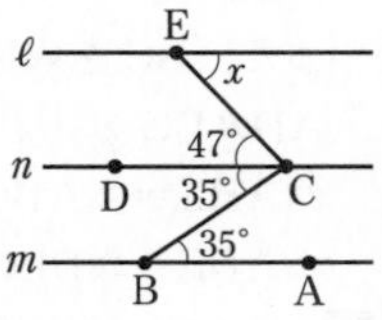

$\angle\mathrm{BCD}=\angle\mathrm{CBA}=35^\circ$
よって，
$\angle\mathrm{ECD}=82^\circ-35^\circ=47^\circ$
したがって，$\angle x=\angle\mathrm{ECD}=47^\circ$

(4)平行線の錯角は等しいから，
$\angle\mathrm{EPC}=\angle\mathrm{AEP}=70^\circ$
折り返した直角三角形はもとの直角三角形と合同だから，
$\angle\mathrm{EPQ}=\angle\mathrm{CPQ}$
よって，$\angle\mathrm{EPQ}=\dfrac{1}{2}\angle\mathrm{EPC}=35^\circ$
$\angle\mathrm{PEQ}=\angle\mathrm{PCQ}=90^\circ$ より，
$\angle x=180^\circ-(90^\circ+35^\circ)=55^\circ$

2　(1) $\angle x$ は $\triangle$ADE における $\angle$D の外角である。$\triangle$ABC は正三角形なので，

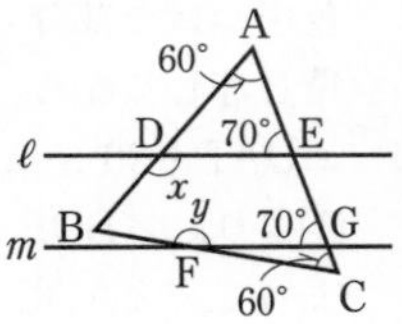

$\angle\mathrm{CAB}=\angle\mathrm{ACB}=60^\circ$
よって，
$\angle x=60^\circ+70^\circ=130^\circ$
また，平行線の同位角は等しいから，
$\angle\mathrm{AGF}=\angle\mathrm{AED}=70^\circ$
$\angle y$ は $\triangle$GFC における $\angle$F の外角だから，
$\angle y=\angle\mathrm{CGF}+\angle\mathrm{ACB}=(180^\circ-70^\circ)+60^\circ=170^\circ$

(2)PD∥BC より，平行線の錯角は等しいので，

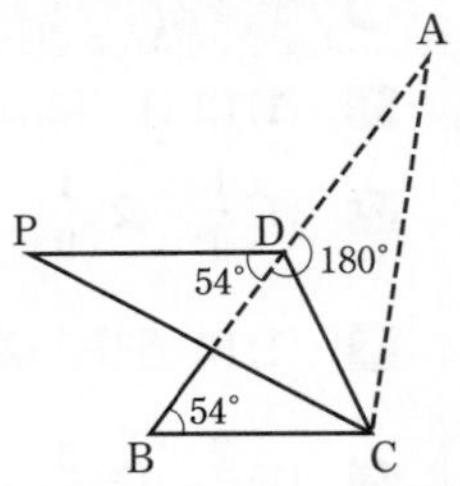

$\angle\mathrm{PDB}=\angle\mathrm{ABC}=54^\circ$
$\angle\mathrm{BDA}=180^\circ$ なので，
$\angle\mathrm{PDC}+\angle\mathrm{ADC}$
$=\angle\mathrm{PDB}+\angle\mathrm{BDA}$
$=54^\circ+180^\circ=234^\circ$
線分 CD を折り目として折り返しているから，
$\triangle\mathrm{PDC}\equiv\triangle\mathrm{ADC}$ より，$\angle\mathrm{PDC}=\angle\mathrm{ADC}$ なので，
$\angle\mathrm{PDC}=234^\circ\div2=117^\circ$

(3) $\angle$B と $\angle$C の二等分線の交点が P だから，
$\angle\mathrm{ABP}=\angle\mathrm{CBP}=\angle x$，
$\angle\mathrm{ACP}=\angle\mathrm{BCP}=\angle y$ とすると，
$\triangle$ABC の内角の和は 180° だから，
$\angle\mathrm{ABC}+\angle\mathrm{ACB}+80^\circ=180^\circ$
$2\angle x+2\angle y+80^\circ=180^\circ$
両辺を 2 でわると，
$\angle x+\angle y+40^\circ=90^\circ$
$\angle x+\angle y=50^\circ$
$\triangle$PBC の内角の和が 180° だから，
$\angle\mathrm{BPC}=180^\circ-(\angle\mathrm{CBP}+\angle\mathrm{BCP})$
$=180^\circ-(\angle x+\angle y)$
$=180^\circ-50^\circ=130^\circ$

3　仮定と，$\angle$CAD と $\angle$BAE が共通であることから 1 組の辺とその両端の角がそれぞれ等しい。

4　(1) $\triangle$BCP と $\triangle$DCP で，同様に BC=DC，$\angle\mathrm{BCP}=\angle\mathrm{DCP}=45^\circ$，CP は共通であることから $\triangle\mathrm{BCP}\equiv\triangle\mathrm{DCP}$ を導いてもよい。この場合，(2)で改めて $\angle\mathrm{PDA}=\angle\mathrm{PBA}$ となる理由を示す必要がある。

(3)直角三角形 EBC において，
$\angle\mathrm{BEC}=90^\circ-24^\circ=66^\circ$
$\angle$BEC は $\triangle$DEP における $\angle$E の外角で，
$\triangle\mathrm{BCP}\equiv\triangle\mathrm{DCP}$ になることから，
$\angle\mathrm{EDP}=\angle\mathrm{CBP}=24^\circ$ だから，
$\angle\mathrm{DPE}=66^\circ-24^\circ=42^\circ$

第8日　三角形と四角形

⇒p.18〜p.19

1　**(1)56°　(2)42°　(3)66°**
(4)93°　(5)35°　(6)53°

2　**27°**

3　**$\triangle$ADC と $\triangle$CEB において，**
仮定から，AD=CE ……①
$\angle\mathrm{CAB}=\angle\mathrm{CBA}$ より，$\triangle$CAB は二等辺三角形なので，
AC=CB ……②
AD∥BC より，錯角は等しいので，
$\angle\mathrm{DAC}=\angle\mathrm{ECB}$ ……③
①，②，③より，2 組の辺とその間の角がそれぞれ等しいから，
$\triangle\mathrm{ADC}\equiv\triangle\mathrm{CEB}$
よって，CD=BE

4　**$\triangle$ADE，$\triangle$ABC，$\triangle$DBC**

5　**21°**

6　**(1) $\triangle$AOP と $\triangle$BOP において，**
円の接線だから，
$\angle\mathrm{OAP}=\angle\mathrm{OBP}=90^\circ$ ……①

円 O の半径だから，OA＝OB ……②
共通な辺なので，OP＝OP ……③
①，②，③より，直角三角形の斜辺《しゃへん》と他の 1 辺がそれぞれ等しいから，
△AOP≡△BOP
合同な三角形の対応する辺は等しいから，
PA＝PB
(2)$\frac{2}{3}\pi$ cm²

解 説

1 (1)∠B＝∠C＝180°－118°＝62°
よって，∠x＝180°－62°×2＝56°

(2)平行四辺形の対角は等しいから，
∠C＝∠A＝110°
△BCD において，
∠x＝180°－(28°＋110°)＝42°

(3)ひし形の 4 つの辺はすべて等しく，対角も等しいから，△BAC は BA＝BC，∠B＝∠x の二等辺三角形になる。
∠x＝180°－57°×2＝180°－114°＝66°

(4)△ABE と △ACD で，
AB＝AC，AE＝AD，∠BAE＝∠CAD
より，2 組の辺とその間の角がそれぞれ等しいから，
△ABE≡△ACD
よって，∠ACD＝∠ABE＝25°
△ABE で，内角と外角の関係より，
∠BEC＝25°＋43°＝68°
△CEF で，内角と外角の関係より，
∠x＝∠FEC＋∠ECF＝68°＋25°＝93°

(5)平行四辺形の向かい合う角は等しいから，∠ADC＝50°
右の図のように，ℓ，m に平行な直線 n をひくと，平行線の錯角《さっかく》は等しいから，
∠x＝50°－15°＝35°

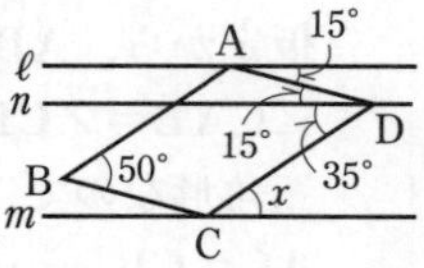

(6)△BCD において，
∠BDC＝180°－(120°＋23°)＝37°
AB∥DC より，∠ABE＝∠BDC＝37° より，
△ABE において，∠x＝180°－(90°＋37°)＝53°

2 △ABC は AB＝AC の二等辺三角形で，
∠BAC＝42° だから，
∠ABC＝(180°－42°)÷2＝69°
また，△DAB は，AD＝BD の二等辺三角形だから，
∠DBA＝∠DAB＝42°
よって，∠x＝∠ABC－∠DBA＝69°－42°＝27°

4 底辺が同じで，高さが等しい三角形を探す。
底辺と平行な線分上に他の頂点がないかに着目するとよい。
AE を底辺とすると，
B は BD 上にあり，AE∥BD より，
△ABE＝△ADE
同様に AB を底辺とすると，
AB∥EC より，△ABE＝△ABC
また，BC を底辺とすると，
AD∥BC より，△ABC＝△DBC
△ABE＝△ABC だから，
△ABE＝△DBC になる。

5 四角形 ABCD はひし形だから，
AD＝CD，∠ADC＝∠ABC＝48°
四角形 AEFD は正方形だから，
AD＝DF，∠ADF＝∠DFE＝90°
∠CDF＝∠ADF－∠ADC＝90°－48°＝42°
△DCF は DC＝DF の二等辺三角形だから，
∠DFC＝(180°－42°)÷2＝69°
よって，∠CFE＝∠DFE－∠DFC＝90°－69°＝21°

6 (2)△OCA と △OBA の底辺を OC，OB とすると，
円の半径より，OC＝OB
高さは共通だから，△OCA＝△OBA
色をつけた部分の面積の和は，おうぎ形 OAC の面積と等しくなる。
∠OAP＝90°，∠OPA＝30° より，∠AOP＝60°
(1)より，∠BOP＝∠AOP なので，
よって，∠AOC＝180°－60°×2＝60°
おうぎ形 OAC の面積は，
$\pi\times2^2\times\frac{60}{360}=\frac{2}{3}\pi$ (cm²)

第9日 データの活用，確率

⇒ p.20～p.21

1 (1)12 日　(2)エ
2 (1)$\frac{1}{4}$　(2)$\frac{1}{9}$　(3)$\frac{3}{10}$
3 (1)12 通り　(2)$\frac{1}{3}$
4 (1)$\frac{2}{5}$　(2)$\frac{3}{4}$

解 説

1 データを小さい順に並べると
4，5，8，8，10，12，13，15，15，18，22，23，25
よって，最大値は 25 日，最小値は 4 日

第 1 四分位数《しぶんいすう》は，$\frac{8+8}{2}=8$（日）

第 2 四分位数は，13 日

第 3 四分位数は，$\frac{18+22}{2}=20$（日）

(1)四分位範囲《しぶんいはんい》は，$20-8=12$（日）

(2)このデータを表す箱ひげ図は，**エ**

2 **(1)**2 枚の硬貨《こうか》を A，B とし，表，裏の出方を樹形図《じゅけいず》で表すと右のようになる。出方は全部で，

$2\times2=4$（通り）

このうち，2 枚とも表が出るのは 1 通りだから，求める確率は，$\frac{1}{4}$

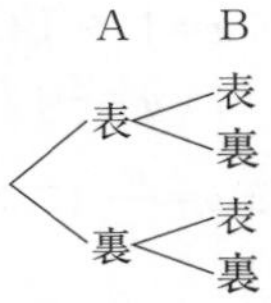

解き方のコツ 出方は樹形図を使わずに（表，表），（表，裏），（裏，表），（裏，裏）と表してもよい。

(2)大小 2 つのさいころを同時に投げたときの目の出方は，全部で 36 通り。このうち，積が 9 の倍数になるのは○印のついた 4 通りだから，求める確率は，$\frac{4}{36}=\frac{1}{9}$

	1	2	3	4	5	6
1	1	2	3	4	5	6
2	2	4	6	8	10	12
3	3	6	⑨	12	15	⑱
4	4	8	12	16	20	24
5	5	10	15	20	25	30
6	6	12	⑱	24	30	㊱

別解 2 つのさいころの出方は，$6\times6=36$（通り）

積が 9 の倍数になるのは，さいころが 2 つとも 3 の倍数のときだから，出方は，$2\times2=4$（通り）

よって，$\frac{4}{36}=\frac{1}{9}$

(3)3 個の赤玉を❶，❷，❸，2 個の白玉を④，⑤とし，2 個の玉の取り出し方を樹形図で表すと次のようになる。

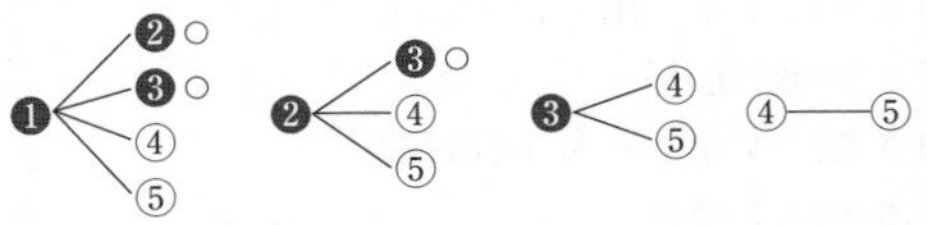

取り出し方は全部で，$4+3+2+1=10$（通り）

このうち，2 個とも赤玉であるのは，上の樹形図で○印のついた 3 通り。

よって，求める確率は，$\frac{3}{10}$

3 **(1)**カードの並び方を樹形図で表すと次のようになる。

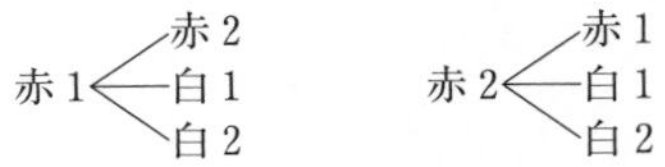

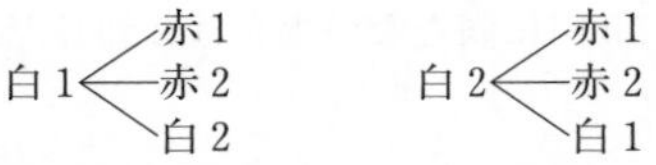

並び方は全部で，$3\times4=12$（通り）

別解 1 枚目の並べ方は，4 通り

2 枚目の並べ方は，1 枚使ったので 3 通り

よって，$4\times3=12$（通り）

(2)2 枚のカードが色も数字も異なる場合は，

（赤 1，白 2），（赤 2，白 1），（白 1，赤 2），（白 2，赤 1）の 4 通り。

よって，求める確率は，$\frac{4}{12}=\frac{1}{3}$

4 **(1)**カードの取り出し方を樹形図で表すと次のようになる。

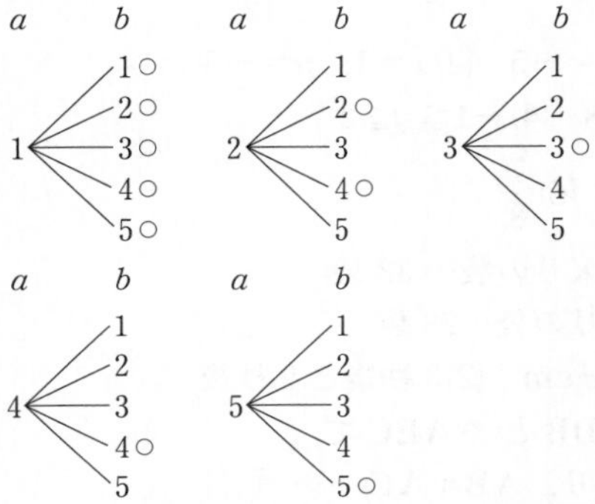

取り出し方は全部で，$5\times5=25$（通り）

このうち，$\frac{b}{a}$ の値が整数となるのは，上の樹形図で○印のついた 10 通り。

よって，求める確率は，$\frac{10}{25}=\frac{2}{5}$

弱点チェック

取り出したカードをもとに戻すときは，同じ数字を取り出すことができることに注意する。右のような樹形図は間違いである。

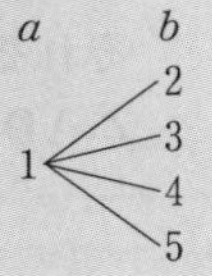

(2)表が出たときを○，裏が出たときを×として，表裏の出方を樹形図で表すと次のようになる。

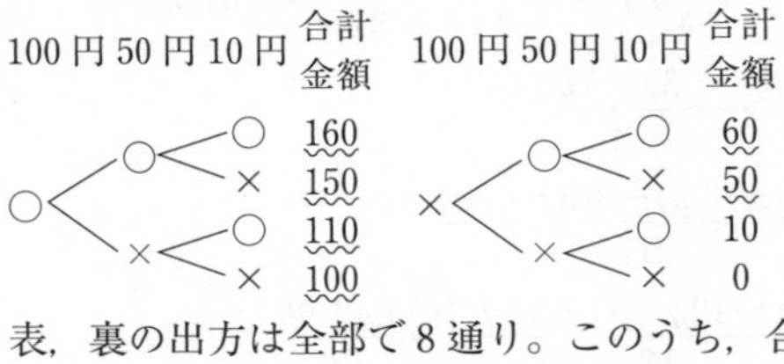

表，裏の出方は全部で 8 通り。このうち，合計金額が 50 円以上になる場合は 6 通りだから，

求める確率は，$\frac{6}{8}=\frac{3}{4}$

別解 合計金額が 50 円に満たない場合は 2 通りだから，その確率は，

$\frac{2}{8}=\frac{1}{4}$

あることがらが起こる確率

＝1－あることがらが起こらない確率

を利用して，50 円以上になる確率を，

$1-\frac{1}{4}=\frac{3}{4}$ と求めることもできる。

第10日 仕上げテスト〔数学〕

⇒p.22〜p.23

❶ **(1)14　(2)$10x^2y$　(3)$\frac{11x+9y}{12}$**

❷ **(1)$x=-5$　(2)$x=1$，$y=-5$**

(3)$y=8$　(4)$-1\leqq y\leqq 2$

(5)30°　(6)$\frac{7}{8}$

❸ **2 個入りの袋《ふくろ》…33 袋**

3 個入りの袋…28 袋

❹ **(1)$3x$ cm　(2)3 秒後と 9 秒後**

❺ **△ADB と △AEC で，**

仮定より，AB＝AC　……①

AD＝AE　……②

∠DAB＝∠DAE－∠BAE

＝90°－∠BAE　……③

∠EAC＝∠BAC－∠BAE

＝90°－∠BAE　……④

③，④より，∠DAB＝∠EAC　……⑤

①，②，⑤より，2 組の辺とその間の角がそれぞれ等しいので，

△ADB≡△AEC

解説

❶ (1)$2\times(-3)^2-2^2=2\times9-4=18-4=14$

(2)$\frac{15}{2}x^3y^3\div\frac{3}{4}xy^2=\frac{15x^3y^3}{2}\times\frac{4}{3xy^2}=10x^2y$

(3)$\frac{5x-3y}{3}-\frac{3x-7y}{4}$

$=\frac{4(5x-3y)-3(3x-7y)}{12}$

$=\frac{20x-12y-9x+21y}{12}=\frac{11x+9y}{12}$

❷ (1)$\frac{4x+5}{3}=x$　両辺を 3 倍して分母をはらうと，

$4x+5=3x$　$x=-5$

(2) $\begin{cases}4x+y=-1 & \cdots\cdots① \\ x-2y=11 & \cdots\cdots②\end{cases}$

y の係数の絶対値をそろえる。

$$\begin{array}{lrl} ①\times2 & 8x+2y & =-2 \\ ② & +)\quad x-2y & =11 \\ \hline & 9x & =9 \\ & x & =1 \end{array}$$

$x=1$ を①に代入して，

$4+y=-1$　$y=-5$

(3)$y=\frac{a}{x}$ に $x=4$，$y=10$ を代入すると，

$10=\frac{a}{4}$　$a=40$

$y=\frac{40}{x}$ に $x=5$ を代入して，$y=\frac{40}{5}=8$

(4)$y=-\frac{1}{5}x+1$ に $x=-5$ を代入して，

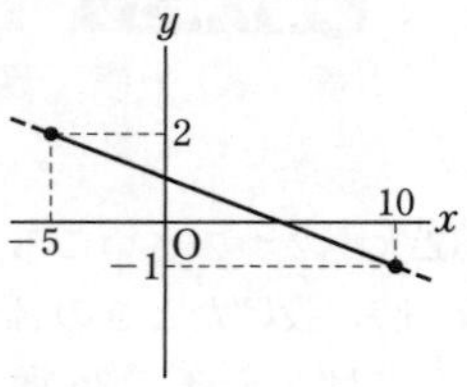

$y=-\frac{1}{5}\times(-5)+1$

$=1+1=2$

また，$y=-\frac{1}{5}x+1$ に $x=10$ を代入して，

$y=-\frac{1}{5}\times10+1=-2+1=-1$

よって，$-1\leqq y\leqq 2$

(5)右の図で，$\ell /\!/ m$ より，

錯角《さっかく》は等しいから，

∠EAB＝∠ABD＝40°

△BCD の内角と外角の関係より，

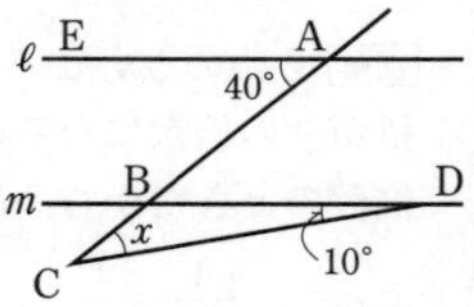

$\angle x$＝∠ABD－∠BDC＝40°－10°＝30°

(6)3 枚の硬貨《こうか》を A，B，C とし，表，裏の出方を樹形図《じゅけいず》で表すと，右のようになる。出方は全部で，

$2\times2\times2=8$（通り）

このうち，少なくとも 1 枚は裏となるのは 7 通り。

よって，求める確率は，$\frac{7}{8}$

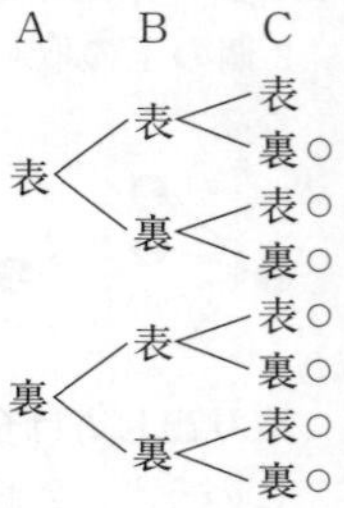

別解 少なくとも 1 枚は裏となる確率

＝1－3 枚とも表となる確率

である。3 枚とも表となる確率は $\frac{1}{8}$ なので，

求める確率は，$1-\frac{1}{8}=\frac{7}{8}$

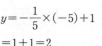

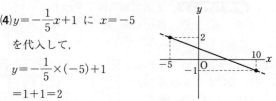

❸　2 個入りの袋が x 袋売れ，3 個入りの袋が y 袋売れたとする。

用意していたみかんの個数が 150 個より，

$2x+3y=150$ ……①

売り上げた金額が 5440 円より，

$80x+100y=5440$ ……②

$$\begin{array}{lrl} ①\times 40 & & 80x+120y=6000 \\ ② & -) & 80x+100y=5440 \\ \hline & & 20y=560 \\ & & y=28 \end{array}$$

$y=28$ を①に代入して，

$2x+84=150$　$2x=66$　$x=33$

❹　**(1)**点 A を出発してから 5 秒後に，$AP=15\,cm$ となっているから，点 P は，秒速 $\dfrac{15}{5}=3\,(cm)$

よって，x 秒後の線分 AP の長さは，

$AP=3\times x=3x\,(cm)$

(2)長方形 ABCD の面積は，$6\times 15=90\,(cm^2)$

よって，四角形 ABQP の面積は，

$90\times\dfrac{1}{2}=45\,(cm^2)$ になればよい。

出発して 7.5 秒後に，$BQ=15\,cm$ となるから，

点 Q は，秒速 $\dfrac{15}{7.5}=2\,(cm)$

点 P と点 Q が点 A と点 B を出発してからの時間を x 秒とする。

点 P が点 A から点 D に向かうとき，

(1)より，$AP=3x\,(cm)$

点 P が点 D から点 A に向かうとき，

$AP=15\times 2-3x=30-3x\,(cm)$

点 Q が点 B から点 C へ向かうとき，

$BQ=2\times x=2x\,(cm)$

点 Q が点 C から点 B へ向かうとき，

$BQ=15\times 2-2x=30-2x\,(cm)$

①$0\leqq x\leqq 5$ のとき，

点 P は点 A から点 D に，点 Q は点 B から点 C に向かっているから，

$\dfrac{1}{2}\times(3x+2x)\times 6=45$

$5x=15$　$x=3$ (秒後)

②$5\leqq x\leqq 7.5$ のとき，

点 P は点 D から点 A に，点 Q は点 B から点 C に向かっているから，

$\dfrac{1}{2}\times\{(30-3x)+2x\}\times 6=45$

$30-3x+2x=15$

$x=15$ より，不適。

③$7.5\leqq x\leqq 10$ のとき，

点 P は点 D から点 A に，点 Q は点 C から点 B に向かっているから，

$\dfrac{1}{2}\times\{(30-3x)+(30-2x)\}\times 6=45$

$(30-3x)+(30-2x)=15$

$-5x+60=15$　$5x=45$　$x=9$ (秒後)

④$10\leqq x\leqq 15$ のとき，

点 P は点 A に止まっているので，四角形 ABQP にならないから，不適。

よって，3 秒後と 9 秒後。

社会 Social Studies

第1日 世界と日本のすがた

⇒p.24～p.25

1 **(1)オーストラリア大陸**
(2)①イ　②ウ
2 **(1)日付変更線《ひづけへんこうせん》**
(2)D
(3)ユーラシア大陸
3 **(1)島根県**
(2)①北方　②択捉《えとろふ》
(3)ウ

解説

1 (1)オーストラリア大陸は，南半球に位置し，六大陸のうち，最も面積が小さい。
(2)地図Ⅰの▨で示された島は，デンマーク領のグリーンランドである。地図Ⅱでは**イ**のグリーンランドのすぐ近くにユーラシア大陸がある。**ア**はアフリカ大陸，**ウ**は北アメリカ大陸，**エ**は南アメリカ大陸である。

2 (1)日付変更線を東から西に越《こ》えるときは日付を1日進め，西から東に越えるときは日付を1日遅《おく》らせる。
(2)地球の中心点に対して正反対側に移した地点を求める場合，緯度は北緯と南緯を入れかえればよい。また，経度は180度からその経度を引き，東経と西経を入れかえればよい。Yの東京は北緯約35度，東経約140度であるから，正反対側は南緯約35度，西経約40度となる。
(3)ユーラシア大陸は，アジア州とヨーロッパ州に分けられる。

3 (1)島根県の県庁所在地は，松江《まつえ》市である。
(2)日本がロシアに返還《へんかん》を求めている**北方領土**は，択捉《えとろふ》島，国後《くなしり》島，色丹《しこたん》島，歯舞群島《はぼまいぐんとう》からなる。**北方領土**は，日本固有の領土であるが，第二次世界大戦後にソビエト連邦《れんぽう》が占領《せんりょう》し，ソ連解体後は**ロシア連邦**が今日まで不法に占拠《せんきょ》し続けている。
(3)東経135度を標準時子午線とする日本と，西経120度を標準時子午線とするサンフランシスコの時差は，(135＋120)÷15＝17時間 である。本初子午線の西に位置するサンフランシスコは，日本よりも17時間時刻が遅れていることから，日本が1月6日午後1時のとき，サンフランシスコは1月5日の午後8時となる。

第2日 世界のさまざまな地域

⇒p.26～p.27

1 **(1)混合農業　(2)アマゾン川　(3)B**
2 **(1)①ロッキー山脈　②ア　(2)①オ　②イ**
(3)①例夏季に降水量が少なく，冬季に降水量が多い。　②石炭
(4)ウ

解説

1 (1)略地図中のXは，ヨーロッパ州のアルプス山脈より北側の地域を示している。ヨーロッパでは，地域によって気候など自然条件に合わせた農業が行われており，この地域では穀物栽培と家畜の飼育を組み合わせた**混合農業**が昔から盛んである。
(2)アマゾン川は，南アメリカ大陸を流れる**流域面積が世界最大**の川である。
(3)人口が世界第2位で，国民の多くがヒンドゥー教を信仰しているのはBのインド。Aはアルジェリア，Cはモンゴル，Dはメキシコ。

2 (1)A国はアメリカ合衆国。①ロッキー山脈の東側には，グレートプレーンズやプレーリーが広がっている。②アメリカ合衆国やカナダでは小麦の大規模な栽培が行われていることから判断する。
(2)B国は中国(中華《ちゅうか》人民共和国)。①**ア**のペキン(北京)は中国の首都で，北部の内陸部に位置する。**イ**のホンコンは南東部に位置し，1997年にイギリスから返《へん》還《かん》された。**ウ**のチョンチン(重慶)は中央内陸部に位置する。**エ**のウルムチは北西部の新疆《しんきょう》《シンチャン》ウイグル自治区に位置する。
(3)C国はオーストラリア。①「降水量の特徴」を述べることから，「多い」「少ない」ということばを使って説明する。オーストラリアは南半球に位置し，日本とは季節が逆になる。②日本はオーストラリアから，石炭をはじめ鉄鉱石や液化天然ガスなど鉱産資源を大量に輸入している。
(4)APECはアジア太平洋経済協力会議の略称。日本，中国，オーストラリア，アメリカ合衆国，カナダ，韓国《かんこく》，東南アジア諸国連合加盟国などが参加している。

弱点チェック (3)②鉱産資源や農産物の輸入相手国はよく問われる。小麦や大豆はアメリカ合衆国，鉄鉱石はオーストラリア・ブラジル，石炭はオーストラリア・インドネシア，原油はサウジアラビア・アラブ首長国連邦《れんぽう》が主な輸入先。

第3日 地域調査，日本の地域的特色と地域区分

⇒p.28〜p.29

1 (1)ウ　(2)ウ　(3)エ

2 (1)イ　(2)リアス海岸　(3)①扇状地《せんじょうち》　②エ

(4)例**原料を輸入するには，臨海部に位置している方が便利だから。**

3 (1)イ　(2)エ

解説

1 (1)松山市は，1年を通して降水量が少なく，冬でも温暖な瀬戸内《せとうち》の気候区に属しているため，**ウ**の雨温図があてはまる。**ア**は1年を通して降水量が少ないが，冬は気温が低くて比較《ひかく》的降水量が多いため札幌市，**イ**は1年中気温が高く，夏の降水量が多いため那覇市，**エ**は冬の降水量が多いため金沢市である。

(2)北大西洋海流は，ヨーロッパの西岸沿いを北上する暖流である。対馬海流は日本海を，日本海流(黒潮)は太平洋を北上する暖流である。

(3)促成栽培は，冬でも温暖な宮崎県や高知県などで盛んであり，夏野菜などを冬から春にかけて収穫《しゅうかく》し，出荷している。

2 (1)問題文中の3000 m 級の山々が連なる山脈とは，日本アルプスのことで，中部地方の**中央高地**を示している。また，日本海側の日本有数の稲作地帯とは**北陸**，太平洋側の温暖で輸送用機械の生産が盛んなのは**東海**の中京工業地帯などである。中でも輸送用機械の生産が盛んなのは愛知県。

(3)①②川の水が山地から平地に流れ出るところに扇《おうぎ》形にできる地形を扇状地という。山から流れ出たばかりのため，土砂の目が比較的粗《あら》く，水はけがよいことから**果樹園**に利用されることが多い。

> **解き方のコツ**　**扇状地と三角州のちがい**
>
> **扇状地**…川が山から平地に流れ出たところにできる扇形の地形。水はけがよいことから果樹栽培が盛ん。
>
> **三角州**…河口付近にできる三角形の地形。水もちがよいことから稲作が盛ん。

(4)製鉄で使う鉄鉱石や石炭は，そのほとんどが輸入にたよっているため，船で運ばれることが多い。工場が臨海部にあると，港からの輸送費がかからないことから便利である。

3 (1)問題の地図では，主曲線が10 m ごと，計曲線が50 m ごとに引かれているので，縮尺は2万5千分の1とわかる。

(2)**ア**—神社の裏山の地図記号は，広葉樹を示している。**イ**—等高線から，工場と学校の間に山があり，工場から学校は見えないことがわかる。**ウ**—警察署や郵便局がある地域一帯の斜線《しゃせん》は，建物の密集地を示している。**エ**—等高線から，団地は山の斜面《しゃめん》に位置し，学校に行くときは斜面を下り，帰るときは斜面を上ることになる。

第4日 日本の諸地域(1)

⇒p.30〜p.31

1 (1)筑紫《つくし》平野　(2)①ウ　②例B県には**水分を保ちにくいシラス台地が広がり，Pの生産には向いていないため。**　(3)イ

2 (1)①広島(市)　②岡山(市)　③神戸《こうべ》(市)　④京都(市)　(2)①ア　②エ　③ウ　④イ

(3)(A)ウ・長崎《ながさき》県　(C)エ・愛媛《えひめ》県

(4)エ

解説

1 (1)**筑紫平野**は，有明海《ありあけかい》に面した平野で，稲作が盛んである。

(2)①Aは福岡県，Bは鹿児島県，Cは沖縄県。鹿児島県は**シラス台地**などでの畜産が盛んである。沖縄県は，温暖な気候を生かした野菜や花の栽培が盛んである。②鹿児島県に広がるシラス台地は火山灰でできた土地で，水はけがよく，水分が流れてしまうことから稲作には向いていない。

(3)Cの沖縄県は，台風銀座とも呼ばれるほど，台風の通り道となっている。激しい風雨から家屋を守るために，屋根を低くしたり，周囲を防風林で囲ったりした工夫を行っている。

2 (1)各都市の位置を地図で確認《かくにん》しておくこと。

(2)①広島市は，世界で最初に原爆(原子爆弾)が投下された都市である。②後楽園は江戸《えど》時代に岡山藩主池《はんしゅいけ》田綱政《だつなまさ》によってつくられた。金沢《かなざわ》の兼六園《けんろくえん》，水戸の偕楽園《かいらくえん》とともに日本三名園の1つである。③平清盛が大輪田泊を整備した。④京都市は，多くの重要文化財が残っていることでも有名。地球の温暖化を防止するため，京都議定書が採択《さいたく》された都市でもある。

(3)**ウ**はAの長崎県で，長崎市は広島市に次ぎ，原爆を投下された。また，出島は長崎湾《わん》内につくられた。**エ**のいよかんのいよ(伊予)は今の愛媛県の旧国名。

(4)Xの高知市は暖流の影響によって年間を通して温暖であり，夏は湿気《しっけ》を含《ふく》んだ南東季節風により降水量が多くなる。

第5日 日本の諸地域（2）

⇒p.32～p.33

1 ⑴①イ　②エ　⑵ア

⑶政令指定　⑷ア

⑸例都心の平均気温がP市など都心の周辺部よりも高い(という現象)

2 ⑴アイヌ民族　⑵カルデラ

⑶例親潮の影響《えいきょう》を受けて冷やされ

⑷ア

解説

1 ⑴Aは秋田市，Bは宮古市。Bは，初夏から秋にかけて近くを流れる寒流である千島海流(親潮)の上を，やませが吹《ふ》いてくるため，Aより気温が低めになっている。米の生長が遅《おく》れる冷害が発生することもある。

> **弱点チェック** 日本のまわりを流れる海流は4つ。
> **千島海流(親潮)**…太平洋側を南へ流れる寒流。
> **リマン海流**…日本海側を南へ流れる寒流。
> **日本海流(黒潮)**…太平洋側を北へ流れる暖流。
> **対馬《つしま》海流**…日本海側を北へ流れる暖流。

⑵福島県は，東北新幹線が通っている。

⑶**政令指定都市**は，人口が50万人以上で，政府の指定を受けた都市のことである。全国に20都市が指定されている(2021年4月)。

⑷Xは岩手県であり，**ア**が生産されている。**イ**は福島県，**ウ**は山形県，**エ**は青森県の伝統的工芸品である。

⑸**ヒートアイランド現象**は，都市部での人間の活動による排熱《はいねつ》が，アスファルトなどでこもってしまい，夜になっても気温が下がらないままとなる現象である。

> **解き方のコツ** ヒートアイランド現象を説明するときは，「中心部」が「周辺部」より「気温が高い」ことを書くようにする。

2 ⑵火山活動によってつくられたくぼ地をカルデラといい，カルデラの内部に水がたまってできた湖をカルデラ湖という。カルデラ湖は，洞爺湖のほかに，摩周《ましゅう》湖や十和田湖などがある。

⑶地図から，夏の温かく湿った季節風が，寒流の親潮の上を通過するときに冷やされ，濃霧が発生することがわかる。

⑷耕地面積が広く，果実の産出額が少ないことから**ア**が北海道である。**イ**は米と果実の産出額が多いことから東北地方，愛知県で花の栽培《さいばい》が盛んなことから花きの産出額が多い**ウ**は中部地方，東京都周辺で野菜の近郊《きんこう》農業が盛んなことから野菜の産出額が多い**エ**は関東地方である。

第6日 古代～中世の日本

⇒p.34～p.35

1 ⑴竪穴《たてあな》住居　⑵ア　⑶魏《ぎ》

⑷十七条の憲法

⑸大化《たいか》の改新

⑹長安《ちょうあん》

⑺例894年遣唐使《けんとうし》を停止したこと。(15字)

2 ⑴平清盛

⑵①定期市(市)　②ウ・エ

⑶①分国法　②イ

3 ⑴例朝廷《ちょうてい》を監視《かんし》するため。　⑵イ

解説

1 ⑵稲作《いなさく》が広まるのは弥生時代。このころから金属器が使われ始めた。

⑶『魏志《ぎし》』倭人伝《わじんでん》という史料に書かれている。

⑹長安は，当時，国際都市として世界各地から人々が集まり，おおいににぎわった。現在の西安《シーアン》。

⑺菅原道真《すがわらのみちざね》は，唐のおとろえや航海の危険などを理由に，遣唐使の停止を訴《うった》えた。唐の滅亡《めつぼう》は907年。

2 ⑵①鎌倉時代になると，宋との貿易で輸入された宋銭(銅銭)が取り引きに使われるようになり，人通りが多い交通の要所や寺社の門前などに**定期市**が立つようになった。②お金の貸し付けを行っていた土倉や酒屋は，室町幕府に税を支払う代わりに保護を受けていた。**ア**の馬借は物資を運んだ人々，**イ**の問は船での運送も行う倉庫業者のことである。

3 ⑴六波羅探題は，朝廷の監視のほか，西日本の御家人の統制なども行った。

⑵**管領**は室町幕府の将軍を補佐する役職で，有力な守護が任命された。

> **弱点チェック** 将軍を補佐する役職
> **執権《しっけん》**…鎌倉幕府の将軍を補佐する役職。北条氏一族がついた。
> **管領**…室町幕府の将軍を補佐する役職。有力な守護がついた。
> **老中《ろうじゅう》**…江戸《えど》幕府の政治を行う役職。非常時にはこの上に大老が置かれた。

第7日 近世の日本

⇒p.36～p.37

1 (1)ア　(2)ア

(3)例(連帯責任を負わせることで)年貢を納めなかったり，犯罪をおこしたりすることを防ぐため。

2 (1)(X)寛政《かんせい》　(Y)水野忠邦《みずのただくに》　(2)①ア　②ウ　③エ　(3)例元禄文化は，上方《かみがた》を中心として発達した町人文化で，人形浄瑠璃《じょうるり》の脚本家《きゃくほんか》近松門左衛門《ちかまつもんざえもん》が有名である。化政文化は，江戸を中心として発達した庶民《しょみん》文化で，葛《かつ》飾北斎《しかほくさい》らがえがいた浮世絵《うきよえ》が人気を集めた。

(4)エ　(5)イ

解説

1 (1)鉄砲はポルトガル人によって1543年に伝えられた。その後，堺《さかい》(大阪《おおさか》府)や国友《くにとも》(滋賀《しが》県)で，鉄砲が生産されるようになったことから，**ア**が誤り。

(2)**イ**―江戸幕府は，直接の支配地(幕領)だけではなく全国でキリスト教を禁止した。**ウ**―鎖国のころは，東南アジアへの渡航《とこう》や，東南アジアからの帰国も禁止された。**エ**―鎖国中も，対馬藩は朝鮮《ちょうせん》と，薩摩《さつま》藩は琉球《りゅうきゅう》王国と，松前《まつまえ》藩は北海道のアイヌの人々との交易を行っていた。

(3)江戸幕府は年貢を安定して取るために，農民の土地の権利の売買を禁止し，商品作物の栽培《さいばい》を制限するなど規制を強め，五人組の制度によって連帯責任を負わせた。

2 (1)X松平定信《まつだいらさだのぶ》は11代将軍徳川家斉《とくがわいえなり》のとき，老中《ろうじゅう》となり，幕政を担当した。財政の再建のため大名・旗《はた》本《もと》に**倹約令**《けんやくれい》を出し，農村の復興などの改革を行った。Y水野忠邦は享保《きょうほう》・寛政の改革にならって幕政改革を行ったが，江戸・大阪《おおさか》周辺の農村を幕府の直轄地《ちょっかつち》にしようとした**上知令**《じょうちれい》《あげちれい》が大名・旗本などから反対され失敗に終わった。これを契機《けいき》に幕府の権威《けんい》は弱まり，水野忠邦は失脚《しっきゃく》した。

(2)**イ**は**田沼意次**《たぬまおきつぐ》の政治。

(3)元禄文化は5代将軍徳川綱吉《つなよし》のころに栄えた文化。化政文化は文化・文政時代を中心とする文化。

(4)**ア**は1392年，**イ**は16世紀末の豊臣秀吉《とよとみひでよし》の朝鮮侵略《ちょうせんしんりゃく》のときのできごと，**ウ**は日清《にっしん》戦争後の19世紀末，**エ**は水野忠邦の天保《てんぽう》の改革のころ。

(5)**ア**は16世紀前半，**イ**は19世紀前半，**ウ**は1851～64年に清《しん》でおこった，**エ**は1492年。

第8日 近・現　代 (1)

⇒p.38～p.39

1 (1)イ

(2)例天皇を中心とした中央集権国家体制。(17字)　(3)エ　(4)イ

2 (1)日米修好通商

(2)(人物)西郷隆盛《さいごうたかもり》

(名称)西南戦争

(3)例(日本国内で外国人が)法に触《ふ》れる行為《こうい》をしたとき，その国の領事が裁判を行うことのできる権利。

(4)ア・エ

3 (1)イ　(2)ウ→ア→イ

(3)例主権は国民にではなく天皇にあった。

(4)義和団《ぎわだん》事件

解説

1 (1)**ア**―岩倉使節団は，不平等条約を改正するために，欧米《おうべい》に派遣された。**ウ**―関税自主権の回復ではなく，領事裁判権の撤廃である。**エ**―台湾ではなく，遼東《りょうとう》《リアオトン》半島である。

2 (1)日米修好通商条約は，1858年に朝廷《ちょうてい》の許可を得ず，大老**井伊直弼**が調印した。この条約により函館《はこだて》に加えて，神奈川《かながわ》(横浜《よこはま》)・長崎《ながさき》・新潟《にいがた》・兵庫《ひょうご》(神戸)の開港と自由貿易の承認《しょうにん》などが規定された。また，同様の内容の条約がオランダ・ロシア・イギリス・フランスとの間で結ばれた(安政の五か国条約)。

(2)「最も大規模な士族の反乱」から西南戦争とわかる。鹿児島《かごしま》県の私学校生を中心とする士族に迎《むか》えられた西郷隆盛がおこした。この反乱が鎮圧されて以降，政府への批判《ひはん》は武力ではなく，言論によるものへとかわった。

(4)明治時代初期の目標である「**富国強兵**」，「**殖産興業**《しょくさんこうぎょう》」は，軍隊や工業に重点が置かれた。

3 (1)**五箇条の御誓文**は，天皇が神に誓《ちか》うという形式をとり，**公議世論の尊重**，**開国和親**など新政府の方針を示していた。

(2)**ア**は1873年，**イ**は1875年，**ウ**は1872年である。

(3)大日本帝国憲法は**欽定**《きんてい》**憲法**であり，主権は天皇にあった。

(4)ある団体とは，**義和団**のこと。義和団事件後も中国東北部に軍隊をとどめ南下をうかがうロシアと，朝鮮半島に勢力をのばそうとしていた日本が対立を深め，1904年に**日露**《にちろ》**戦争**がおこった。

第9日 近・現 代(2)

⇒p.40～p.41

1 (1)ドイツ (2)山東《さんとう》《シャントン》 (3)大連《だいれん》《ターリエン》
(4)ポーツマス条約 (5)イ (6)エ

2 (1)文明開化 (2)イ
(3)(名称)米騒動《こめそうどう》
(記号)ウ
(4)エ→ア→ウ→イ
(5)例いなかへ疎開《そかい》しました
(6)例<u>所得</u>が増加し，家庭には電化製品が普《ふ》及《きゅう》して，<u>家事</u>がずいぶん楽になった。
(7)イ

解説

1 この史料は**二十一か条の要求**といわれ，1915年，日本が当時政権を握《にぎ》っていた中国の袁世凱政府に提出したものである。内容は山東省におけるドイツ権益の接収のほか，中国全土にわたる広範《こうはん》な諸権益の要求を含《ふく》んでいた。袁世凱は，辛亥《しんがい》革命(1911年)の中心となった孫文に代わって政権を握《にぎ》っていた。

(4)旅順・大連の租借《そしゃく》権は，日露《にちろ》戦争の勝利により日本がロシアから獲得したものである。

2 (1)明治時代になると，欧米《おうべい》の文化や生活様式が取り入れられ，洋館・洋服・ガス灯などが都市部を中心に広まり，資料の絵のような，肉を食べる習慣なども広がっていった。

(2)文明開化は明治時代初期である。**ア**は1902年，**ウ**は1901年，**エ**は1925年。

(3)シベリア出兵を見越《みこ》した米商人などの米の買い占《し》めと売り惜《お》しみにより，米価が上昇《じょうしょう》した。そのため，富山《とやま》県の主婦が米の安売りを求めた事件が契機《けいき》となり，全国的な米騒動に発展した。

(4)エは1931年，**ア**は1933年，**ウ**は1937年，**イ**は1940年。

(6)高度経済成長期とは1950年代後半～1973年ごろを指す。この時期は国民総生産も増加し，家電製品などの普及率が高くなった。

(7)アは1945年，**イ**は1964年，**ウ**は1998年，**エ**は1978年。

第10日 仕上げテスト〔社会〕

⇒p.42～p43

❶ (1)エ (2)氷河 (3)小麦 (4)カ

❷ (1)ウ (2)ア (3)祇園祭《ぎおんまつり》 (4)イ (5)イ
(6)ウ (7)源 頼朝《みなもとのよりとも》

解説

❶ (1)資料1は正距《せいきょ》方位図法と呼ばれる地図で，中心からの距離《きょり》と方位が正しく表されているものである。**ア**―東京から最も遠いのは，資料1でいちばん外側に位置しているブエノスアイレスである。**イ**―資料1では，サンフランシスコから見た東京の方位はわからない。正距方位図法では，中心以外から見たときの方位は正しくない。なお，サンフランシスコから東京を見たときの正確な方位は北西になる。**ウ**―資料1では，東京の反対側は円の外周になるが，わかりやすく言うと，アルゼンチン沖《おき》となる。

(2)スカンディナビア半島の北側の海岸は，氷河によって侵食《しんしょく》された，出入りの激しい海岸になっている。このような海岸のことをフィヨルドという。

> **解き方のコツ** 出入りの激しい海岸線については，氷河によって削られてできたものはフィヨルド，山地が沈んでできたものはリアス海岸。したがって，フィヨルドは高緯度《こういど》地方に形成されるので，日本では見られない。

(3)オリーブは，気温が高く乾燥《かんそう》した地域での栽培が行われていることから**ウ**，ぶどうは気温が低くなりすぎると生育しづらくなることから**イ**，小麦は寒さに強く，世界各地での栽培に適していることから最も北側の**ア**まで栽培が可能である。

❷ (1)徳川家康《とくがわいえやす》がまつられている日光東照宮などがある日光の社寺は栃木県，石見銀山などがあるのは島根県である。

(2)法隆寺を建てた聖徳太子は，推古天皇の摂政《せっしょう》として政治を行い，力をもった豪族の蘇我氏とともに政治を行った。**イ**―聖徳太子とあるために一見正解のように見えるが，「家柄によって役人をとりたてる」が誤りである。聖徳太子は，家柄によらず役人をとりたてた。**ウ**―小野妹子らが派遣されたのは隋で正しいが，白村江の戦いで戦ったのは隋ではなく唐《とう》である。**エ**―釈迦三尊像が影響を受けた文化は，隋ではなくその前の南北朝の時代の文化である。

(3)祇園祭は現代まで続いている祭りである。

(4)アの東寺は真言宗，**ウ**の延暦寺は天台宗，**ウ**と**エ**の鹿苑寺・慈照寺はともに臨済《りんざい》宗である。

(5)1945年7月にアメリカ・イギリス・ソ連の首脳が会談し，ポツダム宣言がまとめられ，中国の同意を得て，発表された。ソ連は，当時日本と中立条約を結んでいたために宣言の発表には加わらなかった。

(7)源頼朝は，弟の義経《よしつね》をかくまったとして，奥州藤原氏を攻《せ》め滅《ほろ》ぼした。

理科 Science

第1日 光・音・力

⇒p.44~p.45

1 (1) a －反射角　b －入射角
(2)黄，黒

2 (1)ア，エ
(2)0.15 秒

3 (1)フックの法則
(2)イ
(3)イ

解説

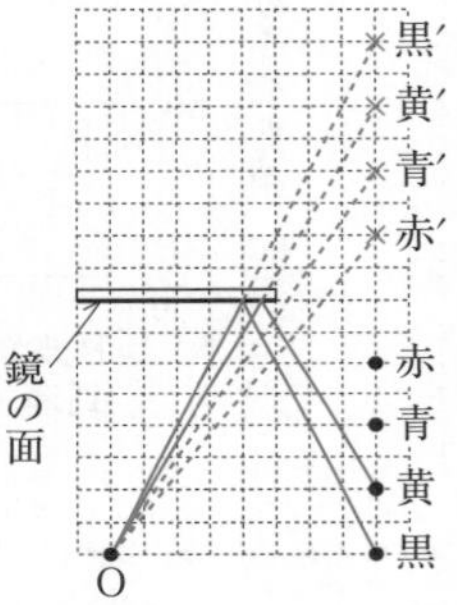

1 (1)鏡に対する垂線と入射光がつくる角を**入射角**，垂線と反射光がつくる角を**反射角**といい，入射角と反射角の大きさは必ず等しい。

(2)右図のように，黄，黒の色鉛筆から出た光は鏡に反射して点Oの位置に進めるが，赤と青から出た光は，光を反射させる鏡がないため，点Oに届かない(赤′と青′を参照)。

2 (1)図2に比べ，図3の音は，**振幅**《しんぷく》が同じであるが，**振動数**《しんどうすう》が多くなっている。つまり，音の大きさは変わらず，音の高さが高くなっていることがわかる。音の高さを高くするには，弦《げん》の張りを強くする，弦を細くする，弦を短くする，などがある。

(2)51 m÷340 m/s＝0.15 s

3 (2)ばねBについて，横軸《よこじく》におもりの数，縦軸《たてじく》にのびの長さをとり，方眼にそれぞれの点を打ち，線の上下に同じくらい点がくるように直線を引いてのびのふえ方を調べると，おもりが1個ふえるごとに，ばねののびはおよそ1.7 cmずつふえることがわかる。0.5 Nの力で1.7 cmのびるとしたとき，ばねののびが12.0 cmになるときのばねを引く力をx〔N〕とすると，0.5：x＝1.7：12.0 より，x≒3.5〔N〕

(3)ばねAについても(2)と同様に調べると，おもりが1個ふえるごとに，ばねののびはおよそ0.7 cmずつふえることがわかる。よって，ばねAののびとばねBののびの比は，0.7：1.7≒2：5 となる。5 Nの力で引いたときのばねののびの比が問われているが，ばねののびの比はばねに加わる力が変わっても一定である。

第2日 身のまわりの物質

⇒p.46~p.47

1 (1)融点《ゆうてん》
(2)質量が変わらず体積が小さくなったので，密度は大きくなった。

2 (1)換気《かんき》
(2)(右図)
(3)水でぬらした赤色リトマス紙を，気体を集める試験管の口の所に近づける。

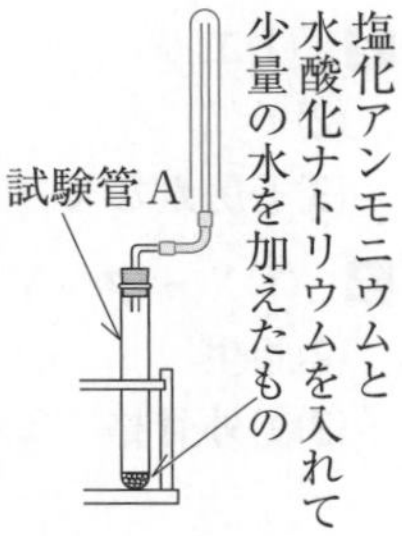

3 (1)水(水蒸気)　(2)38％
(3)再結晶《さいけっしょう》　(4)1.9 g

解説

1 (1)固体が液体になるときの温度を**融点**といい，液体が気体になるときの温度を**沸点**《ふってん》という。

(2)密度〔g/cm³〕＝$\frac{\text{物質の質量〔g〕}}{\text{物質の体積〔cm}^3\text{〕}}$

より，物質の質量が一定の場合，物質の体積が小さくなるほど密度は大きくなる。

2 (2)アンモニアは，水に非常によく溶《と》け，空気より軽いので，**上方置《ち》換法《かんほう》**で集める。

(3)アンモニアがリトマス紙の水に溶けてアルカリ性のアンモニア水になるため，赤色リトマス紙が青色に変化する。

3 (1)水の沸点は100℃なので，水が沸騰《ふっとう》して水蒸気になったものが最も多く含《ふく》まれる。

(2)80℃の水5.0 gに溶ける硝酸《しょうさん》カリウムの質量は，

$168.8\times\frac{5.0}{100}$=8.44〔g〕より，硝酸カリウム3.0 gはすべて溶ける。

質量パーセント濃度《のうど》〔%〕＝$\frac{\text{溶質の質量〔g〕}}{\text{溶液の質量〔g〕}}\times100$

より，この水溶液の質量パーセント濃度は，

$\frac{3.0}{3.0+5.0}\times100$=37.5〔%〕

(4)10℃の水5.0 gに溶ける硝酸カリウムの質量は，

$22.0\times\frac{5.0}{100}$=1.1〔g〕より，出てきた硝酸カリウムの質量は，3.0－1.1=1.9〔g〕

弱点チェック 状態変化では，体積が変化するが，質量は変化しない。
・体積が小さくなる→密度が大きくなる
・体積が大きくなる→密度が小さくなる

第3日 身のまわりの生物と分類

⇒ p.48～p.49

1 (1)(記号)ウ
(入っているもの)花粉
(2)エ

2 (1)エ
(2)イ
(3)子房《しぼう》がなく，胚珠《はいしゅ》がむき出しである。

3 (1)X－ウ　Y－ア　Z－イ
(2)胎生《たいせい》
(3)①外骨格　②外とう膜《まく》

解説

1 (1)aは雄花《おばな》なので，おしべを選ぶ。おしべのやくの中には花粉が入っている。
(2)がくが綿毛になり，果実を風で遠くまで運ぶはたらきをする。

2 Aはコケ植物，Bはシダ植物，Cは種子植物のうちの裸子《らし》植物，Dは被子《ひし》植物，Eは離弁花類《りべんかるい》，Fは合弁花類である。
(1)A，Bは**胞子《ほうし》**でふえ，C，Dは**種子**でふえる(**ア**)。Aのコケ植物には，根・茎《くき》・葉の区別はないが，Bのシダ植物とC，Dの種子植物には，根・茎・葉の区別がある(**イ**)。被子植物の単子葉類と双子葉類《そうしようるい》では葉脈の通り方が異なり，単子葉類の葉脈は平行に通るが，双子葉類の葉脈は網目状《あみめじょう》に通る(**ウ**)。
(2)スギナはシダ植物，ササは単子葉類，ツツジは双子葉類の中の合弁花類のなかまである。
(3)Dの被子植物は**胚珠**が**子房**の中にあり，受粉後，子房は果実に，胚珠は種子になる。裸子植物には子房がないので果実ができない。

3 図2で，aは鳥類，bはハ虫類，cは魚類，dは両生類，eはホ乳類，fは無セキツイ動物のうちの節足動物である。
(1)体表が羽毛でおおわれているのは鳥類，一生えらで呼吸をするのは魚類，卵に殻《から》があるのはハ虫類と鳥類である。
(2)卵を産んでなかまをふやすことを**卵生**，子を産んでなかまをふやすことを**胎生**という。魚類，両生類，ハ虫類，鳥類は卵生，ホ乳類は胎生である。
(3)軟体動物《なんたいどうぶつ》は，からだがやわらかく，内臓は外とう膜という膜でおおわれ，筋肉でできたあしをもつ。節足動物のからだの表面は，外骨格という固い殻でおおわれている。

第4日 大地の変化

⇒ p.50～p.51

1 (1)石基
(2)地下深くでゆっくりと冷え固まった

2 (1)b→a→d→c
(2)38 m
(3)凝灰岩《ぎょうかいがん》

3 (1)断層
(2)①震度《しんど》　②マグニチュード
(3)初期微動継続時間《しょきびどうけいぞくじかん》
(4)(下図)　(5)およそ120 km

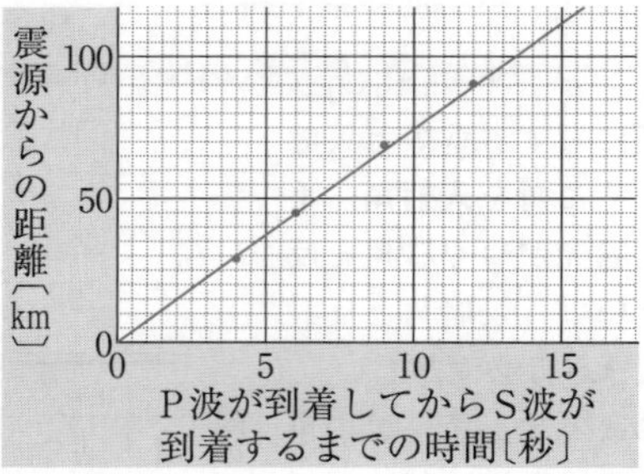

解説

1 (1)図1は，斑晶《はんしょう》が石基に囲まれている**斑状組織《はんじょうそしき》**である。
(2)図2は，十分に成長した鉱物がきっちりと組み合わさっていて石基の部分がない。このような火成岩のつくりを**等粒状組織《とうりゅうじょうそしき》**といい，この岩石は，マグマが地下深くで長い時間をかけてゆっくりと冷え固まってできた。

2 (1)地点Pと地点Rの柱状図から，この2つの地層に共通する部分があることがわかる。この2つを比べると，地点Rの柱状図の地下9m以下の地層が，地点Pの6m以下に続くことになる。このことから，b→a→dと堆積《たいせき》していることがわかる。地点Qの柱状図から，d層の上にc層があるため，b→a→d→cと堆積したと考えられる。
(2)地点Pのa層の下面は地表から2m，地点Rのa層の下面は地表から5mにある。地点Pと地点Rの深さは3m違うので，地点Rの地表は，
35+3=38〔m〕

3 (5)初期微動継続時間と震源《しんげん》からの距離《きょり》は比例の関係にある。E地点の初期微動継続時間は，表より16秒。初期微動継続時間が16秒のときの震源からの距離は，(4)のグラフより，約120 kmであることがわかる。

第5日 電流と電圧

⇒p.52〜p.53

1 (1)$I_1<I_2<I_3$ (2)1.5 V
(3)6.4 V (4)イ

2 (1)2 倍
(2)18000 J

3 (1)1.5 A
(2)2700 J
(3)(右図)
(4)エ

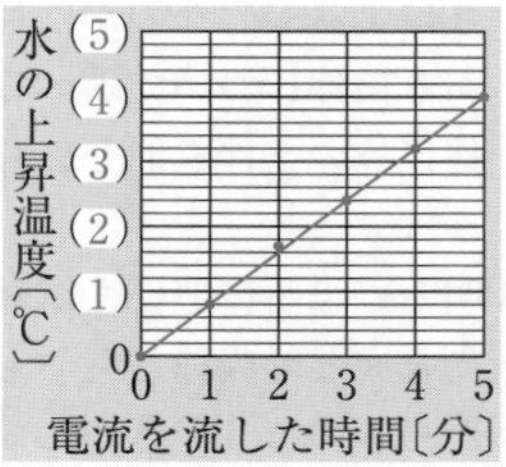

解説

1 (1)図 1 は豆電球の**並列《へいれつ》回路**である。電球P，Qの電圧は電源の電圧に等しい。したがって抵抗《ていこう》が大きいほど流れる電流は小さい。

(2)電球Pの抵抗は 5 Ω であるから，0.3 A の電流を流すために必要な電圧は，5 Ω ×0.3 A=1.5 V

(3)図 2 は豆電球の**直列回路**である。電球Pを流れる電流は，4 V÷5 Ω=0.8 A　電球Qを流れる電流も 0.8 A であるから，Qの両端《りょうたん》の電圧は，
3 Ω ×0.8 A=2.4 V
したがって，4+2.4=6.4〔V〕

(4)最も明るいのは電力が最も大きい電球である。
電力=電圧×電流

2 (1)電圧が一定のとき，電流の大きさは消費電力に比例する。

(2)600 W×30 s=18000 J

3 (1)9 W÷6 V=1.5 A

(2)9 W×300 s=2700 J

(4)結果より，5 分間の水温の上昇《じょうしょう》が電熱線 b は電熱線 a の 3 倍なので，電熱線 b の消費電力は電熱線 a の 3 倍の 27 W である。

第6日 電流のはたらき

⇒p.54〜p.55

1 (1)ア
(2)(力)大きくなった (抵抗《ていこう》) $\frac{1}{2}$ 倍
(3)イ

2 (1)誘導電流《ゆうどうでんりゅう》
(2)磁界が変化しなかった
(3)イ

3 (1)①－ ②－ ③電子線(陰極線《いんきょくせん》)
(2)電子

解説

1 (1)電流の向きも磁界の向きも逆になったので，力を受ける向きは，はじめと同じ。

(2)電圧が一定で電流の大きさが 2 倍になったということは，抵抗が $\frac{1}{2}$ 倍になったと考えられる。

(3)アの電磁石は，電流のまわりにできる磁界を利用したもの。**ウ**の電球と**エ**の化学電池は，いずれも磁界とは無関係。

2 (2)コイルに棒磁石を近づけたりして，コイルの中の磁界が変化すると，コイルに電流が流れる。

(3)**誘導電流**の大きさは，磁界の変化が大きいほど大きくなる。誘導電流の向きは，棒磁石のN極とS極で，また，棒磁石を近づけたときと遠ざけたときで異なる。

> **解き方のコツ** 誘導電流の向きは，
> ・磁界の向きを逆にすると，逆になる。
> ・磁石を動かす向きを逆にすると，逆になる。
> →両方を逆にすると，同じになる。

3 (1)(2)**電子線**(陰極線)は電子の流れである。電流の正体は電子の流れであるが，電流の流れる向きと電子の移動の向きは逆になっている。電子線は電極Kから出て進むが，これは電子の移動の向きを表しており，－極から＋極へ向かう。また，電子は－の電気をもつ粒《つぶ》であるため，同極(－極)とはしりぞけあい，異極(＋極)と引きあう。よって電子線が曲がった方向にある電極Bが＋極とわかる。

第7日 化学変化と原子・分子

⇒p.56〜p.57

1 (1)Fe+S ⟶ FeS (2)エ

2 (1)CO_2 (2)ウ (3)ウ

3 (1)$2Mg+O_2$ ⟶ 2MgO
(2)50％
(3)(銀：マグネシウム=)9：1

解説

1 (1)鉄＋硫黄《いおう》 ⟶ 硫化鉄《りゅうかてつ》
できた黒色の物質は硫化鉄である。化学反応式は，左辺と右辺の原子の種類と数が同じになるように気をつける。

(2)**ア**，**イ**，**ウ**は 1 種類の物質が分かれて，2 種類以上の物質ができる化学変化(**分解**)である。

2 (1)酸化銅＋炭素 ⟶ 銅＋二酸化炭素

石灰水《せっかいすい》が白く濁《にご》ることから，発生した気体は二酸化炭素であることがわかる。

(2)酸化銅は酸素を奪《うば》われて銅になったので**還元**された。炭素は酸素を奪い，二酸化炭素になったので，**酸化**された。

(3)$2CuO + C \longrightarrow 2Cu + CO_2$

3 (2)グラフより，0.3 g のマグネシウムと過不足なく結びつく酸素の質量は，0.5－0.3=0.2〔g〕
1 回目の加熱でマグネシウムと結びついた酸素の質量は，0.4－0.3=0.1〔g〕で，0.2 g の 50 % であることから，酸化したマグネシウムの粉末も 50 % であることがわかる。

(3)酸化銀の分解の結果から，酸化銀 2.9 g は，銀 2.7 g と酸素 2.9－2.7=0.2〔g〕の化合物であることがわかる。実験より，マグネシウム 0.3 g は 0.2 g の酸素と結びつくので，酸素 0.2 g と結びつく銀の質量とマグネシウムの質量の比は，2.7：0.3=9：1

第8日 生物のからだのつくり

⇒ p.58～p.59

1 **(1)アミラーゼ (2)ウ**

2 **(1)②**
(2)ア
(3)二酸化炭素と酸素の交換《こうかん》が効率よくできる。
(4) d

3 **(1)(試験管 A の溶液《ようえき》の色の変化は，)光によるものではなく，オオカナダモのはたらきによるものであることを確かめるため。**
(2)対照実験
(3)X－イ Y－ア Z－ア

解 説

1 (1)(2)唾液《だえき》に含《ふく》まれる**アミラーゼ**のはたらきで，A と C ではデンプンが分解されてブドウ糖がいくつかつながったものになったため，A はヨウ素液による色の変化がみられず，C はベネジクト液によって赤《せき》褐色《かっしょく》の沈殿《ちんでん》ができる。デンプンのある B はヨウ素液によって青紫色《あおむらさきいろ》に変化し，D はベネジクト液による変化がみられない。

2 (1)②は肺静脈であり，肺から心臓にもどる酸素の多い血液が流れている。

(2)A と B は心房《しんぼう》，C と D は心室である。心臓に血液が流れこむ所は**心房**であり，心臓から血液を送り出す所が**心室**である。

(4)血液中の不要物は腎臓《じんぞう》でこし出され，ぼうこうに一時ためられ尿《にょう》として排出《はいしゅつ》される。

3 (1)(2)試験管 C を用意しなければ，試験管 A の色の変化が，光によるものなのかオオカナダモのはたらきによるものなのかは判断できない。このように，ある条件について調べるために，調べようとする条件以外の条件を同じにして行う実験を**対照実験**という。

(3)明るい場所に置いた試験管 A では，オオカナダモは光合成と呼吸のどちらも行っているが，光合成のはたらきのほうがさかんである。よって，呼吸でつくられる二酸化炭素より，光合成で使われる二酸化炭素のほうが多いので，溶液中の二酸化炭素が減り，溶液はアルカリ性になる。試験管 B では，呼吸だけが行われているので，溶液中の二酸化炭素がふえ，溶液は酸性になる。BTB 液は，酸性で黄色，中性で緑色，アルカリ性で青色を示す試薬である。

第9日 天気とその変化

⇒ p.60～p.61

1 **(1)30 N (2)2 倍**
(3)1.8 kg

2 **(1)停滞前線《ていたいぜんせん》(梅雨《ばいう》前線)**
(2)1016 hPa
(3)シベリア気団
(4)(気圧配置)イ (季節風の向き) b

3 **(1)82 %**
(2)100 %
(3)イ
(4)気温が上昇《じょうしょう》して，飽和《ほうわ》水蒸気量が大きくなったから。

解 説

1 (1)3 kg=3000 g
3000 ÷ 100=30〔N〕

(2)面 C は 10×20=200〔cm^2〕，面 B は 10×40=400〔cm^2〕である。圧力は面積と反比例することを利用すると，面 C の面積は面 B の面積の $200 \div 400 = \frac{1}{2}$〔倍〕なので，圧力は 2 倍となる。

(3)面 A の面積は 20×40=800〔cm^2〕=0.08〔m^2〕である。また，600×0.08＝48〔N〕より，直方体と円筒形《えんとうけい》のおもりを合わせた質量は 4.8 kg であることがわかる。よって，4.8－3＝1.8〔kg〕

2 (2)等圧線は 4 hPa ごとに引かれている。

(3)(4)12 月ごろには大陸上にシベリア気団が発達し，気圧配置は西の大陸で高く，東の太平洋側で低い西高東低になる。また，シベリア気団からは冷たい北西の季節風が吹《ふ》く。

3 (1)乾球《かんきゅう》は 21 ℃，湿球《しっきゅう》は 19 ℃を示している。よって，表 2 で，「乾球の示度」が21℃のところを右にたどり，「乾球と湿球の示度の差」が 2.0 ℃のところを下にたどって，交わったところの数値を読みとる。

(2)20 ℃まで冷却するときに容器の内側がくもったということは，容器内の水蒸気が 20 ℃のとき飽和《ほうわ》に達しているということである。水蒸気で飽和した空気の湿度《しつど》は100 %となる。

(3)表 1 より，8 時のときの気温は 24.5℃，湿度は 65 %。また，図 2 より，24.5℃のときの飽和水蒸気量はおよそ 22.5g/m³ なので，空気中に含《ふく》まれている水蒸気量は，22.5 × 0.65=14.625〔g/m³〕で，約 14.6 g/m³ ある。図 2 より，14.6 g/m³ が飽和水蒸気量となる気温はおよそ17℃とわかる。

(4)10 時のときに空気中に含まれる水蒸気量は，(3)と同様にして求めると，およそ 1.46 g/m³ で，8 時のときの空気中に含まれる水蒸気量と変わらないことがわかる。湿度〔%〕は，

$$\frac{1\ \text{m}^3\ \text{の空気中に含まれる水蒸気の量〔g/m}^3\text{〕}}{\text{その気温での飽和水蒸気量〔g/m}^3\text{〕}} \times 100$$

で求めることができる。よって，分子の，「1 m³ の空気中に含まれる水蒸気の量」が変化せず，分母の「飽和水蒸気量」が気温の上昇にともなって大きくなると，湿度は低くなる。

第10日 仕上げテスト〔理科〕

⇒p.62〜p.63

❶ (1)80 Ω (2)16 Ω (3)エ→ウ→ア→イ

❷ (1)エ (2)積乱雲

(3)移動性高気圧と低気圧が，交互《こうご》に日本を通過していくから。

❸ (1)分解（熱分解） (2)CO_2

(3)石灰水《せっかいすい》が流れこむことで試験管が割れるのを防ぐため。

❹ (1)感覚器官

(2)①3.36 ②0.24

(3)エ

解 説

❶ (1)6.4 V ÷ 0.08 A=80 Ω

(2)回路全体を流れる電流は，100+400=500〔mA〕より 0.5 A。回路全体の電圧は，各電熱線に加わる電圧と等しいので 8.0 V。これより，回路全体の抵抗《ていこう》の大きさは，8.0 V ÷ 0.5 A=16 Ω

(3)一定時間の発熱量は電力（電圧 × 電流）が大きいほど大きい。電力は，実験 1 の電熱線 a が 0.512 W，電熱線 b が 0.128 W，実験 2 の電熱線 a が 0.8 W，電熱線 b が 3.2 W。

❷ (1)寒冷前線の通過後は風向が南よりから北よりに変化し，気温が下がる。

(2)寒冷前線が通過するとき，寒気が暖気を激しくおし上げて強い上昇《じょうしょう》気流《きりゅう》が生じるため，上にのびる積乱雲が発達する。

❸ (1)(2)炭酸水素ナトリウム

→炭酸ナトリウム + 水 + 二酸化炭素

炭酸水素ナトリウムの分解によって発生した二酸化炭素（CO_2）は石灰水に通すと，石灰水を白く濁《にご》らせる性質がある。

❹ (1)目や耳，皮膚《ひふ》や鼻，舌のように，外界からの刺《し》激《げき》を受けとる器官を感覚器官という。

(2)①(3.41 + 3.38 + 3.29) ÷ 3 = 3.36〔秒〕

②1 人目は，ストップウォッチを押すと同時に隣《となり》の人の手を握《にぎ》るので，反応にかかわる人数は 1 人目を除く 14 人である。よって，1 人あたりの反応にかかる時間は，3.36 ÷ 14 = 0.24〔秒〕

(3)手を握られたという刺激は，皮膚から感覚神経を経て脊髄《せきずい》を通り脳に達する。その後，脳が手を握れという信号を出し，その信号が脊髄，運動神経を経て手を動かす筋肉に達する。

英語 English

第1日 動詞（be 動詞・一般動詞）

⇒p.64～p.65

1 (1)イ　(2)ウ

2 (1)was　(2)taught us

3 (1)had, good　(2)did, not, any
(3)He, broke

4 (1)I'm[I am] not from Osaka.
(2)My notebook was on the desk an hour ago.
(3)Were your parents at home?
(4)There were some children in the garden.

5 例　He came to Toyama last month. He has two sisters and one brother. He likes music. He plays tennis with his friends on Sundays. He studies Japanese hard. He is enjoying his life in Toyama. He likes beautiful mountains in Toyama.（このようなことから4つ書く）

解説

1 (1)**主語は3人なので複数**。主語に合うbe動詞を選ぶ。「マイコとハルナとユカリは中学生です。」
(2)主語のHeは単数。Heはここではa dogを指す。直前の文が過去形なので，isの過去形のwasを選ぶ。

2 (1)rain＝「雨が降る」をbe rainy＝「雨だ」で書きかえる。「昨日，雨が降りました。」→「昨日は雨でした。」
(2)「私たちのフランス語の先生でした」を「私たちにフランス語を教えました」と考える。「タナカ先生は私たちのフランス語の先生でした。」→「タナカ先生は私たちにフランス語を教えました。」

> **解き方のコツ**
> **天気を表す表現**
> ・「晴れ」を表す表現
> It is sunny[fine] today.（今日は晴れです。）
> We have a sunny[fine] day today.
> （今日は天気がいい日です。）
> ・「雨・雪」を表す表現
> It rained[snowed] yesterday.
> （昨日，雨[雪]が降りました。）
> It was raining[snowing] yesterday.
> （昨日，雨[雪]が降っていました。）
> It was rainy[snowy] yesterday.
> （昨日は雨[雪]でした。）
> We had rain[snow] yesterday.
> （昨日は雨[雪]でした。）

3 (1)「楽しい時を過ごす」＝have a good time。あとにlast month＝「先月」があるので，haveを過去形にする。**haveは不規則動詞**。
(2)一般動詞の過去の否定文。「1人も～ない」＝not ～ any ...
(3)break＝「割る，壊す」は**不規則動詞**。

> **弱点チェック**
> 原形と過去形の形が同じ動詞を覚えておこう
> 例　cut「切る」　過去形…cut
> put「置く」　過去形…put
> read「読む」　過去形…read（発音は[red]）

4 (1)be動詞の否定文は，**be動詞のあとにnot**を置く。I am notを短縮形にするときはI'm notを使う。「私は大阪の出身です。」→「私は大阪の出身ではありません。」
(2)過去の文にする。isの過去形はwas。「私のノートは机の上にあります。」→「私のノートは1時間前，机の上にありました。」
(3)be動詞の疑問文は**be動詞を主語の前に**置く。「あなたの両親は家にいました。」→「あなたの両親は家にいましたか。」
(4)someのあとの数えられる名詞は複数形にする。**child**＝「子ども」の複数形は**children**。be動詞は主語に合わせてwereにする。「庭に一人の子どもがいました。」→「庭に何人かの子どもがいました。」

5 解答例の訳「彼は先月，富山に来ました。」「彼は2人のお姉さん[妹さん]と1人のお兄さん[弟さん]がいます。」「彼は音楽が好きです。」「彼は日曜日に，彼の友達とテニスをします。」「彼は日本語を一生懸命に勉強しています。」「彼は富山での生活を楽しんでいます。」「彼は富山の美しい山が好きです。」

第2日 進行形

⇒p.66〜p.67

1 (1)walking (2)cooking (3)swimming (4)studying

2 (1)エ (2)ア (3)ア (4)イ

3 (1)is raining (2)are talking (3)is watching (4)is cleaning

4 (1)We were walking along a street in New York.

(2)My father isn't[is not] using a computer.

(3)The lions were sleeping on the grass.

(4)Was Ken helping Kumi with her homework?

5 (1)I know the boy.

(2)The students were having lunch then.

解説

1 (1)前に are があるので，現在進行形の文。動詞に ing をつける。「トムと彼の友達は道を歩いて渡っています。」

(2)前に was があるので，過去進行形の文。動詞に ing をつける。「彼女が料理をしている間に，彼女のお兄さん[弟さん]が帰宅しました。」

(3)前に was があるので，過去進行形の文。swim は **m を重ねて** ing をつける。「彼は川で泳いでいました。」

(4)前に am があるので，現在進行形の文。動詞に ing をつける。「私は英語のテストのために勉強しています。」

2 (1)前に is があるので，現在進行形の文。always などの頻《ひん》度《ど》を表す副詞はふつう，be 動詞と動詞の〜ing 形の間に置く。「彼はいつもたくさん練習をしています。」

(2)前に is があるので，現在進行形の文。lie＝「横になる，横たわっている」の〜ing 形は **lying**，lay＝「横たえる，〜を置く」の〜ing 形は **laying**。「彼女は草の上で横になっています。」

(3)前に called があるので，過去の文。選択肢には過去形がないので，過去進行形を選ぶ。*A*「私は今朝，あなたに電話をしましたが，応答がありませんでした。」*B*「本当ですか？　たぶん，私が家族とテニスをしているときに，あなたは電話をしたのですね。」

(4)I'm coming. は呼ばれた相手に対して「今，行きます。」という表現。*A*「できるだけ早く下に降りて来なさい。夕食ができました。」*B*「今，行きます。」

✔弱点チェック　注意が必要な動詞の〜ing 形

・語尾が e の動詞
…e をとって ing をつける
例 have → having，come → coming
use → using，take → taking
write → writing，make → making

・語尾が〈短母音＋子音字〉の動詞
…語尾を２つ重ねて ing をつける
例 cut → cutting，get → getting
run → running，stop → stopping
swim → swimming

・語尾が ie の動詞
…ie を y にかえて ing をつける
例 die → dying，lie → lying

3 (1)outside＝「外で」「外は雨が降っています。」

(2)talk＝「話す」「男性と女性が道で話しています。」

(3)watch TV＝「テレビを見る」 on the sofa＝「ソファで」「男の子はソファでテレビを見ています。」

(4)clean＝「掃除する」「彼のお母さんは今，部屋を掃除しています。」

4 (1)動詞は walked (walkの過去形)。主語は複数で，過去の文なので be 動詞は were。「私たちはニューヨークで通りに沿って歩きました。」→「私たちはニューヨークで通りに沿って歩いていました。」

(2)動詞は use。主語は My father で現在の文なので，be 動詞は is。否定文なので，is のあとに not を置く。「私の父はコンピュータを使いません。」→「私の父はコンピュータを使っていません。」

(3)動詞は slept (sleepの過去形)。主語は複数で，過去の文なので，be 動詞は were。「ライオンたちは草の上で寝ました。」→「ライオンたちは草の上で寝ていました。」

(4)動詞は help。主語は単数で，過去の文なので，be 動詞は was。疑問文なので，be 動詞を主語の前に置く。「ケンはクミの宿題を手伝いましたか。」→「ケンはクミの宿題を手伝っていましたか。」

5 (1)「知っている」＝**know は進行形にはしない**。

(2)「食べていました」から，過去進行形の文。主語は複数なので，be 動詞は were。

解き方のコツ

進行形にしない動詞

例 have「持つ，持っている」
know「知っている」
like「〜が好きだ」
love「〜が大好きだ」

・haveは意味によって進行形にできる
「食べる」（=eat）…進行形にできる
「持つ，持っている」…進行形にしない

第3日 疑問詞・前置詞

⇒p.68〜p.69

1 (1)オ (2)ウ (3)ア (4)ウ (5)エ
2 (1)イ (2)ア (3)ウ
3 (1)What, time (2)How, many (3)often (4)far
4 (1)in (2)with (3)on
5 (1)next, to (2)in, front
6 (1)How can I get to
(2)What kind of flowers can

解説

1 (1)Because=「なぜなら」を使って答えているので，Why=「なぜ」を使った疑問文と考える。「あなたはなぜ遅れたのですか。」「途中でバスが故障したからです。」

(2)「昨日です。」と答えているので，When=「いつ」を使った疑問文と考える。「あなたはいつ空港に着きましたか。」「昨日です。」

(3)あとにtea or coffee=「紅茶それともコーヒー」とたずねているので，Which=「どちらの」を使った疑問文と考える。「あなたは紅茶とコーヒーとでは，どちらのほうが好きですか。」「私は紅茶のほうが好きです。」

(4)「さがしていた」から，Where=「どこ」を使って，どこにいたのかをたずねていると考える。「マーク，あなたはどこにいたのですか。私はあなたをさがしていました。」「ああ，私は友達の家で勉強していました。」

(5)「あなたはたくさんの英単語を知っている」から，How=「どのように」を使って英語を勉強した方法をたずねていると考える。「あなたはたくさんの英単語を知っています。どのようにしてそれらの単語を学んだのですか。」

弱点チェック Howの意味

・様子をたずねる
How is your family?
（あなたのご家族の様子はいかがですか。）
→（あなたのご家族はいかがお過ごしですか。）
—They are all fine.
（みんな元気です。）

・手段・方法をたずねる
How did you come here?
（どのようにして（=何で）ここに来ましたか。）
—I came here by subway.
（地下鉄でここに来ました。）

2 (1)「長い間」=for a long time

(2)〈in+言語名〉で「（〜語）で」という意味。「それを日本語で何と呼びますか。」

(3)on the wall=「壁に」「壁に2枚の絵があります。」

解き方のコツ

よく使われる前置詞を覚える

・in…「月」「年」「季節」
in July=「7月に」
in 2000=「2000年に」
in spring=「春に」

・on…「日付」「曜日」
on October 20=「10月20日に」
on Sunday=「日曜日に」

・at…「時刻」
at seven=「7時に」

3 (1)時刻を答えていることから考える。*A*「それは何時に始まりますか。」*B*「9時です。」

(2)数を答えていることから考える。*A*「1世紀は何年ありますか。」*B*「100年あります。」

(3)頻度を答えていることから考える。*A*「どれくらいの間隔でバスが来ますか。」*B*「15分ごとに来ます。」

(4)距離を答えていることから考える。*A*「あなたの家から駅までどれくらいの距離ですか。」*B*「約5キロメートルです。」

4 (1)〈in+時間〉で「〜（の時間内）で」の意味。「ここで待ってください。数分で戻ります。」

(2)with 〜=「〜と一緒に」「あなたは楽しい週末を過ごしましたか。」「はい，私は姉[妹]と買い物に行きました。」

(3)on 〜 way home=「〜の帰り道に，帰宅途中に」〈〜〉にはmyやTom'sなどの所有格（「〜の」を表す語）が入る。「見知らぬ人が，帰宅途中に私に話しかけてきました。」

5 (1)next to ～＝「～のとなりに」

(2)in front of ～＝「～の前に」

「ケンのお父さんがこの写真を撮りました。雪だるまはトムとサチコの間にあります。ケンは彼女のとなりに立っています。シロは雪だるまの前に座っています。」

6 (1)疑問詞 how があるので**方法**や**手段**をたずねる。疑問詞のあとは疑問文の語順。can を主語の I の前に置く。get to ～＝「～へ着く」「どのようにして駅へ行けばよいですか。」

(2)kind, what, of から, What kind of ～＝「何の種類の～」を使った文に。疑問詞のあとは疑問文の語順。can を主語の I の前に置く。「何の種類の花を持っていきましょうか。」

第4日 助動詞・be going to

⇒p.70～p.71

1 (1)イ (2)イ (3)ウ

2 (1)had, to (2)may

3 (1)ア (2)イ

4 (1)is, going (2)must, not
(3)Will[Can], you

5 (1)I am not going to watch TV
(2)must not be afraid of mistakes
(3)don't have to go to

解説

1 (1)Shall we ～? は**相手を誘う**表現。*A*「次の土曜日に，泳ぎに行きませんか。」*B*「それはいい考えですね。」

(2)be going to ～＝「～する予定である」は未来の予定について述べる表現。「私は明日夕食を作る予定です。」

(3)must＝「～しなければならない」の疑問文に No で答えるときは，don't[doesn't] have to ～＝「～する必要はない」とする。*A*「私は早く帰らなくてはいけませんか。」*B*「いいえ，その必要はありません。」

弱点チェック

must と have to の意味のちがいに注意

・肯定文・疑問文では同じ意味

You must be quiet.

You have to be quiet.

（あなたは静かにしていなければなりません。）

・否定文では意味がちがう

You mustn't[must not] come here today.

（あなたは今日，ここに来てはいけません。）

You don't have to come here today.

（あなたは今日，ここに来る必要はありません。）

2 (1)「～しなければならなかった」は have to の have を過去形にする。

(2)may＝「～かもしれない」

3 (1)Shall I ～? は「(私が)～しましょうか。」と相手に**申し出る**表現。*A*「サトウさん，あなたはとてもたくさんのかばんを持っています。私が手伝いましょうか。」*B*「はい，お願いします。」

(2)Can I ～? は「～してもいいですか。」と相手に**許可を求める**表現。*A*「ユキ，あなたは今，ペンを持っていますか。」*B*「はい，持っています。」*A*「あなたのペンを使ってもいいですか。」*B*「もちろん。はいどうぞ。」

4 (1)will＝be going to ～を使って書きかえる。「彼女はそのパーティーに参加する予定です。」

(2)否定の命令文〈**Don't＋動詞の原形～ .**〉を，禁止を表す**must not[mustn't]**を使って書きかえる。「ここで野球をしてはいけません。」

(3)〈**Please＋動詞の原形～ .**〉を，Will[Can] you ～ ? を使って書きかえる。「窓を開けてくれませんか。」

解き方のコツ

命令文と助動詞の書きかえの形を覚える

・〈動詞の原形(命令文)～ .〉⇔ must

Clean your room.

（あなたの部屋を掃除しなさい。）

You must clean your room.

（あなたは部屋を掃除しなければなりません。）

・〈Don't＋動詞の原形～ .〉

⇔ must not[mustn't]

Don't be late for school.

You must not be late for school.

（学校に遅れてはいけません。）

・〈Please＋動詞の原形～ .〉

⇔ Will[Can] you ～？

Please teach me math.

Please teach me math.

（私に数学を教えてください。）

Will you teach me math?
(私に数学を教えてくれませんか。)
・〈Let's＋動詞の原形～.〉⇔ Shall we ～?
Let's study English.(英語を勉強しましょう。)
Shall we study English?
(英語を勉強しませんか。)

5 (1)be going to の否定文は，not を be 動詞のあとに置く。
(2)「～してはいけない」＝must not[mustn't] ～.「～を恐れる」＝be afraid of ～
(3)「～しなくてもよい」＝don't[doesn't] have to ～。must が不要。

第5日 不定詞・動名詞

⇒p.72～p.73

1 (1)エ (2)ウ (3)イ
2 (1)places, to (2)to, learn[study] (3)nothing, to
3 (1)to do (2)seeing (3)to hear (4)writing (5)swimming
4 (1)to, do (2)enjoyed, playing (3)to, see (4)about, making
5 (1)I want to drink something cold. / I want something cold to drink.
(2)My dream is becoming[to become] a singer. / Becoming[To become] a singer is my dream.
(3)I went to the park to take a picture [pictures].

解説

1 (1)文の**主語**になるのは，ここでは**動名詞**のみ。「私の父は医者です。病気の人々を助けることが彼の仕事です。」
(2)不定詞(to＋動詞の原形)の名詞の働き。want to ～＝「～したい」「あなたはここで何をしたかったのですか。」
(3)keep のあとには動名詞を続ける。keep ～ing＝「～し続ける」「私の先生は『バスケットボールを毎日一生懸命練習し続けなさい。』と言いました。」

✔ 弱点チェック

動詞のあとの不定詞・動名詞の使い分け
・want, decide, hopeなど
…あとに不定詞を使う
I decided to study abroad.
(私は外国で勉強すると決めました。)
・enjoy, finish, give up, keepなど
…あとに動名詞を使う
He gave up smoking.
(彼はたばこを吸うのをやめました。)
・like, love, start, beginなど
…不定詞・動名詞の両方を使う
It started to rain. / It started raining.
(雨が降り始めました。)
・stop…不定詞と動名詞で意味がかわる
He stopped taking pictures.
(彼は写真を撮るのをやめました。)
He stopped to take pictures.
(彼は写真を撮るために立ち止まりました。)

2 (1)「訪れるところ」を「訪れるための[べき]場所」と考える。to visit が places を修飾する形容詞の働き。
(2)「～するために」は不定詞の副詞の働き。「学ぶ」＝learn[study]
(3)「何もありません」＝nothing と考え，nothing to eat＝「食べる(ための)ものがない」と考える。to eat が nothing を修飾する，形容詞の働き。

3 (1)「するべき宿題」と考え，不定詞の形容詞の働きを使う。「私は今日，するべき宿題がたくさんあります。」
(2)**look forward to ～**＝「～を楽しみにする」のあとは**動名詞**。この to のあとに動詞の原形を置かないように注意。「私は沖縄の私のおじに会うことを楽しみにしています。」
(3)不定詞の副詞の働き「～して」を使う。「私の母は，そのニュースを聞いて悲しかった。」
(4)ここでは「書くために立ち止まる」ではなく，「書くのをやめる」なので，stop のあとは動名詞。stop ～ing＝「～することをやめる」「彼らは書くのをやめて，先生を見ました。」
(5)enjoy のあとに動詞を置くときは，**動名詞**にする。enjoy ～ing＝「～することを楽しむ」「マイクとジョンは海で泳ぐことを楽しみました。」

解き方のコツ

不定詞に使う to と前置詞の to を区別する。
I'm looking forward to going① to Tokyo② to see my grandparents③.

①look forward to のあとは必ず動名詞
　→「～するのを楽しみにする」
②〈to＋場所〉＝「～へ」の意味
③〈to＋動詞の原形〉…不定詞
（私は③私の祖父母に会うために②東京へ①行くことを楽しみにしています。）

4 (1)「とても忙しい」を「するべきことがたくさんある」と書きかえる。不定詞を形容詞の働きとして使う。「私は今日の夕方，とても忙しいです。」→「私は今日の夕方，することがたくさんあります。」

(2)「サッカーをして，楽しんだ」を「サッカーをすることを楽しんだ」と書きかえる。「～することを楽しむ」＝enjoy ～ ing「私たちは昨日，サッカーをしました。私たちはそれを楽しみました。」→「私たちは昨日，サッカーをすることを楽しみました。」

(3)「会えたのでうれしかった」を「会えてうれしかった」と書きかえる。「～して」は不定詞を副詞の働きとして使う。「彼女はもう一度彼に会えたので，とてもうれしかった。」→「彼女はもう一度彼に会えてとてもうれしかった。」

(4)**Why don't you ～?**＝「～しませんか。」を **How about ～ ing?**＝「～してはどうですか。」で書きかえる。「貝がらでネックレスを作りませんか。」→「貝がらでネックレスを作ってはどうですか。」

5 (1)「～したい」＝want to ～，「飲む」＝drink を使う。自分のことを答えるので，主語は I。「何か冷たいもの」＝something cold。want＝「ほしい」を使い，「冷たい飲み物がほしい」としてもよい。「私は何か冷たいものが飲みたいです。」／「私は何か冷たい飲み物がほしいです。」

(2)My dream is ～.＝「私の夢は～です。」または，～ is my dream.＝「～は私の夢です。」を使う。「歌手になる」＝be[become] a singer 「私の夢は歌手になることです。」／「歌手になることは私の夢です。」

(3)「～するために」を不定詞の副詞の働きで表す。「写真を撮る」＝take a picture[pictures]，「公園に行く」＝go to the park。「私は写真を撮るために公園に行きました。」

第6日 接続詞

⇒p.74～p.75

1 (1)but　(2)or　(3)when

2 (1)ウ　(2)イ　(3)ア

3 (1)If, you, don't　(2)at, age　(3)or

4 (1)ウ　(2)エ　(3)ア　(4)イ

5 (1)your father needs to know
(2)went to the park with my father when I was a child
(3)if it is fine

解説

1 (1)「～だが，しかし」＝but
(2)「それとも」＝or
(3)「～とき」＝when

2 (1)「疲れていた」「早く寝た」という内容から，because＝「～なので」で文をつなぐ。「私はとても疲れていたので，早く寝ました。」

(2)if＝「もし～なら」で条件を表す。「もし明日，天気がよければ，野球をしましょう。」

(3)「コンピュータを使おうとした」「お父さんが使っていた」という内容から，but＝「しかし」で文をつなぐ。「リョウはコンピュータを使おうとしましたが，彼のお父さんがそれを使っていました。だから，彼は本を読み始めました。」

3 (1)「起きなさい，そうすれば～」を，「もし起きなければ～」と書きかえる。be in time＝「間に合う」「起きなさい，そうすればあなたは学校に間に合うでしょう。」→「もし起きなければ，あなたは学校に遅れるでしょう。」

(2)「～歳のときに」を，at the age of ～＝「～歳で」で書きかえる。「私のおじは，彼が50歳のときに亡くなりました。」→「私のおじは50歳で亡くなりました。」

(3)「もし一生懸命勉強すれば」を「一生懸命勉強しなさい，そうでなければ～」で書きかえる。「もしあなたが一生懸命勉強すれば，テストに合格するでしょう。」→「一生懸命勉強しなさい，そうでなければ，あなたはテストに合格しないでしょう。」

解き方のコツ　命令文のあとの接続詞
・〈命令文，and ～〉「～しなさい，そうすれば～」
Hurry up, and you can catch the bus.

→後半によいことが続くときはandをまず入れてみる。
（急ぎなさい，そうすればあなたはバスに間に合います。）
・〈命令文, or ～〉「～しなさい，そうでなければ～」
Hurry up, or you can't catch the bus.
→後半によくないことが続くときはorをまず入れてみる。
（急ぎなさい，そうでなければあなたはバスに間に合いません。）

4 (1)「外出しなかった」のあと，because でその**理由**を続ける。**エ**は現在の内容なので意味がつながらない。「雨がひどく降っていたので，彼は外出しませんでした。」
(2)「欠席している」のあと，because でその**理由**を続ける。**ウ**は過去の内容なので意味がつながらない。「彼は病気なので，学校を欠席しています。」
(3)**命令文**のあとに，or＝「そうでなければ」を続ける。bite＝「～にかみつく」「そのイヌに近づきすぎてはいけません，そうでなければ，あなたにかみつきます。」
(4)「野球選手になりたいなら」には「練習する」があてはまる。「もしあなたがよい野球選手になりたいなら，一生懸命練習し続けなさい。」

5 (1)I think that ～＝「私は～だと思う」に続けて，**〈主語＋動詞〉**を置く。主語は「あなたのお父さん」＝your father，動詞は「～する必要がある」＝〈need to＋動詞の原形〉。
(2)「子どもの頃」を「私が子どもだったとき」＝when I was a child と考える。前に主語のIがあるので，動詞は「行きました」＝went（goの過去形）。went to the park with my father＝「父と公園に行った」に続けて，when I was a child を置く。
(3)if＝「もし～なら」を使い，**条件**を表す文を作る。**〈if＋主語＋動詞〉**の語順。このとき，動詞は**未来のことでも現在形**を使う。

✔弱点チェック　条件を表す if
・「もし～なら」と条件を表す if のあとは，未来のことでも現在形で表す。
I'll help you if you are busy tomorrow.
　　　　　　　　　↳現在形
（もし明日，あなたが忙しいなら，私はあなたを手伝います。）

第7日　比較の文

⇒p.76～p.77

1 (1)エ　(2)イ　(3)ア
2 (1)youngest　(2)smaller
3 (1)better, any　(2)not, as[so], mine
(3)more, difficult
4 (1)season do you like the best
(2)That box is as large as
(3)is the most exciting sport
5 (1)Emi is shorter
(2)Emi is younger
(3)Shinji is the tallest of the

解説

1 (1)「富士山」と「高い」から最上級の文。high＝「高い」の最上級は**highest**。**〈the＋最上級〉**の語順。「富士山は日本で最も高い山です。」
(2)あとに than ～＝「～よりも」があるので，比較級の文。fast＝「速い」の比較級は**faster**。「あなたはジョンよりも速く走ることができます。」
(3)前後に as があるので，**原級**の文。「料理をする」という内容から，well＝「上手に」を選ぶ。「私は私の父と同じくらい上手に料理ができます。」

✔弱点チェック
比較級・最上級の作り方（～er，～est型）
・そのまま～er，～estをつける
例　small － smaller － smallest
・語尾がeで終わる語…～r，～stをつける
例　large － larger － largest
・〈子音字＋y〉で終わる語
…yをiにかえて～er，～estをつける
例　easy － easier － easiest
・〈短母音＋子音字〉で終わる語
…子音字を重ねて～er，～estをつける
例　hot － hotter － hottest

2 (1)文の前半の「兄（＝older brothers）が2人いる」という発言から，「3人の中でいちばん若い」と考える。*A*「あなたは兄弟か姉妹がいますか。」*B*「はい。私は2人の兄がいます。だから，私は3人の中でいちばん若いです。」
(2)*B*「大きすぎる」という発言から，小さいものを提案していると考える。あとに than があるので，small の比較級を入れる。*A*「このぼうしはどうですか。」*B*「それはよさそうですね。でも，それは

私には大きすぎます。」A「あれはどうですか。それはこれよりも小さいです。」

3 (1)最上級の「最も～」を，「ほかのどの～よりも」＝**〈比較級＋than any other＋単数名詞〉**で書きかえる。「私は日本のすべての都市の中で，京都が最も好きです。」→「私は日本のほかのどの都市よりも，京都が好きです。」

(2)比較級の「～よりも」を，原級の否定文「～ほど…ではない」で書きかえる。your hair＝「あなたの髪」と比べる対象として，mine＝「私のもの」を入れる。「私の髪はあなたのよりも長いです。」→「あなたの髪は私のほど長くありません。」

(3)「～より簡単だ」を「～より難しい」で書きかえる。difficultの比較級はmore difficult。「この問題は，あの問題よりも簡単です。」→「あの問題は，この問題よりも難しいです。」

弱点チェック

比較級・最上級の作り方(more，most 型)

- -ful，-ive，-ing，-able，-ous で終わる形容詞
  例 careful－more careful－most careful
- 3音節以上の語
  例：difficult－more difficult－most difficult
- ly で終わる副詞
  例 slowly － more slowly － most slowly
  ☆ただし，early は earlier － earliest

4 (1)Which＝「どの」と like＝「好き」から，「どの季節が好きか」をたずねる疑問文と考える。Which season のあとは疑問文の語順。like ～ the best＝「～が最も好き」「どの季節が最も好きですか。」

(2)large，as から，原級を用いた文と考える。主語の That box＝「あの箱」のあとに動詞 is を置き，as large as の語順。「あの箱はこれ[この箱]と同じくらいの大きさです。」

(3)most, the, exciting から，the most exciting＝「最もわくわくする，おもしろい」を使った最上級の文と考える。「サッカーは私にとって最もわくわくするスポーツです。」

5 (1)than Kazuo＝「カズオよりも」から主語は Emi なので，「エミはカズオよりも背が低い」と考える。「エミはカズオよりも背が低いです。」

(2)than Shinji＝「シンジよりも」から主語は Emi なので，「エミはシンジより若い」と考える。「エミはシンジよりも若いです。」

(3)最後の three から，of the three＝「3人の中で」を使った最上級の表現を使う。「シンジは3人の中で最も背が高いです。」

第8日 受け身

⇒ p.78～p.79

1 (1)ウ (2)ウ (3)イ

2 (1)sung (2)written (3)built

3 (1)isn't, used, by (2)Did, help
(3)are, caused (4)was, found
(5)am, interested, in

4 (1)What language is spoken in
(2)was spoken to by a stranger on the way

5 (1)My room was cleaned by my mother yesterday.
(2)isn't[is not] taken by Tom / wasn't [was not] taken by Tom

解説

1 (1)invite＝「招待する」 前に be 動詞があるので，**過去分詞**を選び，**受け身の文**にする。「私たちはトモコの誕生日パーティーに招待されました。」

(2)前に be 動詞があり，主語はthis watch＝「この腕時計」から，**受け身の疑問文**。**〈be 動詞＋主語＋過去分詞〉**の語順。A「すみません，この腕時計は日本で作られたもの[日本製]ですか。」B「はい，そうです。それは若い人々の間でとても人気があります。」

(3)主語は My sister＝「私の姉[妹]」なので，受け身では「作られた」となり文に合わない。「作る」の意味が適切。あとに yesterday があるので，過去の文。「私の姉[妹]は昨日，このケーキを作りました。」

2 (1)前に be 動詞，あとに by ～＝「～によって」があるので，受け身の文。**sing は不規則動詞**。「その歌は世界中の多くの子どもたちによって歌われています。」

(2)前に be 動詞，あとに，by があるので，受け身の文。**write は不規則動詞**。「その本はある日本人の男性によって書かれました。」

(3)～ ago＝「～前」があるので，過去の文。主語は It (＝This bridge)なので，受け身の文。**build は不規則動詞**。A「この橋はとても古そうに見えます。」B「はい。それは約100年前に建てられ[造られ]ました。」

3 (1)受け身の文へ書きかえる。現在の文なので，be 動詞は is。use を過去分詞にかえる。空所の数

から，is not を短縮形にする。「私の父は，日曜日はこのコンピュータを使いません。」→「このコンピュータは，日曜日は私の父によって使われません。」

(2)過去の疑問文〈Did＋主語＋動詞の原形〉の語順に。「あなたはその女の子に助けられましたか。」→「その女の子はあなたを助けましたか。」

(3)受け身の文へ書きかえる。主語のTraffic accidentsは複数で現在の文なので，be 動詞は are。cause を過去分詞にして入れる。「携帯電話を使うことは，ときどき，交通事故を引き起こします。」→「交通事故は，携帯電話を使うことによって，ときどき引き起こされます。」

(4)受け身の文へ書きかえる。**疑問詞 What が主語**なので，あとに〈be動詞＋過去分詞〉を置く。このときは，What は**ふつう単数扱い**とする。「ナンシーは池で何を見つけましたか。」→「ナンシーによって，池で何が見つけられましたか。」

(5)be interesting to ～「～にとって興味深い」をbe interested in ～「～に興味がある」を使って書きかえる。「英語は私にとって興味深いです。」→「私は英語に興味があります。」

解き方のコツ　受け身の文の書きかえ

・ふつうの文から受け身の文へ

I read this book.（私はこの本を読みます。）
①　②

This book is read by me.
②　①

（この本は私に読まれます。）

①能動態の主語(I)は〈by＋行為者〉に。
→代名詞のときは目的格

②動詞は，〈be 動詞＋過去分詞〉に。
→現在か過去かは be 動詞で決める

・受け身の文からふつうの文へ

This book was written by Tom.
②　①

（この本はトムによって書かれました。）

Tom wrote this book.
①　②

（トムはこの本を書きました。）

①〈by＋行為者〉の行為者を主語に。

②〈be 動詞＋過去分詞〉は普通の動詞に。
→過去の文なら過去形にする

4 (1)「何語が」＝What language を主語とした疑問文を作る。あとに〈be動詞＋過去分詞〉を置く。

(2)「～に話しかける」＝speak to ～を受け身にする。「見知らぬ人に」は「見知らぬ人によって」と考える。「～に行く途中で」＝on the way to ～

✔ 弱点チェック

連語を使った受け身の文

・連語をひとまとまりに考え，その中の動詞の部分を〈be 動詞＋過去分詞〉にして，あとの語句はそのまま続ける。

例　take care of ～＝「～の世話をする」

I take care of the dog.
（私はそのイヌの世話をします。）

The dog is taken care of by me.
（そのイヌは私によって世話されます。）

5 (1)主語は「私の部屋」＝My room。「掃除された」は，過去の文なので be 動詞は was。「私の母によって」＝by my mother

(2)「トムが撮った」を「トムによって撮られた」と考え，「この写真はトムによって撮られたものではありません。」という文を作る。

第9日　現在完了

⇒ p.80～p.81

1 (1)visited　(2)cleaned
(3)been　(4)made

2 (1)エ　(2)ア　(3)エ　(4)イ

3 (1)have　(2)haven't
(3)Have　(4)since

4 (1)has, been　(2)Have, yet
(3)have, written　(4)has never

5 (1)Have you ever tried Japanese
(2)My sister has never studied Chinese

解説

1 (1)動詞の直前に have があるので，現在完了の文。現在完了の文は，**〈have[has]＋動詞の過去分詞〉**で表す。visit の過去分詞は visited。「私は以前沖縄を訪れたことがあります。」

(2)主語が 3 人称単数の，完了を表す現在完了の疑問文。clean を過去分詞の cleaned にする。「ジョンはもう彼の部屋を掃除しましたか。」

(3)継続を表す現在完了の文。be を過去分詞の been にする。「メグと私は 2 年間仲のよい友だちです。」

(4)経験を表す現在完了の否定文。make を過去分詞の made にする。「私はこれまでに一度もケーキを作ったことがありません。」

2 (1)経験を表す現在完了の文。write の過去分詞は written。「私は彼に手紙を書いたことがあります。」

(2)完了を表す現在完了の文。come の過去分詞は come。「彼女はもう帰ってきましたか。」

(3)経験を表す現在完了の文。play の過去分詞は played。「私たちは以前いっしょにギターを演奏したことがあります。」

(4)継続を表す現在完了の文。be 動詞の過去分詞は been。「私は昨日から忙しいです。」

3 (1)never の後ろに been があるので，現在完了の文。現在完了の否定文は，**〈have[has] never＋動詞の過去分詞〉**で表す。*A*「私は一度もカナダへ行ったことがありません。」*B*「あら，あなたはそこへ行くべきです。」

(2)Have you ～？でたずねられたら，Yes, I have. / No, I haven't で答えるのが基本。*A*「あなたはもうその新入生と話しましたか。」*B*「いいえ，まだ話していません。」

(3)現在完了の疑問文は，**〈Have[Has]＋主語＋動詞の過去分詞～？〉**で表す。*A*「あなたはこれまでにその映画を見たことがありますか。」*B*「はい，私はそれを２年前に見ました。」

(4)現在完了の文において，「～から[以来]…です[しています]」と述べるときは，since ～「～から[以来]」で表す。*A*「あなたは日本のアニメに興味があるのですよね。」*B*「その通りです。私は子どものころからそれに興味があります。」

4 (1)継続を表す現在完了の文。主語が３人称単数なので，**〈has＋動詞の過去分詞〉**の形にする。be 動詞の過去分詞は been。

(2)完了を表す現在完了の疑問文。「あなたはもう～しましたか。」は，**〈Have you＋動詞の過去分詞＋yet?〉**で表す。

(3)経験を表す現在完了の文。write の過去分詞は written。

(4)経験を表す現在完了の否定文。「～は…(一度も)したことがありません。」は，**〈主語＋have[has] never＋過去分詞～.〉**で表す。主語が３人称単数なので，have を has にする。

5 (1)Have you のうしろに ever を置いて，「あなたはこれまでに～したことがありますか。」という現在完了の疑問文にする。「あなたはこれまでに日本の食べ物を試しに食べたことがありますか。」

(2)経験を表す現在完了の否定文では not の代わりに never を使う。「私の姉(妹)は以前中国語を勉強したことがありません。」

第10日 仕上げテスト〔英語〕

⇒p.82～p.83

❶ (1)ウ (2)イ (3)ウ

❷ (1)ウ (2)ア (3)ア

❸ (1)nothing, to (2)stop, talking

❹ (1)have (2)daughter (3)older

❺ (1)She became a doctor last year.

(2)She works hard to help sick people.

(3)Be kind to other people[others]

❻ 例 (1)I want to go to[visit] Kamakura if it is fine[sunny / clear] on[next] Sunday. / If it is fine[sunny / clear] on[next] Sunday, I want to go to [visit] Kamakura.

(2)Kamakura has a lot of temples. I am interested in them.

解説

❶ (1)enjoy ～ ing＝「～することを楽しむ」「パーティーにいたすべての客は，深夜まで歌うことを楽しみました。」

(2)「あなたはこれまでにあなた自身の国について学んだことがありますか。」という意味の経験を表す現在完了の疑問文。現在完了の疑問文は，**〈Have[has]＋主語＋動詞の過去分詞～？〉**で表す。

(3)比較級を使った文。**〈比較級＋than any other＋単数名詞〉**＝「ほかのどの～よりも」「びわ湖は日本のほかのどの湖よりも大きいです。」

❷ (1)一般動詞の過去の疑問文。did を使って答える。「テレビを見たか」という質問に「テレビでサッカーの試合を見た」と答えているので，Yes。*A*「あなたは昨日，テレビを見ましたか。」*B*「はい，見ました。私はテレビでサッカーの試合を見ました。」

(2)疑問詞 When を使った疑問文。take a picture [pictures]＝「写真を撮る」を使った疑問文を作る。「あなたはいつこれらの美しい写真を撮りましたか。」

(3)「どこで手に入れたか」に対して，「母がくれた」と答えていることから，「買っていない」と考える。*A*「あなたはあの腕時計をどこで手に入れたのですか。私はそれが本当に好きです。」*B*「私はそれを買っていません。母がそれを私にくれました。」

❸ (1)free＝「ひまな」を「することが何もない」と考える。「私は明日，ひまです。」→「私は明日，することが何もありません。」

(2)continue to ～＝「～し続ける」を「～することをやめない」と考える。「その男の子は，女の子と話し続けました。」→「その男の子は女の子と話すことをやめませんでした。」

❹ (1)直後に know の過去分詞 known があるので現在完了**〈have[has]＋過去分詞〉**の文。*A*「私たちは10年間お互いに知っています。」*B*「それはいいですね。」

(2)「5人の子ども」，「息子」という内容から，「娘」が入る。「私には5人の子どもがいます。息子が4人と，娘が1人です。」

(3)「ケンは15歳」，「ジョンは12歳」という内容から，「ケンはジョンよりも年上」と考える。*A*「ケンは何歳ですか。彼はジョンよりも年上ですか。」*B*「はい。ケンは15歳で，ジョンは12歳です。」

❺ (1)「医者」＝doctor。主語は My siser を一語の代名詞 She にする。「彼女は去年，医者になりました。」

(2)「一生懸命」＝hard，「病気の」＝sick。「～するために」は不定詞の副詞の働きを使う。「彼女は病気の人々を助けるために，一生懸命働いています。」

(3)be kind to ～＝「～に親切にする」。ほかの人は「ほかの人々」と考え，other people。命令文は動詞の原形で書き始める。「彼女は『ほかの人に親切にしなさい。』と私にしばしば言います。」

❻ **(1)接続詞の if は〈if＋主語＋動詞〉の語順**。このとき，動詞は未来のことであっても現在形。〈if＋主語＋動詞〉を文のはじめに置くときは，**〈If＋主語＋動詞～ ,〉とカンマが必要**。「もし日曜日が晴れなら，私は鎌倉に行きたいです。」

(2)行きたい理由を述べる。例では，「～がある」＝have[has]を使い，「鎌倉にはたくさんの寺がある」のあと，「～に興味がある」＝be interested in ～で，寺に興味があることを説明している。「鎌倉にはたくさんの寺があります。私はそれらに興味があります。」

国語 Japanese

第1日 漢字と語句

⇒ p.103～p.102

1 (1)①ウ　②イ
(2)①ア　②エ

2 (1)①イ　②ア　③ウ
(2)①確信　②関心　③精算　④厚生

3 ウ

4 (1)屈指　(2)手段　(3)向上　(4)消息

5 (1)ア　(2)過失

6 エ

7 (1)イ　(2)ウ　(3)カ　(4)オ　(5)ア　(6)エ

8 (1)訪れる　(2)輝く　(3)任せる　(4)朗らか

解説

1 (1)①例文と**ウ**は「収」。**ア**「治」，**イ**「修」，**エ**「納」と書く。②例文と**イ**は「着」。**ア**「就」，**ウ**「突」，**エ**「付」と書く。

(2)①実現できるように計画するという意味で「図る」。②選んでとり上げるという意味で「採る」。

2 (1)①開けたままにするという意味の「開放」。②美しさなどを見て楽しむという意味の「観賞」。③働きかける目標となるもの。

(2)②心を動かされることを表す「感心」との使い分けに注意する。

3 **ア**「手とり足とり」は，細かいところで十分すぎるくらいに配慮《はいりょ》すること。**イ**の「手」は，関係する範囲。**エ**の「手」は，手段や方法の意味。

4 (1)「有数」は，とてもすぐれているという意味。
(4)「音信」は，便り・手紙の意味。

5 (1)「感情」と「理性」が対義語であることを押《お》さえる。

(2)「ちょっとした過失が事故につながる」のように用いる。

6 **エ**「発想」も「着想」も，思いつきやアイデアという意味の類義語。

✔弱点チェック　主な対義語

延長 ↔ 短縮	解散 ↔ 集合	拡大 ↔ 縮小
加入 ↔ 脱退	寒冷 ↔ 温暖	義務 ↔ 権利
客観 ↔ 主観	許可 ↔ 禁止	形式 ↔ 内容
合成 ↔ 分解	需要 ↔ 供給	単純 ↔ 複雑
定期 ↔ 臨時	能動 ↔ 受動	理想 ↔ 現実

7 (2)「日が没する」という構成。

(4)「青い空」という構成。
(6)「山に登る」という構成。
8 (1)「訪ねる」との送り仮名の違いに注意しよう。

第2日 文法と敬語

⇒p.101〜p.100

1 **(1)ア (2)ウ (3)ウ (4)ウ (5)イ**
2 **(1)①ウ ②エ ③オ ④ア ⑤イ**
(2)イ
3 **ア**
4 **(1)かっ (2)く (3)だろ**
5 **(1)イ**
(2)①(尊敬語)ク (謙譲語)ア
②(尊敬語)イ (謙譲語)オ
③(尊敬語)キ (謙譲語)カ
④(尊敬語)ウ (謙譲語)エ

解説

1 (1)「貴重な」は言い切りが「貴重だ」なので形容動詞。**ア**「いろんな」は「いろんだ」と言い換《か》えられない。「いろんな」は自立語で活用がなく，体言を修飾《しゅうしょく》する連体詞。
(2)**ア**「いけぬ」，**イ**「読めぬ」，**エ**「言わぬ」というように，これらの「ない」は打ち消し(否定)の助動詞「ぬ」に置き換えられる。**ウ**の「ない」は一つの文節になるので，形容詞。

弱点チェック 「ぬ」に置き換えられる「ない」は助動詞。置き換えられないのは形容詞。形容詞の「ない」には、形容詞の一部の「ない」(あぶない、おさない)や、補助形容詞の「ない」(おもしろくない)などもある。

(3)**ウ**「大きく」は形容詞「大きい」の連用形。**ア**「ゆっくり」，**イ**「少し」，**エ**「そう」は主に用言を修飾する副詞。
(4)**ア**形容動詞「静かだ」の連体形。**イ**動詞「戻る」の連用形。**ウ**動詞「帰る」の連用形が名詞になった転成名詞。**エ**形容詞「寒い」の連用形。
(5)**ア**接続詞「そこで」の一部。**イ**断定の助動詞「だ」の連用形。**ウ**格助詞。**エ**形容動詞「穏やかだ」の連用形の活用語尾。
2 (1)①「ない」をつけると「覚めない」と活用語尾《ごび》がエ段の音になるので，下一段活用。②カ行変格活用は「来る」のみ。③サ行変格活用は「する」のみだが，「運動する」のように複合動詞が多い。④「ない」をつけると「走らない」と活用語尾がア段の音になるので，五段活用。⑤「ない」をつけると「起きない」と活用語尾がイ段の音になるので，上一段活用。
(2)「ない」をつけると，「眺めない」と活用語尾がエ段の音になるので，下一段活用。**ア**「し」は，サ行変格活用の動詞「する」の未然形。**イ**「出る」は「ない」をつけると，「出ない」と活用語尾がエ段の音になるので，下一段活用。**ウ**「笑う」は，五段活用の動詞の終止形。**エ**「着」は上一段活用の動詞「着る」の連用形。
3 助動詞「ない」が続いているので未然形。
4 (1)形容詞「おもしろい」の連用形は「おもしろかっ」。(2)形容詞「寒い」の連用形は「寒く」。(3)形容動詞「静かだ」の未然形は「静かだろ」。
5 (1)設問文の「うかがう」は「聞く」の謙譲語。**ア**様子をのぞき見るという意味。**イ**「聞く」の謙譲語。**ウ**「行く・訪問する」の謙譲語。**エ**機会が訪れるのをひそかに待つという意味。
(2)①「見る」の尊敬語は「先生が手紙をご覧になる」などと使う。謙譲語は「先生からの手紙を拝見する」などと使う。④「言う」の尊敬語は「先生がおっしゃる」などと使う。謙譲語は「私の父が申す」などと使う。

第3日 説明的文章の読解 ①

⇒p.99〜p.98

1 **(1)イ**
(2)敬語を使用することによって，主語を明確にしている(24字)
(3)ア
(4)例使われている敬語によって，主語になる主体の人物が分かるから。(30字)
(5)誰のことをいっているか
(6)私たちが，〜思，気持ち
(7)イ

解説

1 (1)「社会制度の変化に応じて変わっていく」のだから，じっとしているものではなく動くものである。よって，**イ**「動的」が正解。
(2)次の段落で，筆者は「敬語は人称を示す」ことを，「敬語を使用することによって，主語を明確にしている」と言い換えている。
(3)「あながち」は，下に打ち消しの言葉をともなって

「必ずしも～(ない)」などの意味になる。**ア**「一概に」も同じような意味。**イ**「なおざり」は，いい加減に扱《あつか》うさま。**ウ**「ほとほと」は，「本当に」などの意味で，うんざりしているさま。**エ**「あまつさえ」は，「そのうえ」などの意味。

(4)「主語はほとんど省略され」ても，「意味が通じるのは」使われている敬語によって「関係を明瞭にしている」からだと述べられている。つまり，主語が省略されていても敬語によって，どの人物が主体になっているのかが分かるのである。

(5)主語を明らかにする理由は，「敬語で人称を示すことが難し」い場合，「コミュニケーションの場で誰のことをいっているかが分かりにくくな」るので，それを避けるためである。

(6)――線部⑤を含む一文を読み，指示語「そこ」が指す内容が前文の「私たちが，……気持ち」であることに着目する。「私たちが，……気持ち」は「敬語の変化を捉えていく」なかで「肝心なこと」であり，このことをはじめに押《お》さえていれば「敬語はこわくない」，ということが述べられている。

(7)「Ｉ」や「ＹＯＵ」に比べて，日本語の人称代名詞の不自由さについて述べた本文の内容に，**イ**が合っている。

第4日 説明的文章の読解 ②

⇒p.97～p.96

1 **(1)イ**

(2)丸い輪郭線

(3)A 視覚以外　B 想像上の線

(4)例星の位置で自己の位置を確認せざるを得ない状況。(23字)

解説

1 **(1)**――線部①の次の文に「ここでいう想像力とは」とあることに着目する。「あらゆる現実についてそれを認識の対象として統一する能力」「外から与えられる無数の感覚刺激を形にまとめ，それに個物としての名前を与える準備をする力」と説明されているので，この部分を言い換えた選択肢《せんたくし》を探す。

(2)「これ」は直前の「そんな輪郭線」を指している。指示語「そんな」が示す内容について，さらにさかのぼってみると，「そんな輪郭線」は「丸い輪郭線」のことを指していることがわかる。

(3)――線部③の直後に「古代人はあの星くずを見てその間を想像上の線でつなぎ……おびただしい星座の絵を描いたのである」とあることに着目する。別の感覚能力の助けを借りることなく，視覚だけで，想像上の線を用いて，天空に星座の絵を描いたということである。[A]に入る四字の言葉は第二段落にある。

(4)直前に「このこと」とあることに着目し，「このこと」が指す内容をとらえる。星の位置で自己の位置を確認したことが旅人や航海者を助けた，ということは，旅人や航海者は星に頼《たよ》らざるを得ない状況であったといえる。

第5日 文学的文章の読解 ①

⇒p.95～p.94

1 **(1)①新聞配達人**

②A例まだ眠っている(７字)

B人気のない路地

(2)例意味はわからないながらも幸運を招く言葉(と受け取ってとなえている。)(19字)

(3)ア・カ(順不同)

解説

1 **(1)**①朝早くから働いている「新聞配達人」や「牛乳配達人」と比べている文に注目する。

②「かれ」が「朝日が昇る前から起き出して」自転車に乗る練習をしているのは，「人気のない路地」で「たっぷりと」練習したいからである。

(2)笑いあっている両親を見て「得意に」なっている様子から考える。「意味はわからないが」何かいいことにつながっている言葉としてとらえている。

(3)周囲の目をあまり気にせずに，自分がしたいことに集中している様子から考える。

第6日 文学的文章の読解 ②

⇒p.93～p.92

1 **(1)例港に行くには，どっちの側のバス停で待てばよいのかということ。**

(2)イ

(3)片言の日本語

(4)例明らかに西洋人であるとわかるので，相手は外国の地名を答えることを予想している。

(5)例外国の人を「ガイジン」として特別扱いすることなく，一人の人間として自然に受け入れることのできる人。(49字)

解説

1 (1)「あるアメリカ人」がおばあさんに話しかけた内容から，道路のどちらの側で港に行くバスを待てばよいのかわからないのだとわかる。

(3)この外国人がどのような日本語を話すのかということを第四段落から読み取る。

(4)驚く理由として，答えが外国の地名ではないからだということが予想できる。では，なぜ外国の地名でないことに驚くのかを考えてみる。

(5)最終段落の内容をまとめる。

第7日 詩・短歌・俳句の読解

⇒ p.91〜p.90

1 **(1)例さざ波が立った**

(2)A 例朝日　B 例秋が来た

(3)(池をうしろに)山を仰ぐもの

(4)イ

2 **(1)B　(2)山みな声となりて**

3 **(1)菫**

(2)かたまって

(3)例淡い紫色の菫が，やわらかな春の光を浴び，可憐に咲いている様子(であることを表現しようとした)。

解説

1 (1)風が吹《ふ》くと池の水面がどのようになるか考える。

(2) A 「朝風の中」で，水面にかがやいているものであるから，「朝日」や「日の光」が考えられる。

B 「べにひかげの秋の知らせ」とある。

(3)「山に背を向ける姿」が「山を背にしてさざ波を見るもの」，「山に向かおうとする姿」が「池をうしろに山を仰ぐもの」に，それぞれ対応している。

(4)作者は「べにひかげ」を見て秋が来たことを知り，現実に引き戻されたのだから，それまでは「いつ終わるとも知れない旅を続ける」という旅情にひたっている。

2 (1)オーロラが「湧き上がりあるいは沈」む様子は「動」，「闇に音なし」は「静」に対応し，オーロラという壮大な自然に触《ふ》れた作者の感動が表現されている。

(2)「生き物の声」とあることに着目する。

3 (1)「菫」は春の季語である。

(2)「地に接するように群がり」という表現から考える。

(3)「何が」「どのような様子」であることを「薄き光の」と表しているかを，鑑賞文をもとにしてまとめる。

第8日 古典の読解 ①

⇒ p.89〜p.88

1 **(1)エ　(2)ウ　(3)とらえて　(4)ア　(5)イ**

2 **(1)ゆいたる**

(2)よくする

(3)例鞠の精が現れた現象。(10字)

(4)ウ

解説

1 (1)「百代」とは長い年月，つまり永遠のこと。

(2)現代語訳に「月日は……旅客であり，往き交う年もまた」とある。

(3)語頭と助詞以外の「は・ひ・ふ・へ・ほ」は，「わ・い・う・え・お」と読む。

(4)「古人」とは昔の人という意味で用いるが，ここでは文脈を踏《ふ》まえた具体的な人物として，西行がふさわしいことを覚えておこう。

(5)芭蕉が人生を旅にたとえていることが読み取れるため，**イ**が正解となる。

2 (2)「底をきはめ(奥深いところまで極め)」ることは，「いとありがたし(たいへん難しい)」とある。そして最後の段落に，「することかたきにあらず(することが難しいのではない)。よくすることのかたきなり」と同じことが言葉を換《か》えて書かれている。

(3)「かやうのしるし(このような不思議な現象)」の「かやうの」が何を指すのかを探す。指示語なのでその前を見ると，「鞠の精，懸りの柳の枝にあらはれて見えけり」とある。

(4)「牛毛」とは非常に多いさま，「麟角」とは珍《めずら》しく，滅多《めった》にいないさまを表す。

現代語訳　成通卿は，長年鞠を好まれていた。そのおかげがあったということか，ある年の春に，鞠の精が，鞠の場の四隅に植えた柳の枝に現れ姿を見せた。みずら髪を結った男の子で，十二，三歳《さい》ほどで，青色の唐装束を着て，たいへん美しいさまであった。

何事も始めようとするならば，奥深いところまで極めて，このような不思議な現象があるほどまでに，したいものであるが，このような例は，たいへん難しく簡単にはできないことである。

だから，

学ぶ者は牛の毛のように多い。奥深いところまで達する者は麒麟の角のように珍しく，滅多にいない。

ともいわれている。

また，

　することが難しいのではない。極めることが難しいのだともいわれている。本当にそのとおりだと思われることは世間にはいっぱいあるものだなぁ。

第9日 古典の読解 ②

⇒p.87～p.86

1 (1)エ

(2)ぞ

(3)B白(緑)　C緑(白)

(4)ウ

(5)例淡雪の中に野草が芽を吹いている光景。

2 (1)例日はまだ暮れない

(2)(季語)蝉(の声)　(季節)夏

3 (1)ウ

(2)上二レバ
江
楼一ニ

(3)エ

解説

1 (1)「ばや」は希望を表す助詞。

(2)係り結びをつくる助詞は「ぞ・なむ・や・か・こそ」。「ける」は助動詞の「けり」の連体形。「こそ」以外の助詞は連体形で結ぶので，前の部分から「ぞ・なむ・や・か」を探す。「こそ」は已然《いぜん》形で結ぶ。

(3)「淡雪の中に芽を吹いている野草」という表現から考える。「淡雪」は白，「野草」は緑と表している。

(4)家隆が詠んだ歌や，——線部③の直前にある「ささやかな芽生えに……新鮮に聞こえる」の部分を手がかりにする。ささやかなことから季節の到来《とうらい》を見いだすとともに，そのことを誰《だれ》かに伝えたいと願う様子から，「純粋さ」や「生き生きとしている」さまを読み取る。

(5)——線部④の一つ前の段落で述べられている内容を説明する。

2 (1)「いまだ～ず」で「まだ～ない」となる。

現代語訳 山形藩《はん》の領内に立石寺《りゅうしゃくじ》という山寺がある。慈覚大師が開いた寺で，特に清らかで静かな所である。一度見てみるべきだと，人々がすすめたので，尾花《おばな》沢《ざわ》から引き返したが，その距離《きょり》は七里ほどである。日はまだ暮れない。ふもとの宿坊に宿を借りておいて，山頂のお堂に登る。岩に大きな岩が重なって山となり，松とかしわは樹齢《じゅれい》を重ね，土と石は年を経てこけがなめらかに(おおい)，岩の上のお堂は扉を閉じて，物音が聞こえない。岸をめぐり，岩をはって，お寺を拝観したが，景色がよく，静かで心が澄み渡《わた》っていくように感じられた。

　全山をおおう静けさよ。その中で鳴く蝉の声はこの静けさを通してあたりの岩にしみ通っていくようだ。

3 (1)一行が七字で，四行からなるので「七言絶句」である。「律詩」は八行からなる。

(2)書き下し文より「江楼ニ上レバ」となるように返り点を書く。「江楼」を読んでから二字返って「上」を読むので，レ点ではなく一・二点を使う。

(3)第三・四句の内容は，一緒《いっしょ》に来て月を心の慰めとして愛好した友人は(今は)どこにいるのだろうか／風景は去年とよく似ているというのに，というものである。去年と変わらない風景を見た作者が，今は一人になってしまったことをより強く感じている。

第10日 仕上げテスト〔国語〕

⇒p.85～p.84

❶ (1)と同時に

(2)イ

(3)自分の作品

解説

❶ (1)「その動き」とは，車を追って駆け出す人々の動きのことである。「その動き」について，第一段落の終わりにも書かれている。筆者は「その動き」が「まるで自分の血のように身体の中に脈打っている」ような感覚を抱いたのである。

(2)**ア**は「やっと単調な日常作業から解放されたという喜び」，**ウ**は「労働のつらさに耐えながら日々生活を送っているという連帯感」，**エ**は「感動」を「口に出したり身体に現したりしてはいけないという暗黙の了解がある」がそれぞれ不適切。

(3)第二段落に「あの車は，試作に携わったすべての人々にとっての自分の作品であったのかもしれない」とある。試作に携わったすべての人々は，出来上がった台車は「自分の作品」だとそれぞれに愛着を感じ，完成した喜びと満足感を静かにかみしめているのである。